煤炭企业精益管理推行实务

MEITAN QIYE
JINGYI GUANLI
TUIXING SHIWU

姚水洪 编著

化学工业出版社

·北京·

内容简介

《煤炭企业精益管理推行实务》内容包括：煤矿推行精益管理的基础准备、煤矿推行精益管理需要把握的过程、煤矿推行精益管理必须明确的目标与方法、煤矿推行精益管理必须关注标准与人、煤矿推行精益管理的落脚点在于持续改善、煤矿实行精益运营必须搞好体系建设、煤矿推行精益管理必须熟悉的实施工具。

本书以精益管理推行实战为导向，详细阐述了如何在企业（尤其是煤炭企业）中推行精益管理的框架、关注点、推行要点等，明确把精益工具、系统、原理原则、理念和价值观结合起来，建构精益管理的推进机制与评价机制，从而为企业消除浪费，不断降本增效，夯实管理基础。本书结合精益管理的理论，以及大量企业推行的参考案例，深入分析当前企业推行精益管理的过程、现状，阐述发现与解决问题的方法步骤，以及把握背后理论基础，有理有据，方便实用。

本书可供企业班组长、车间主任、企业中高层管理人员、精益推行办成员、中高等院校经济管理专业的学生阅读使用。

图书在版编目（CIP）数据

煤炭企业精益管理推行实务/姚水洪编著. —北京：化学工业出版社，2023.2
ISBN 978-7-122-42723-6

Ⅰ.①煤… Ⅱ.①姚… Ⅲ.①煤炭企业-工业企业管理-研究 Ⅳ.①F407.216

中国国家版本馆CIP数据核字（2023）第006207号

责任编辑：高　钰　　　　　　　　　文字编辑：张瑞霞　沙　静
责任校对：王鹏飞　　　　　　　　　装帧设计：刘丽华

出版发行：化学工业出版社（北京市东城区青年湖南街13号　邮政编码100011）
印　　装：三河市延风印装有限公司
710mm×1000mm　1/16　印张15½　字数294千字　2023年6月北京第1版第1次印刷

购书咨询：010-64518888　　　　　　　　售后服务：010-64518899
网　　址：http://www.cip.com.cn
凡购买本书，如有缺损质量问题，本社销售中心负责调换。

定　价：58.00元　　　　　　　　　　　　　　　　　　版权所有　违者必究

前言

精益生产管理是以客户价值定位为基础,以消除浪费与持续改善为核心,以最少的投入与最低成本为导向,全面创造价值并显著改善企业效益的一种生产管理模式。精益生产管理的特点是强调客户对时间和价值的要求,以科学合理的制造体系来组织为客户带来增值的生产活动,缩短生产周期,从而显著提高企业适应市场变化的能力。

本书包括八个部分的内容:

第一部分是导言,阐述精益生产方式的演进与精益管理的来源,提出企业推进精益管理的框架结构。

第二部分是煤矿推行精益管理必须具备的基础与准备,从精益管理的内涵、特征与核心要求出发,阐述推进精益管理必须具备的理念基础。

第三部分是煤矿推行精益管理需要把握的过程。精益管理必须先从精益理念导入开始,以培训、理念导入为切入点,选择试点单位,明确整体推进计划。

第四部分是煤矿推行精益管理必须明确的目标与方法。企业推进精益管理的目标需要与企业战略、全面预算结合起来,通过对标明确精益目标系统的内容。

第五部分是煤矿推行精益管理必须关注标准与人。精益管理必须让员工具有责任意识,精益管理强调标准,企业需要建立起标准管理体系。

第六部分是煤矿推行精益管理的落脚点在于持续改善。企业员工需要具有问题意识,发现生产过程中的问题,并解决现场问题,以便持续改善。

第七部分是煤矿实行精益运营必须搞好体系建设,这就需要把精益工具、系统、原理原则、理念和价值观结合起来,建构精益管理的推进机制与评价体系。

第八部分是煤矿推行精益管理必须熟悉的实施工具。本部分内容较为简略，包括发现问题、解决问题、改善问题、组织保障的工具四部分。

本书从煤炭企业推行精益管理可能关注的问题点、步骤、方法等角度来处理相关素材，从一般企业推进精益管理的角度出发，来展开整个精益管理推进的步骤、程序与内容要点，所以本书不仅适用于煤炭行业中的企业，也适合那些需要确保精益管理有效展开的非煤企业使用。

本书是在山西潞安化工集团常村煤矿推行精益管理基础上的总结与提升，在编著过程中获得了很多来自企业一线人员的支持与帮助，书中很多观点、要点直接取材于这些企业的实际做法，在此特别感谢原潞安化工集团常村煤矿芦志刚矿长与企管科常红科长、潞安化工集团潞宁煤业王振华董事长与五里堠煤业李洪涛总经理、潞安化工集团古城煤矿王艳军矿长、潞安化工集团郭庄煤业李安红董事长与陈峰真副矿长的支持与帮助，特别感谢潞安化工集团王志清董事长、晋控集团崔树江总经理、华阳新材料集团王强总经理的关心与帮助，在此致以诚挚的感谢。

本书吸收了很多专家、学者的思想、观点、意见，在此深表感谢。也期待着对精益管理、精益生产方式有兴趣，或参与、主导过该项活动的管理人员与相关同仁一起探讨推行精益管理的经验，微信号：yuanfang3389，邮箱：yaoshh@163.com。

编著者
2023年1月

目录

导言
煤矿需要推行精益管理
1

一、精益生产方式与精益管理的历史发展 ... 2
1. 现代生产方式的发展与演变 ... 2
2. 精益生产方式的演进与发展 ... 3
3. 中国推行精益生产方式 ... 5
4. 精益管理及其来源 ... 7

二、煤矿需要推行精益管理 ... 8
1. 煤矿管理的演变与需求 ... 8
2. 煤矿未来竞争发展的要求 ... 9
3. 煤矿需要推行精益管理 ... 11
4. 煤矿推行精益管理的内容 ... 13

第一章
煤矿推行精益管理的基础准备
16

一、对精益管理的初步认知 ... 17
1. 精益管理的内涵 ... 17
2. 精益管理的特征 ... 18
3. 精益的核心要求 ... 20

二、煤矿精益需要具备理念基础 ... 25
1. 精益理念 ... 25
2. 精益原则 ... 35
3. 精益思维 ... 40

三、煤矿精益需要具备现实基础 ... 42
1. 煤矿精益的人力与组织氛围要求 ... 42
2. 煤矿精益的管理要求 ... 45

四、煤矿推行精益管理的误区 ... 47
1. 对精益管理认识的误区 ... 48
2. 精益管理实施的误区 ... 49

第二章
煤矿推行精益管理需要把握的推行过程
52

一、培训、理念导入与组织 ... 53
1. 持续、分层次培训 ... 53
2. 理念导入与文化塑造 ... 58
3. 精益管理推进的组织建设 ... 60

二、诊断与全面统筹 ... 61
1. 全面进行诊断 ... 62

  2. 编制精益实施方案   63
  3. 确定试点单位   68
  4. 整体推进计划   69
 三、评估与考核   77

第三章 煤矿推行精益管理必须明确目标方法

一、煤矿精益推行需要明确目标   82
  1. 丰田精益生产的目标   82
  2. 目标管理与战略目标系统   84
  3. 全面预算管理与战略目标落地   92
  4. 目标设置方法：标杆与对标   95
  5. 精益运营的目标指标系统   99
二、煤矿精益推行需要明确方法   102
  1. 现场为王   103
  2. 问题导向   108
  3. 全员参与   111
  4. 持续改善   113

第四章 煤矿推行精益管理必须关注标准与人

一、责任意识与岗位责任分区   116
  1. 管理的本质是责任   116
  2. 责任意识与责任管理   118
  3. 精益管理中的岗位责任   123
二、操作标准与标准化体系   128
  1. 精益标准操作的内容   128
  2. 标准作业程序（SOP）与作业指导书   134
  3. 精益标准管理与体系建设   139
三、现场人员素养全面提升   142
  1. 丰田人才的培养方式   142
  2. 精益现场人才培训——TWI   143

第五章 煤矿推行精益管理的落脚点在于持续改善

一、问题解决与持续改善   151
  1. 问题意识与问题解决   151
  2. 丰田问题解决方法   153
  3. 解决问题在于持续改善   165
二、持续改善的载体——精益改善项目   168
  1. 精益改善项目的来源与入口   168
  2. 精益改善项目的管理与出口   172

第六章 煤矿实行精益运营必须搞好体系建设 186

一、丰田精益生产屋与精益体系 187
  1. 丰田精益生产屋 187
  2. 精益管理体系的内容 190

二、精益管理的驱动机制 196
  1. 精益管理的推进机制 196
  2. 精益管理的评价体系 202

第七章 煤矿推行精益管理必须熟悉实施工具 210

一、发现问题的工具 211
  1. 大野耐一圈 211
  2. 价值流分析 212
  3. 5S 管理 215
  4. 目视管理 217
  5. 看板管理 219

二、解决问题的工具 221
  1. 鱼刺图 221
  2. 柏拉图 222
  3. 5-why 分析法 224

三、改善问题的工具 225
  1. PDCA 循环（戴明环） 225
  2. 全员设备维护（TPM） 226
  3. 突破改善周 227
  4. 改善提案法 228
  5. 自主改善法 230

四、组织保障的工具 231
  1. 一点课（OPL） 231
  2. 合理化建议或提案改善 232
  3. 作业标准化 234
  4. 方针管理 238

参考文献 239

导 言
煤矿需要推行精益管理

企业家通过市场整合社会资源，为市场开发出新的产品与服务，这就涉及整合生产要素进行产品生产与服务提供的问题。怎么样才能以最小的资源投入获得一定量的回报，或者以一定量的投入获得最大的回报，这就是企业的生产运作方式。生产运作方式与产品（或服务）的质量、成本、交期、安全直接相关，也就是与企业家获得的利润直接关联。

一、精益生产方式与精益管理的历史发展

1. 现代生产方式的发展与演变

弗雷德里克·泰勒于1911年出版了《科学管理原理》。在该书引言中，泰勒首先引用了罗斯福总统的一句话，"保护我们国家的资源，只是提高国家整体工作效率这一重大问题的开端"。他发现，在罗斯福总统的指引下，虽然当时整个美国很快就认识到保护物质资源的重要性，并且为了有效地达到这个目的而发起了大规模的社会运动，但并没有太在意由于业务生疏、效率低下和指挥不当造成的无形浪费。泰勒认为，这些由人力资源利用不足造成的无形浪费要比看得见的物质资源有形浪费要严重很多，大家都热衷于去猎取现成的人才，却忽略了系统培养并造就人才这一影响国家整体效率的根本问题。泰勒认为，要真正提高全国性效率，必须要系统地建立一种可以快速发掘并造就一流人才的先进体制，结合自己对工厂管理现场的系统观察和实验，他把自己的观点以论文形式提交给了美国机械工程师协会，并于1911年出版了《科学管理原理》，这就是科学管理理论诞生的标志，也是现代生产运作方式的第一个里程碑。科学管理强调，以科学管理的方式来提升劳动生产率，提升效率的有力工具是标准化与工时研究，企业应该在生产过程中培养一流员工，其本质在于提升劳动效率，减少浪费。

现代大规模的生产方式起源于20世纪初的福特汽车生产，这是现代生产方式的第二个里程碑，见图0-1。20世纪初，从美国福特汽车公司创立第一条汽车生产流水线开始，大规模的生产流水线一直是现代工业生产的主要特征，改变了效率低下的单件生产方式。大规模生产方式是以标准化、大批量生产来降低生产成本，提高生产效率的。这种方式适应了美国当时的国情，汽车生产流水线的产生，一举把汽车从少数富翁的奢侈品变成了大众化的交通工具，美国汽车工业也由此迅速成长为美国的一大支柱产业，并带动和促进了包括钢铁、玻璃、橡胶、机电以至交通服务业等在内的一大批产业的发展。大规模流水生产在生产技术以及生产管理史上具有极为重要的意义。

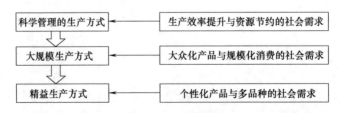

图0-1 现代生产方式的演变

第二次世界大战以后，社会进入了一个市场需求向多样化发展的新阶段，相应地要求工业生产向多品种、小批量的方向发展，单品种、大批量的流水生产方式的弱点就日渐明显。由此产生了精益生产方式，被人称为"改变世界的机器"，是继大量生产方式之后人类现代生产方式的第三个里程碑。

2. 精益生产方式的演进与发展

基于精益生产方式的形成过程，可以将其划分为三个阶段：丰田生产方式的形成与完善阶段、丰田生产方式的系统化阶段、精益生产方式的革新阶段。

20世纪50年代，日本面临经济萧条、缺少资金、生产效率低下的局面，当时日本制造业的生产效率只有美国制造业的1/9～1/8。美国有广泛的人口与资源，大规模生产方式所需要的市场与资源能够获得充分满足，但对于日本来说，这两个方面都成问题，大规模生产方式并不一定适合当时的日本。

① 当时日本国内市场狭小，所需汽车的品种很多；

② 战后的日本缺乏大量外汇来大量购买西方的技术和设备，不能单纯地仿效美国汽车企业；

③ 缺乏大量廉价劳动力。日本要发展汽车产业，但又不可能全面引进美国成套设备，就无法照搬美国的大规模生产方式。

为发展本国的汽车工业，日本丰田公司对比研究了日本和美国的社会文化背景和国民特质，丰田人开始了汽车生产制造的探索和实践，并逐步形成了新的生产方式。日本丰田汽车的丰田英二到底特律对福特公司的鲁奇厂进行了三个月的参观，对这个庞大企业的每一个细微之处都作了审慎的考察，回日本后与负责生产制造方面的大野耐一共同研究，开始了适合日本需要的生产方式的革新。大野耐一先在自己负责的工厂实行一些现场管理方法，如目视管理法、U形设备布置法等，这是丰田生产方式的萌芽。随着大野耐一式的管理方法取得初步实效，这种管理在更大的范围内得到应用。随后，大野耐一等人通过对生产现场的观察和思考，提出了一系列革新，例如三分钟换模法、现场改善、自动化、五问法、供应商队伍重组及伙伴合作关系、拉动式生产等。同时这些方法在不断地完善中，最终建立起一套适合日本的丰田生产方式，初期被称为大野式管理，在1962年才被正式命名为丰田生产方式（Toyota production system，TPS），1974年丰田汽车公司向外正式公布丰田生产方式，引起制造业人士的广泛关注。

【阅读材料 0-1】 精益生产方式创建过程中的关键人物与思想

（1）丰田佐吉与自働化和持续改善

丰田佐吉是丰田的创始人，立志于减轻员工的劳动强度，于1890年11月发明了可以提高功效一半以上的"丰田式木制人力织机"，在之后的几年中丰田佐吉又不断地针对织布机进行发明改进。虽然工效提升很多，但当时的织布机在织造的过程中如果经线断了，或纬线用完了，必须依靠人不断地巡回检查发现并及时停车，否则会出现大量不合格品，丰田佐吉萌生了发明自动织布机的想法。经过25年的不懈努力，于1926年成功发明具有人的"智能"的自动织布机，能在经线断了或纬线用完了，机器自动识别并自动停车，减少不合格产品的生产。

（2）丰田英二与准时化

二战之后，丰田英二作为公司的工程师到美国考察福特汽车公司，他在考察报告中写道："那里的生产体制还有改进的可能。"他选择了按照日本的国情另谋出路。当时的汽车生产是在各道工序下达生产计划，如果前道工序出现异常那么后道工序必然出现物料短缺。若不能及时调整生产计划，后道工序紧缺的零件短缺，另外有可能前道工序继续生产后道工序不急需的零件，导致现场零件堆积如山。这样会导致企业效率低下，同时无法区分正常和异常状态。丰田喜一郎对丰田英二说："像汽车这种产品，最好是在生产的时候，所有需要的物件都在手边就好了。"丰田英二与大野耐一商量，决定采取准时化的生产方式：在一辆汽车的流水线装配过程中，装配所必要的零件恰好在必要的时刻、以必要的数量到达生产线的旁边。

（3）大野耐一与消除浪费

大野耐一对自働化和持续改善的理念烂熟于心，在进入丰田汽车后，他听说当时日本工业的劳动生产效率是美国的八分之一或九分之一。大野耐一认为：并不是美国人付出的体力是日本人的10倍，一定是日本人在生产过程中存在着严重的浪费和不合理现象。这成为丰田生产方式的出发点，即消除一切浪费。

第二次中东战争之后，石油危机爆发。日本经济下降到负增长的状态，但丰田公司不仅获得高于其他公司的盈利，而且与年俱增，拉大了同其他公司的距离。由此，丰田生产方式开始受到重视，在日本得到了普及推广。与此同时，随着日本汽车制造商大规模海外设厂，丰田生产方式传播到了本土以外，并以其在成本管理、质量管理、产品多样性等方面获得巨大效果而得到广泛的传播，验证了丰田生产方式的适宜性，证明了丰田生产方式不是只适合于日本的文化，是普遍适用于各种文化、各种行业的先进生产方式。

1980年，日本以1100万辆的汽车产量全面超过美国，成为世界汽车制造第一大国；1982年，丰田公司的劳动生产率是通用公司的10倍。不仅在汽车行业，在家用电器、数控机床等细分市场的竞争中也遭受严重打击的美国，终于意识到致使其市场竞争失败的关键是美国制造业的生产水平已落后于日本，而落后的关键又在于日本采用了全新的生产方式——丰田生产方式。美国企业界、学界也开始研究日本生产方式。为了进一步揭开日本汽车工业成功之谜，1985年美国麻省理工学院筹资500万美元，确定了一个名叫"国际汽车计划（IMVP）"

的研究项目。在丹尼尔·鲁斯教授的领导下，组织了53名专家、学者，从1984年到1989年，用了五年时间对14个国家的近90个汽车装配厂进行实地考察，查阅了几百份公开的简报和资料，并对西方的大量生产方式与日本的丰田生产方式进行对比分析，最后于1990年出版《改变世界的机器》一书，第一次把丰田生产方式定名为 Lean Production，即精益生产方式。这个研究成果在汽车业内引起轰动，掀起了一股学习精益生产方式的狂潮。精益生产方式的提出，把丰田生产方式从生产制造领域扩展到产品开发、协作配套、销售服务、财务管理等各个领域，贯穿于企业生产经营活动的全过程，使其内涵更加全面、更加丰富，对指导生产方式的变革更具有针对性和可操作性。随后在1996年，经过四年的"国际汽车计划"第二阶段研究，出版《精益思想》一书。《精益思想》弥补了前一研究成果并没有对怎样能学习精益生产的方法提供多少指导的问题，该书则描述了学习丰田方法所必需的关键原则，并且通过例子讲述了各行各业均可遵从的行动步骤，进一步完善了精益生产的理论体系。在此阶段，美国企业界和学术界对精益生产方式进行了广泛的学习和研究，提出很多观点，对原有的丰田生产方式进行了大量的补充，主要是增加了 IE 技术、信息技术等对精益生产理论进行完善，以使精益生产更具适用性。

精益生产的理论和方法是随着环境的变化而不断发展的，特别是在20世纪末，随着研究的深入和理论的广泛传播，越来越多的专家、学者参与进来，出现了百花齐放的现象，各种新理论新方法层出不穷，如大规模定制与精益生产的结合等。很多美国大企业将精益生产方式与本公司实际相结合，创造出了适合本企业需要的管理体系，例如：1999年美国联合技术公司（UTC）的 ACE（获取竞争性优势）管理、精益6δ管理、波音的群策群力、通用汽车1998年的竞争制造系统等。这些管理体系实质是应用精益生产的思想，并将其方法具体化，以指导企业内部各个工厂、子公司顺利地推行精益生产方式。在此阶段，精益思想跃出了它的诞生地——汽车制造业，作为一种普遍的管理思想在各个行业传播和应用，先后成功地在建筑设计和施工业、服务行业、民航和运输业、医疗保健领域、通信和邮政管理以及软件开发和编程等方面应用，精益生产系统更加完善。

3. 中国推行精益生产方式

从计划经济时代开始，中国的企业一直在探讨提升企业运营效率的方式，例如"鞍钢宪法"等，当中国汽车行业于20世纪70年代初开始与日本汽车企业合作以后，中国对精益生产方式的学习就开始从被动模仿进入到主动探索阶段。

【阅读材料 0-2】 中国企业学习、探索精益生产方式的过程

① 1978年6月第一汽车制造厂组建一汽考察团访日，正式拉开了中国学习

丰田模式的"纪元",一汽向丰田提出对第一汽车制造厂进行"工厂诊断"的请求。同年11月,日本的丰田第一汽车调查团访华。调查团主要针对一汽解放卡车生产线进行了细致的诊断,为一汽生产管理者提出了许多"颠覆性"的建议。第一汽车制造厂变速箱分厂成了中国制造业学习丰田生产模式的第一个"样本"工厂。

② 1981年,丰田精益生产"宗师"大野耐一访问一汽。面对生产管理中明显的浪费,他一边在现场帮助进行改善指导,一边开展讲座,并通过建造两条模范生产线,将精益生产的理念全面向一汽其他工厂推广。随后,丰田还在南京汽车厂和西安交大等地举办精益生产模式讲座。

③ 随着1984年丰田集团大发公司开始向天津汽车的华利提供技术援助并转让夏利轿车生产,精益生产开始在天津扎根。丰田生产模式随着丰田在华的合作而在中国得到传播。

④ 1988—1989年,在沈阳建立中国汽车工业丰田金杯技工培训中心,并同时向金杯客车进行技术转让。丰田下功夫"辅导"的沈阳金杯客车公司,将精益生产理念传承下来。

⑤ 1990年开始,丰田在天津开始设立众多零部件企业,打造未来合资的生产基础。中国的精益生产学习重镇开始转移到天津,天津丰田发动机有限公司甚至在中国工业工程圈子里被公认为学习精益生产的优等生。

⑥ 1998年丰田与四川旅行车制造厂合资成立了四川丰田。通过精益生产模式的改造,无论是业绩还是管理,四川丰田已经成为丰田的中国范本。

⑦ 2000年后,中国汽车市场进入竞争时代。但随着生产规模的提升,质量的不稳定越来越突出,尤其是在合资生产中接触了德国、美国、法国等不同的生产管理模式,中国汽车制造商开始深刻认识到精益生产在质量控制方面的优势。

⑧ 2002年,一汽集团成立丰田生产方式领导小组。当年9月,一汽轿车公司由20多个车间领导和生产骨干组成考察组,花费一个多月时间去日本学习丰田精益生产。随后,在激烈的市场竞争和巨大生产过剩压力下,"向丰田学习"的理念也从汽车工业向中国整个制造业展开,无论国有企业、民营企业还是外资企业,都期望通过精益生产降低浪费、提高效益,中国的精益生产学习从被动模仿进入了主动探索阶段。

实际上,随着社会经济与消费方式的演进,以及技术的不断进步,丰田精益生产方式在中国的推进、发展经历了三个阶段。

第一阶段是基于降低成本、提高品质的目的来学习、模仿丰田精益生产方式。如何消除精益所强调的7种浪费,如何通过大野耐一圈找到现场浪费点,然后不断改善。企业要想降低成本,首先必须有质量意识,质量作为客户的根本需求必须优先考虑，成本是质量活动的结果，但中国企业最先考虑的还是成本，通过各种方式来降低成本。这个阶段最主要的特征是项目的效果多数以成本节省来衡量。

第二个阶段是基于缩短交付周期（交期）的目的学习、模仿丰田精益生产方式。精益的本质并不是降低成本，而是基于时间的竞争。大野耐一说过，"所有我们做的，就是不断压缩从客户下单那一刻起，直到我们收到货款所用的时间。我们通过减少无附加价值的浪费，缩短时间"。以工业仪器及设备为主要业务的跨国企业丹纳赫的 CEO 说过，"你想降低成本可以，不管用老掉牙的方法，还是用精益的方法，那也是新瓶装旧酒，精益的本质是压缩时间"。这就是企业生产与运营的时间价值，所以企业需要考虑自己的流动性，缩短周期（包括生产周期、投资周期、库存周期等）。

第三个阶段是基于以客户价值为导向的精益改善阶段。为了生存，企业需要不断为客户创造价值。例如，新能源汽车、无人驾驶技术的发展推动汽车行业重新洗牌；再比如，数码技术的兴起使柯达破产，智能手机的崛起使尼康中国工厂关闭，这都是客户价值出了问题所导致的失败。企业的价值定义错了，一切改善都是浪费，所以需要首先定义客户价值。客户价值包括产品的独特特征给客户传递独特价值，价值传递过程中的独特特征、额外的服务等。从客户价值出发寻找改善的方向与重点，这就是目前国内企业所处的精益发展与完善的阶段。

4. 精益管理及其来源

精益管理由最初的在生产系统的管理实践成功，已经逐步延伸到企业的各项管理业务，由最初的具体业务管理方法上升为战略管理理念，能够通过提高顾客满意度、降低成本、提高质量、加快流程速度和改善资本投入，使股东价值实现最大化。精益管理要求企业的各项活动都必须运用"精益思维"（lean thinking）。"精益思维"的核心就是以最小资源投入，包括人力、设备、资金、材料、时间和空间，创造出尽可能多的价值，为顾客提供新产品和及时的服务。由此可以认为，精益管理就是企业在为顾客提供满意的产品与服务的同时，把浪费降到最低程度。企业生产活动中的浪费现象很多，常见的有操作错误、产品与原料积压等七种浪费，这就是精益生产需要消除的浪费。消除浪费是精益管理的基本理念，也是精益思想的核心。

精益管理来源于精益生产方式，其核心在于把精益生产方式中的持续改善、消除浪费作为一种思想与意识固化在企业生产与管理活动中。詹姆斯·P. 沃麦克、丹尼尔·T. 琼斯在《精益思想》中指出，所谓精益思想就是根据用户需求定义企业生产价值，按照价值流组织全部生产活动，使要保留下来的、创造价值的各个活动流动起来，让用户的需求拉动产品生产，而不是把产品硬推给用户，暴露出价值流中所隐藏的 Muda（任何没有附加价值的作业，在日本称为 Muda），不断完善，达到尽善尽美。精益思想不仅要关注消除浪费，同时还以创造价值为目标"做正确的事"，精益思想就是在创造价值的目标下不断地消除浪费。精益管理强调的就是这种精益思想、精益意识在企业生产运营、管理中的运用，努力消除这些浪费现象是精益管理的最重要的内容。

由此可以看到，任何企业都可推行精益管理，通过精益管理达到为客户创造价值，已经成为企业管理与发展的一个趋势。

精益为本，落地为实。

二、煤矿需要推行精益管理

1. 煤矿管理的演变与需求

煤矿是煤炭企业的主体，狭义上的煤矿就是煤炭企业，广义上的煤炭企业是多家煤矿形成的企业。

我国煤炭企业经营管理经历三个阶段：生产型阶段、生产经营型阶段与全面经营型阶段。

（1）生产型阶段

这个阶段的主要表现是，企业的生产任务由上级行政主管机关下达，所需大部分物资由国家统一分配，产品由国家统购包销，利润实行财政统收统支，企业基本没有自主权，企业的核心任务就是完成国家的生产计划，企业只负责生产，所以企业的关注点在于产量。20世纪80年代以前，我国煤炭企业是行政机关下面的生产局，某种程度上不仅具有企业的职能，还有部分行政的职能、社会的职能等，所以煤炭行业长期是单一品种、单一经营、亏损严重的行业。

（2）生产经营型阶段

这个阶段是既强调生产又重视经营的阶段，主要表现是，企业在国家计划指导下重视生产，但由于国家强调企业的自主经营，企业必须注重市场需求，并根据市场需求进行企业的经营决策，努力开发新产品，注重产品的适销对路，既强调企业的社会效益、政治效益，也开始重视企业的经济效益。煤炭行业的转轨是通过建立和完善企业经营责任制的方式展开的，所经历的阶段包括投入产出总承包与实行"四位一体"的经营机制。1985年9月，原煤炭工业部下达煤炭工业企业承包的总指标，一包六年不变：产量不变、利润不变、经济效益不变。1990年7月，中国统配煤矿总公司下达《关于强化四位一体经营机制的若干规定》，"四位"指的是承包责任制、内部经济核算体系、内部银行体系与经营调度体系，

"一体"指的是企业四个体系在经营上的有机结合、配套和统一。行业强化"四位一体"经营机制后,企业领导的经营观念、市场意识得以加强,经营绩效获得极大提升,国有重点煤矿集体扭亏。

(3) 全面经营型阶段

这个阶段的主要表现是,企业不仅应该关注生产、关注市场,而且企业应以财务为中心,进行资本经营,实现资本的保值增值,获得最大效益。企业主体不仅是实体经营单位,而且是资本经营单位,企业运营的目的在于价值最大化。由此可以看到,第三个阶段煤炭企业的经营目的、经营重心、企业运营的收益来源与经营的着眼点都发生了变化,煤炭企业全面进入市场竞争。各个煤炭企业为了增强竞争能力,结合企业的具体实际,选择行之有效的经营模式。这个阶段的煤炭企业不仅关注市场环境的变化,关注客户价值,也同时对企业内部运营模式进行变革,强化员工价值创造能力的提升与运营系统的优化。

不同阶段的煤炭企业关注点是不一样的,每个阶段对于企业运营管理的需求也存在着很大差异。

2. 煤矿未来竞争发展的要求

从 2021 年以来我国煤炭产量和消费量呈现快速增长的势头。煤炭产业市场集中度较低,现正处于整合阶段。煤炭在能源生产消费中占据主导地位,供需总体平衡,局部供不应求。未来较长时期,为适应我国经济快速发展的要求,国内煤炭总需求量将持续增长,市场空间十分广阔,煤炭行业面临巨大发展机遇,其发展具有诸多有利因素:煤炭行业在能源供应中不可动摇的主导地位巩固了其作为支柱产业发展的地位;国家积极的产业政策保障了煤炭行业的可持续发展;宏观经济的高速发展为煤炭需求持续增长提供了坚实的支撑;技术创新为煤炭行业发展提供强大动力等。煤炭作为一种经济性的能源资源具有一定的竞争力,煤炭资源具有其他资源不可替代的地位。随着全球电力需求的增长和工业的发展,全球煤炭需求,特别是亚洲煤炭需求仍将保持增长势头。

但传统能源消费过程中排放二氧化碳较多,随着国家推进"碳达峰,碳中和"的目标,传统能源企业绿色转型才是当下所趋。在国家政策引导下,逐步向新材料和新能源方向转型才是大局之道,这是煤炭企业不得不面临转型的问题。在此背景下,各大区域内的煤炭企业迎来多元化发展的阶段,比如山西、山东等传统工业大省正处于转型升级的机遇期,并且已经相继发布转型发展的规划,例如山西省在 2020 年 6 月前后开启了省属煤炭企业重组计划。

资源环境约束下的煤炭企业需要具有自身的市场竞争力,也就是煤炭企业在市场的竞争中,充分利用各种资源,兼顾资源约束与环境保护的社会责任时,采取精简结构提高效率或鼓励技术创新、开发新产品等手段,创造出比竞争对手更多财富的企业能力。资源控制力是煤炭企业竞争力的基础，环境保护力是煤炭企业竞争力的保障，技术创新力是煤炭企业竞争力的核心。从企业运营与发展角度来看，煤炭企业必须突破资源环境的约束，提高企业竞争力，明确企业可持续发展战略，在低碳经济模式和循环发展模式背景下明确企业自身核心竞争力的来源，提高资源储备保障力与加强节能减排和清洁生产技术攻关。

在上述社会经济、行业发展与行业竞争的背景下，煤炭企业未来竞争发展的基本要求表现在以下几个方面。

① 明确煤炭企业总体发展战略与目标。任何企业都有自己的经营之道，企业领导者需要形成与构建企业家的心智模式，制定企业战略规划与目标，明确企业商业模式的构建与优化、组织体系搭建和组织变革以及政策要素的整合、日常运营管理的落地执行、企业文化塑造和团队打造的方法。管理学大师彼得·德鲁克指出，"企业的成功依赖于它在一个小的生态领域中的优先地位"，而许多不成功的企业，往往是看到别人做什么赚钱就跟着做，结果总是亦步亦趋、慢人一步，始终无法做到稳定、持续地盈利。面对激烈的竞争，任何企业都必须首先对自身所处的内外部环境进行系统分析，找到外部机会与威胁，认清自身的显著优势及不足，从而给自己选择一个能够充分发挥所长、适合自身发展的经营领域，进行产业定位，构建商业模式或选择业务内容。这样，企业才能不断积累竞争优势，避免陷入盲目的同质化竞争漩涡，进而逐渐明晰未来的发展方向。对于煤炭企业来说，如何充分利用当下好的市场形势进行转型，明确构建起企业发展的方向，以及企业发展的目标，这是未来煤炭企业是否能形成独特竞争力的关键。

② 明确煤炭企业内部生产运营的方式。煤炭企业需要具有自己的战略规划与明晰的目标，更重要的是必须要构建自己明确的生产运作与管理的方式，通过适合的运作方式把投入转化为产出，提高投入产出的转化效率，调动其员工的积极性与主动性，实现企业与员工协同发展。那么一个关键问题就是如何通过内部运作方式最大限度地满足市场与客户不断变化的需求，为客户创造价值。为实现这一目标，企业就需要通过工作职责梳理与目标规划、组织分工与人员协调、计划制定与指标设定、目标可视化与目标设定、过程检查与监督、员工训练与培训、激励与考核、总结与提升改善等，来实现企业为客户创造价值的目标。为此，企业生产运营方式的内容主要包括以下方面：一是建立起企业目标管理与预算管理体系；二是建立起企业内部责任体系、员工的绩效评价与奖罚体系；三是构建起企业员工素养养成与训练的培训体系。按照管理的职能来说，就是计划、组织、指挥、控制与创新。图 0-2 是粗线条的企业生产运营方式结构图。

③ 构建适合煤炭企业自身的文化系统。煤炭企业在长期的生产经营活动中，形成了一套具有煤炭企业特色的企业文化，煤炭企业文化特别强调安全，安全是最大的效益。煤炭企业文化系统必须能支撑、促进企业精益经营与精益管理，提

图 0-2　粗线条企业生产运营方式结构图

升企业价值创造的能力。煤炭企业为了满足自身运作的要求，必须要有共同的目的、共同的理想、共同的追求、共同的行为准则以及相适应的机构和制度，否则企业就是一盘散沙，煤炭企业文化的任务就是努力创造这些共同的价值观念体系和共同的行为准则，通过企业在长期的实践活动中形成并为组织成员普遍认可和遵循的具有组织特色的价值观念、团队意识、行为规范和思维模式。最为重要的是，这套行为准则与价值系统必须要有效支撑企业经营战略的落实与目标落实，支撑企业有效运营。

3. 煤矿需要推行精益管理

精益管理来源于精益生产方式，精益管理具有普遍适用性，而不仅仅在于制造业。

① 精益管理首先是一种科学的管理方法，是通过规则的系统化和细化，运用程序化、标准化和数据化的手段，使各单元精确、高效、协同和持续运行，最大限度降低浪费。

② 精益管理是一种管理理念，体现组织对管理的完美追求，是组织严谨、认真、精益求精思想的贯彻。精益管理崇尚规则意识，包括程序和制度，要求管理者实现从监督、控制为主的角色向服务、指导为主的角色转变，更多关注满足被服务者的需求。

精益是技术加管理，技术体现在生产作业系统上，管理体现在人与要素的状态改善上。

【阅读材料 0-3】　精益管理在不同行业推行的效果

① 对于制造型企业而言，在以下方面已经有无数的实践证明是取得成效的：库存大幅降低、生产周期减短、质量稳定提高、各种资源（能源、空间、材料、人力等）的使用效率提高、各种浪费减少、生产成本下降、企业利润增加。同时，员工士气、企业文化、领导力、生产技术都在实施中得到提升，最终增强了

企业的竞争力。

② 对于服务型企业而言，提升企业内部流程效率，能够做到对顾客需求的快速反应，可以缩短从顾客需求产生到实现的过程时间，大大提高顾客满意度，从而稳定和不断扩展市场占有率。

精益管理注重的是对流程的不断改进，在消除浪费的同时将流程价值最大化。精益管理不只是精益改善工具、流程优化和方法论。精益管理的核心是通过工具和方法论的学习和实践，推动团队价值观的改变，是学习型组织的打造过程，目标是建立长期的企业改善文化。可以看到，无论制造业还是服务业，企业推行精益管理都是有效的。

长期以来，我国煤炭企业生产管理粗放，高危性、高消耗、低产出、低效率并存。原因在于以下几个方面：一是受制于煤炭先天性地下赋存条件而导致的开采复杂性、多变性、困难性、高危性等特性；二是受制于煤炭开采比较滞后的技术装备水平，即生产力水平条件；三是受制于前两个基础性条件而形成的传统思想观念。

精益管理是现代企业新的组织管理方式，能有效配置和合理使用企业资源，最大限度地谋求经济效益，其核心理念是要求企业的各项活动必须运用"精益思维"，创造出尽可能多的价值，为用户提供新产品和及时的服务。

对于煤炭企业来说，需要推行的是精益管理，是把精益思想、精益理念贯彻到日常运营过程中，持续改善，降低运营成本，提升运营效率。煤炭企业需要推行精益管理，以此来加快企业转变经济发展方式，提升核心竞争能力。推行精益管理也是我国煤炭企业立足管理提升与改善活动，着力弥补管理短板、夯实管理基础、提升企业经济效益的必然选择。

① 推行精益管理可实现煤炭企业生产经营的本质安全。精益生产方式强调标准作业、规范作业，强调员工的素养养成。煤炭企业通过建立作业标准系统、操作标准系统等，让员工按照标准进行操作，提升过程质量，进而通过生产过程质量的提升确保煤矿生产的本质安全。

② 推行精益管理可实现煤炭企业生产经营的高质高效。精益管理特别重视流动性，强调缩短交付周期与时间价值。精益管理的理念在于消除一切不创造价值的环节与浪费，强调标准化管理与作业，所以要优化流程，提升效率，提升过程质量与产品质量。

③ 推行精益管理可驱动煤炭企业有效降低运营成本、解决瓶颈问题。降低成本是我国绝大部分企业推行精益管理的出发点，也是精益管理的结果。精益生产方式中总结的消除七种生产环节的浪费，就是从降低成本的角度进行的现场总结，优化生产过程，找出生产环节与管理环节的浪费，可有效降低企业运营成本。煤炭企业应通过推行精益管理来识别并解决企业发展的瓶颈问题，使企业获

④ 推行精益管理可有效提升煤炭企业竞争能力和建立可持续改善策略。企业竞争力表现在哪儿？在为客户进行价值创造的能力上。精益管理强调市场与客户的价值定义，由此展开一切企业的运营活动。那么，煤炭企业在顺应客户价值定义以及满足客户价值需求的所有环节进行优化改善，竞争能力自然能够提升。针对煤炭企业的产品特点、管理特点、人文特点及资源条件，拟定适合的精益管理推行策略。从推行一开始就能够建立起与企业实际相符合的职能组织、长远规划、管理程序和激励措施，以保证为今后持续有效地推行精益改善工作奠定坚实的基础。

⑤ 推行精益管理可打造企业团队精神和高效执行力的现场氛围。精益管理强调根据员工的特点，建立学习型团队，创建以知识为核心，鼓励学习、崇尚创新的企业文化氛围，增加员工的参与感和责任感，培训员工并与之交流。精益管理强调团队价值，通过团队活动来满足客户价值需求，团队中的每一个个体都必须参与到团队价值创造过程中，这就是精益管理中的全员参与。本质上说，精益管理的核心是协同合作，最高境界是全体成员的向心力、凝聚力，反映的是个体利益和整体利益的统一，进而保证组织的高效率运转。企业团队精神的形成并不要求团队成员牺牲自我，相反，挥洒个性、表现特长，保证成员共同完成任务目标，而明确的协作意愿和协作方式则产生了真正的内心动力。同时，煤炭企业在推行精益管理之时，应激发全体员工积极参与改善的热情与创意，从而充分落实现场、现实、现物的改进，最终通过精益小集团改善活动，提高员工的凝聚力，创建和谐、舒适的工作环境，营造执行力"长青"的平台和载体。

4. 煤矿推行精益管理的内容

在煤矿有效推行精益管理，一个关键是煤矿领导与企业员工都需要具有精益管理的理念与意识，对精益管理的内容与推行过程有全面了解与认知；在此基础上，熟悉与把握精益管理推行过程中的方法与工具。图 0-3 表达了煤矿推行精益管理的内容。

① 煤矿推行精益管理必须首先明确目标与推行方针。目标决定一切，有了目标就可规划目标实行的路径、方法、资源与相关要求，然后执行与实施，过程检查、纠偏与改善，以达目标。

② 着手标准与规范化建设。煤矿推行精益管理必须有各类执行的标准，有相关的定额与数据基础。管理需要定量化，把生产过程每一个步骤的投入产出进行量化，并且透明。在此基础上分析各项活动与流程，了解每一项活动中的浪费环节，在客户进行价值定义的基础上以最小的成本为客户创造最大的价值，充分

满足客户需求。精益管理中物与过程的精益，既包括精益技术的内容，也包含着精益管理的内容。

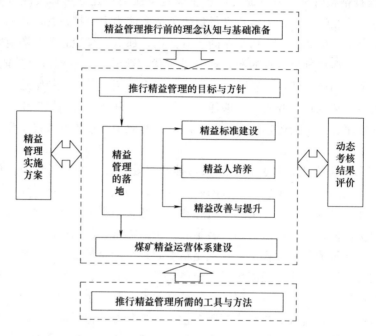

图 0-3　煤炭企业推行精益管理的内容

③ 精益人的培养与精益意识养成。任何价值的创造都是通过人的活动进行的，人是价值创造的主体，也是精益管理的主体，需要让员工养成精益意识，培养与煤矿生产实际结合的精益人。煤矿需要建立起精益人培养的培训体系，通过与现场管理结合的培训体系建设，使每一个员工都有精益意识，自觉、主动去执行标准，去寻找、消除过程中的浪费，去改善、完善日常生产活动，具有团队协同意识。这是精益管理中人的精益，是推行精益管理最为重要的内容，也是煤矿推行精益管理能否成功的核心要素。对于煤矿来说，用什么样的方式培训员工，以什么样的系统来训练员工，建立什么样的体系来培育员工，这是精益管理推行的一个比较关键环节。只有现场员工养成精益意识，熟悉精益工具与方法，精益管理在现场才能落地，才能产生效果。

④ 有效建立起煤矿精益改善体系。精益管理极为重要的内容是现场的改善，通过现场改善消除一切不创造价值的环节，精益人需要对现场价值创造环节进行持续优化、改善。现场是为客户进行价值创造的场所，需要分析现场的各项活动，找出需要改善的地方，而且是持续不断地改善与提升，这是精益管理的持续追求。

⑤ 建立起煤矿精益管理运行体系。精益管理运行体系的内容很多，不仅包括建立煤矿各类岗位职责标准、各类操作规范与标准，还包括现场环节的定额，也包括各项流程的标准、时间、投入产出分析，这是把精益管理推行过程中人与物、过程结合起来的标准化体系，更是要包括支撑精益管理推行的各类制度，规范人的行为的制度、规范操作的制度，精益效果评价与精益改善活动的绩效考核体系，以及如何推进精益管理的驱动内容。

第一章
煤矿推行精益管理的基础准备

煤炭企业（煤矿）推行精益管理必须具备两个基本要求，这就是理念或观念准备以及现实基础准备，也就是精神与物资准备。推行精益管理首先必须要有观念或理念上的转变，具有精益管理的基本思想与理念。观念先行，没有观念或理念上的转变，精益行动不可能产生。推行精益管理还必须具有基本的现实推行基础，包括人员的素质、基础管理等。

一、对精益管理的初步认知

1. 精益管理的内涵

精益生产方式是指综合运用多种现代管理方法和手段,以客户需求为依据,充分发挥企业全体员工的积极性,对企业的各项资源进行有效配置和合理使用,最大限度地为企业谋求经济利益的一种新型生产方式,是全员参与、持续改善的一种管理状态,也是一种适时制造,消除一切浪费和故障,向零缺陷、零库存努力的新型生产管理方式。

精益管理来源于精益生产方式,要求企业在生产组织过程中从客户(内部和外部)的角度来确定企业从产品设计、生产到交付的整个过程。实现客户利益最大化,在"客户拉动"观念指引下,消除产品的过早与过多生产,确保现场在制品和库存的大量减少,压缩生产提前期,减少所有资源消耗且不增值活动,并向员工授权,引导员工,激励全体员工用价值流分析方法找出更隐藏的浪费,以求生产过程的持续改善和改进,改进的结果必然是加速从原材料转变为成品的过程,并显著增加产品价值。

煤炭企业精益管理是以市场为导向,在确保资源合理且有效配置的基础上,通过全员参与、持续改善的方式不断降低企业运营成本,消除浪费与故障,以零缺陷、零库存为目标,最大化地创造价值的管理方式。其本质上是持续改善下的降本增效的管理方式,所以煤炭企业导入精益管理必须首先解决理念问题,把精益精神融入思想中,其次才是精益方法与工具的应用,以及各种精益活动的展开。

精益管理是一种理念、一种文化,是支撑个人与企业生命的一种精神力量,是一种员工精益求精、永无止境追求的企业文化,参见图1-1。实施精益生产就

图1-1 精益管理的本质

是决心追求完美的历程,也是追求卓越的过程,它是支撑个人与企业生命的一种精神力量,也是在永无止境的学习过程中获得自我满足的一种境界。其目标是精益求精,尽善尽美,永无止境地追求"七个零"的终极目标。

精益管理中的"精",即少而精,不投入多余的生产要素,只是在适当的时间生产必要数量的市场急需产品(或下道工序急需的产品);"益",即所有经营活动都要有益有效,具有经济性。精益求精,追求卓越,本质上追求持续的改善,持续不断地消除企业运营中的各种浪费,使成本最优化,资源效益最大化,改进与改善永远在路上,在追求的过程中使企业与个体不断从优秀到卓越。

煤炭企业从采掘衔接设计、巷道掘进、煤炭开采、煤炭运输以及为煤炭开采服务的各个环节中存在大量的 Muda,尽可能消除煤炭企业运营过程中的 Muda,精益求精,追求卓越,这是煤炭企业推行精益管理的目的所在。正如武藏曲线所描述的一样,生产过程的成本控制的空间很大。2004 年,日本索尼中村研究所的所长中村末广提出武藏曲线,如图 1-2 所示。中村末广根据该研究所对日本的制造业进行调查,发现制造业的业务流程中,组装阶段的流程有较高的利润,而开发设计、零件生产以及销售、售后服务的利润反而较低。如此,若以利润高低为纵轴,以业务流程为横轴,将上述的调查结果绘成曲线,将可以得到一个"左右位低、中间位高"的曲线,即称为武藏曲线。对于煤炭行业来说,煤炭采掘环节是成本发生的主要环节,也是可以改善的环节。在确保安全的前提下,通过提高技术、优化管理来降低采掘环节的成本,这是煤炭企业成本管理的重要方向。

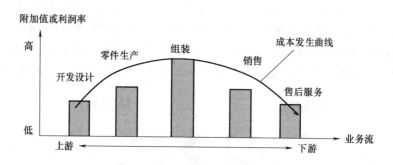

图 1-2 武藏曲线图

2. 精益管理的特征

精益管理在生产制造系统中的主要思想体现在以下两个方面。

(1)强调人的作用:尊重人性

精益生产强调人力资源的重要性,把员工的智慧和创造力视为企业的宝贵财富和未来发展的原动力。其具体特点表现为：

① 彼此尊重。精益生产方式要求把企业的每一位职工放在平等的地位；将雇员看作企业的合伙人，而不是可以随意替换的"零件"；鼓励职工参与决策，为员工发挥才能创造机会；尊重员工的建议和意见，注重上下级的交流和沟通；领导人员和操作人员彼此尊重信任。员工在这样的企业中能充分发挥自己的智慧和能力，并能以主人翁的态度完成工作。

② 重视培训。精益生产的成功同样依赖于高素质的技术人才和管理人才，它要求员工不仅掌握操作技能，而且具备分析问题和解决问题的能力，从而使生产过程中的问题得到及时发现和解决。因此，精益生产重视对职工的培训，以挖掘他们的潜力。轮岗培训和一专多能培训是提高人员素质以满足精益生产需要的有效方法，前者主要适用于领导和后备领导，后者主要适用于操作人员。通过轮岗培训，使受训者丰富技术知识，提高管理能力，掌握公司业务和管理的全貌；同时可以培养他们的协作精神和系统观念，使他们明确系统的各部分在整体运行和发展中作用和弱点，从而在解决具体问题时，能自觉地从整体观念出发，找到改进的方案。一专多能的目的是扩大操作人员的工作范围，提高他们的工时利用率；同时提高操作的灵活性，为实现小组工作法创造条件。

③ 共同协作。精益生产要求职工在明确企业发展目标的前提下加强相互间的协作，而具体的工作内容和划分是相对模糊的，协作的范围涉及操作人员之间，也涉及部门和部门、领导人员和操作人员之间。这种协作打破了原有的组织障碍，通过相互交流和合作解决跨部门、跨层次的问题，减少扯皮现象，消除彼此的指责和抱怨，在相互理解的前提下共同完成企业目标。常用的方法有项目管理和小组工作法等，前者多用于跨部门间的协作，而后者一般应用于团队内部。

（2）持续改善、尽善尽美

精益生产方式把"无止境地追求完美"作为经营目标，追求在产品质量、成本和服务方面的不断完善。准时化生产方式（JIT）和不断改进流程（CIP）是精益生产追求完美的思想体现。其主要思想有：

① 消除一切无效劳动和浪费。用精益生产的眼光去观察，分析生产过程，就会发现生产现场的种种无效劳动和浪费。精益生产把生产过程划分为增加价值的过程和不增加价值的过程，前者是创值过程，后者则称为浪费。精益生产方式从分析浪费出发，找到改进的潜力，利用员工的积极性和创造力，对工艺、装备、操作、管理等方面进行不断改进，逐步消除各种浪费，使企业无限接近完美。

② 追求理想化的目标。精益生产厂家的生产指标没有明确的定量，而往往以最佳状态作为目标，如"零缺陷""零库存""零抱怨""零故障"等。可以说，要达到这些理想化的目标是不可能的，但它们能使员工产生一种向"极限"挑战

的动力,树立永不满足的进取精神,极大限度地发挥他们潜在的能力。

③ 追求准时和灵活。物流和信息流的准确、准时是精益生产对生产过程的要求,通过采用看板生产和适时供货,使生产所需的原材料、零部件、辅助材料等准时到达所需地点,并满足所需的质量要求和数量,这里的"准时"不同于"及时",达到及时供应可通过高库存来实现,而达到准时是指在没有库存的前提下也能达到及时。准时和准确的信息流是实现这一目标的前提和保障,因此,精益生产方式的成功依赖于其独特的生产信息管理系统——看板系统。

3. 精益的核心要求

精益管理的核心要求:消除一切不创造价值的浪费。

丰田公司以及管理专家认为,生产运营中的"八大浪费"必须消除("八大浪费"是我国的提法,丰田公司关注生产过程,提出"七大浪费",管理的浪费在中国企业中较为严重)。精益原则中的分析价值流,必须找出无效过程与浪费,这里说的"八大浪费"就是无效过程与浪费。"八大浪费"是企业运营管理中非常重要的一个观念,也是精益原则的基本要求。要消除浪费,持续改善,企业才能保持良性运转,竞争力才会提升。改善的对象是浪费,认识浪费是改善的第一步,企业现场哪些是有价值的,哪些是浪费,不是一般人可以一目了然的。丰田公司在长期作业和改善过程中对于浪费的内容进行了总结,被称为"七大浪费"。它们分别是制造过早(多)的浪费、库存的浪费、不良修正的浪费、加工过剩的浪费、搬运的浪费、动作的浪费、等待的浪费共七种。后来人们又加了一种浪费——管理的浪费,合称"八大浪费",如图 1-3 所示。

丰田生产方式是彻底消除浪费的方法,通过消除浪费,可以提高生产率。为了消除浪费、降低成本,如何正确认识浪费就变得非常重要了。生产现场的浪费是指"生产中只增加成本的各种要素",即对产品来说,不提高任何附加价值的各种现象称作浪费。

图 1-3　八大浪费的类型

【阅读材料 1-1】　精益管理中消除浪费与提升劳动率

为了从产品的制造方法中找出浪费现象,必须掌握从作业中区分工作与浪费的知识和技能。丰田企业所说的"工作"是指推进工序。推进工序就是提高产品的附加价值,这种行为即是劳动。例如,对零件进行组装、焊接、切削等,是提高其附加价值的加工作业,因而称作劳动。把单纯的动作变为劳动,使浪费接近零值，工作效率接近100%，这样可以真正提高工作效率。

那么，从我们的作业中尝试研究一下哪些是提高附加价值的作业，哪些是不提高附加价值的作业。我们在以前的工作中是否有过这样的经历：想用的工具类或测定仪器、零件不在眼前，因而浪费了很多工作时间来找这些东西。

（1）制造过早（多）的浪费

制造过早（多）浪费是"八大浪费"中的首恶，在精益生产中则被视为最大的浪费。福特式思维告诉大家，在同样的时间内，生产量越多，效率越高，成本越低，企业越赚钱，所以企业自然有大批量连续生产的初始动力。作为一个整体的企业是如此，那么企业内各部门也是如此，特别是在一些制程较短、关联性较低的企业中，普遍实施计件工资，那么从最基础的员工开始就有多做、早做，甚至偷做的动力，在这种情况下，告知企业里所有人早（多）做是罪恶。制造过早（多）浪费的后果主要有三个方面。

① 直接财务问题。表现为库存、在制品增加，资金回转率低，制造时间变长，占用资金及利息，会造成库存空间的浪费，在现金流量表上很明显。

② 产生次生问题。会产生搬运、堆积的浪费；先进先出的工作产生困难；产品积压造成不良品的产生，物流阻塞制程时间变长，现场工作空间变小，有滞留在库的风险，有不良品的风险。

③ 掩盖问题。为什么"制造过早（多）浪费是八大浪费的首恶，在精益生产中则被视为最大浪费"？因为它带给人们一个安心的错觉，掩盖各种问题，以及隐藏由于等待所带来的浪费，没有改善的动力，失去持续改善的时机。

（2）库存的浪费

在精益生产里，库存是浪费，是不该被保有的，而通常认为库存造成的损失可以分为以下三大类：

① 表面损失。包括产生不必要的搬运、堆积、放置、找寻、防护处理等浪费的动作；占用过多仓库场地及场地建设的浪费；保管费用。

② 潜在损失。包括占用流动资金，降低资金周转率；需要额外承担资金利息；市场变动时有销售不出去的风险；在库物品劣化变质的风险。

③ 意识方面的损失。掩盖问题，造成假象。当库存的水位高涨时，管理者就感受不到问题的严重性而失去了改善的机会。正因为这么多损失，所以精益生产才强调降低库存，以零库存为目标。

（3）不良修正的浪费

不良品是企业中不可容忍的重大浪费现象。客户需要的是合乎规范要求的产品，客户不会负担不良品，不仅仅是不良品这部分，随后可能引起的下游延伸制品不良、检查、返工、报废等损失都由企业自己承担。不良品率的高低是企业制程稳定性的最重要的标志，是企业体质好坏的直接体现。

不良修正的影响包括：

① 产品报废。报废的产品不仅仅浪费材料，它还包含制程中付出的原材料、人工、制造费用以及管理、财务费用，这些产品价值本来可以计入营业额，但现在报废，成本还白白付出，利润直接下降，对于企业的损失之大是怎么尽力弥补都值得的。

② 挑选、检查、维修带来的损失。产品不良，在宣布报废之前，可能要处理、挑选、检查、维修，把部分不良品转成良品，这一过程中的全部付出都是浪费，因为客户不会为上述作业负担一分钱，其中包含时间、人力、设备、场地、辅材等。

③ 信誉的影响。不良品出现会引起交货延迟，有时会产生去客户处换货，或者在客户处维修的情况。而如果客户用了问题产品做成下游成品出了状况，那问题就更严重，所有这些都会引起客户不便进而是抱怨，再进一步就是订单的减少、取消或流失。

④ 延伸的复合损失。出现不良品造成的复合损失是致命的，可能要产品召回，可能要面临赔偿诉讼，可能会引来公众的质疑抱怨，可能会引起主管部门的干预，比如停产、吊销执照、限制出口权等。

（4）加工过剩的浪费

加工过剩的浪费也叫过分加工的浪费，是指在品质、规格及加工过程中的投入主动超过客户需求，从而造成企业资源浪费的情况。加工过剩浪费分四种情况：过分精确品质带来的浪费（过剩品质）、过分加工带来的浪费（过剩加工）、过分检验带来的浪费（过剩检验）、冗余设计带来的浪费（过剩设计）。

（5）搬运的浪费

流程中物品（成品、半成品、辅料、包材等）需要在相距较远的两点间搬运，而造成资源（人、机、场地、能源、时间等）在物品搬运、放置、堆积、移动、整列等方面的浪费统称为搬运的浪费。产品生产过程中，不可能所有的工序都在同一地点完成。其间的搬运不可避免。但是，搬运无价值，客户是不付费的，企业应努力减少搬运带来的浪费。搬运浪费的影响包括：

① 直接影响：搬运浪费的直接影响是搬运需要的人力；搬运导致的运输、堆叠、整列都需要工具设备及额外的设施空间，这些额外投入增加了企业的成本；搬运使物品存在损坏、碰挤伤及丢失的可能。

② 潜在影响：搬运的存在使生产效率下降；搬运减慢了物流速度，延长了产品交货时间，也间接增加了库存；过多的搬运和出入库，可能导致不正确的存货盘点。

③ 延伸影响：推迟了给客户的交货时间，容易引起客户抱怨。而增加的库存也增加了企业自身营运压力，所有这些都降低了企业体质和竞争力。

（6）动作的浪费

世界上最大的浪费莫过于动作的浪费。吉尔布雷斯是现代工业工程的重要奠基人之一，她重点研究人的动作，并提出了人的动作与产品及设备空间搭配的22条原则，享誉至今。在对比这22条原则的时候，可以发现工作中的许多动作是不合理的，是浪费的。

动作的浪费是在实际作业中广泛存在的浪费。精益生产观点认为：在没有实施精益生产的企业中，作业者至少有一半的动作是"无效的"，属于浪费的行为。工序流程中的每一个动作都必须带有明确的目的性。搬运和加速的动作是为了达到什么结果，都应真正清晰明了。没有意义或不合理的动作，只会导致工作时间徒劳无功地增加。动作浪费除了会无谓地延长工时外，还会降低工作的产出和效率，增加场地及人员的占用及配置，同时不合理的动作还会导致身体疲劳甚至工作伤害。

（7）等待的浪费

等待的浪费是"七大浪费"的最后一个，但在现场却是最常见又易被忽略的成本倍增器。说它常见是因为它在现场无处不在，说它被忽略是大家最容易对它习以为常，见怪不怪。等待可以以库存等各种形式体现出来。丰田人对它深恶痛绝，强调一个流，创造无间断物流，消除"停滞的池塘"，精益生产中的价值流也紧盯着等待的浪费，将它看作是非增值时间的主要原因，必须要予以消除。

定义：工厂中人或设备处于等待（含临时性闲置、停止、无事可做等）状态造成的资源浪费，被称为等待的浪费。

等待浪费的影响：

① 延长产品交货时间。等待对生产周期有直接的影响，等待的累计时间越长，产品的生产周期自然就越长。

② 成本压力增加。机器及人力闲置直接导致成本中固定成本部分的平均摊销变大，增加了成本压力。

（8）管理的浪费

在制造现场，管理的目的是使人、机、料处于最佳的受控状态，对于问题的处理和解决做到快速有效，能够有效地提高效率，维持高的质量水平、低的成本水平和快的物流速度，恰到好处的交期，从而提高企业的"体质"和市场竞争力。但许多企业在管理上还存在误区，仅仅增加了管理人员，精细化了某些制度，但实施效果却不尽如人意，这岂不是更大的浪费，所以大野耐一之后的管理人在上述的"七大浪费"之后增加了管理浪费。

管理浪费表现形式：

① 管理浪费之等待浪费。等待上级的指示，等待外部的回复，等待下级的汇报，等待生产现场的联系。

② 管理浪费之协调不力的浪费。工作进程的协调不力，领导指示的贯彻协调不力，信息传递的协调不力，业务流程的协调不力。

③ 管理浪费之闲置的浪费。一般把管理工作中的库存浪费称为"闲置"。机构重设，职能重叠，人浮于事，使生产要素不能有效地利用，发挥最大的作用，造成闲置的浪费。例如：固定资产的闲置，职能的闲置或重叠，工作程序复杂化形成的闲置，人员的闲置，信息的闲置。

④ 管理浪费之无序的浪费。"无以规矩，不能成方圆"，这句古语说明秩序的重要性，缺乏明确的规章制度、流程，工作中容易产生混乱，这是众所周知的。但是如果有令不行、有章不循，按个人的意愿行事造成的无序浪费，更是非常糟糕的事。无序包括：职责不清造成的无序，业务能力低下造成的无序，有章不循造成的无序，业务流程的无序。

⑤ 管理浪费之失职的浪费。失职的浪费是管理中的最大浪费，责任心不强的表现形式之一是应付。应付就是工作虽然干了，但是不主动，不认真，敷衍搪塞了事，不是追求最好的结果，从而缺乏实际效果，这种浪费在工作中是经常见到的。

⑥ 管理浪费之低效的浪费。低效的含义包括：工作的低效率或者无效率；错误的工作，是一种负效率，没有一次把事情做好就是最大的浪费。企业允许的是创造性的失误，而不允许反复发生低级的错误。

低效率造成的原因：管理人员的低素质导致工作的低效率，方法不当也是低效率的原因之一，故步自封的僵化思想是低效率的温床。

⑦ 管理浪费之管理成本的浪费。计划编制无依据，计划执行不严肃，计划查核不认真，计划处置完善不到位，费用投入与收入（收益）不配比。

以上"八大浪费"是针对制造业来说的，尤其是非管理的"七大浪费"，管理浪费对所有企业都一样，问题在于煤炭企业的生产过程是采、掘、机、运、通等，其浪费表现在哪些方面？煤炭企业有没有生产过多的浪费？有没有库存的浪费？应该说这两方面的浪费是极其严重的。煤矿搬运的浪费、动作的浪费以及等待的浪费表现为什么样的问题？煤矿是否关注这三类浪费？加工过剩与不良修正的浪费在煤矿以什么样的形式表现出来？以上这些问题根据具体煤炭企业的要求，组织各板块相关人员结合企业实际运营进行讨论，通过对浪费表现形式的讨论让员工对浪费有更明晰的认识，从而为下一步消除浪费、持续改善奠定理念与认识基础。

二、煤矿精益需要具备理念基础

1. 精益理念

（1）精益的市场与客户理念

从丰田汽车的精益生产方式演进过程来看，丰田始终关注客户、关注市场，把市场与客户作为企业运营的源泉对待。确实如此，任何企业如果不在客户与市场上着力，企业就不可能存续与发展，企业的运营是为客户与市场创造价值，并为自身实现价值的。可以说，精益生产的神经系统就是市场与客户，所以，丰田把市场管理与营销当作是企业运营的核心环节，丰田的精益生产和丰田的市场管理是相辅相成的。

企业通过生产为社会创造了价值，无论从社会角度还是从企业角度，这个价值创造的物的形态必须通过市场进行转化，需要通过市场把产品卖给消费者，实现价值。这里有两个关键环节：一是市场引导生产；二是市场实现价值。所以，市场是任何企业都必须关注的头等大事，丰田始终把最优秀的资源放在市场上，关注市场，在市场运营上始终坚持精益管理，全员都具有市场意识与理念，形成精益市场与客户理念。对于直接与消费者联系的产品或企业来说，市场引导生产，员工只有具有市场理念才能具有安全理念、质量意识、成本意识、服务意识。对于如煤炭这样的大宗商品来说，消费对象是集团客户，尽管在现代市场经济条件下也需要全员具有市场理念，但相对来说比较弱一点。

① 客户定义价值。企业产品价值结构来源于客户，也就是产品价值由顾客定义与确定。企业产品价值结构就是产品价值的组成、比例及其价值流程，即某种产品所提供的各种利益、支出、比例关系以及价值的实现过程。产品价值结构就是要确定企业的某一种产品具体提供给顾客哪些具体的利益，每种利益的数量；还要确定顾客购买产品的各种支出，各种支出的数量；各种利益、支出之间是一种什么样的联系；各种利益和支出是按照什么样的流程来实现产品价值的。

在当前信息经济社会的背景下，由于高素质的人才、低成本的信息、先进的技术、成熟的管理模式、顾客的强势购买力等外部环境因素，企业已具有了满足顾客多样化需求的社会条件。企业竞争的焦点是如何利用工业社会的规模优势和信息社会的信息低成本优势，来满足顾客个性化的需求。这时候，产品的价值结构就由顾客来确定。当然，社会经济条件下，企业由于经济性的约束，大部分情况是企业提供一个价值组成清单，在清单的范围内，由顾客确定产品价值结构。精益管理的出发点是产品价值结构，价值结构只能由最终顾客来确定，而价值结构也只有由具有特定价格、能在特定时间内满足顾客需求的特定产品（即商品或服务，而经常既是商品又是服务的产品）来表达时才有意义。

②直接与客户联系，把握真实的市场需求，消除等待与库存。企业直接与客户联系，在运作上表示出来的内容就是零售，例如特拉斯就是个典型，汽车行业在很长的时间里都是把车销售给汽车经销商，就是 to B 业务，批发业务有中间商赚取差价的业务。丰田的管理体系是以零售为基础，就是 to C 业务模式，没有中间商赚取差价的业务模式。在汽车行业，一般来说 to B 业务的数据是从客户到店、试乘试驾等和客户的订单和销售做各种区分。当然作为 B 的中间商（也就是经销商）的需求（丰田同样做经销商的需求调查）和作为 C 的客户的动向都反映了市场的需求，但是这种以零售为出发点的统计更加直接直观，让总部能够作出更精准的判断和决策。原因就在于准时，在于时间，这是丰田特别强调的原则。从更大的循环来看，从客户到经销商店面开始，这种潜在的生产需求就已经触发，客户下了订单之后，就更是明确需求了。狭小国度如日本，这种供应十分灵活及时，工厂和流通领域可以只有很少的库存，但对于国土庞大的国度来说，就存在等待，就有了库存，这样就增加了成本。丰田的生产和产品供应与终端市场上的客户需求紧密联系，尽量减少没有客户的"不良"在库。

丰田持续改进，追求的境界是消除一切浪费，从广泛的角度来说，"不良"在库的市场浪费应该是巨大的浪费，某种程度上是最大的浪费，所以需要以精益的思想对待市场，把握市场环节，消除浪费。对于煤炭企业来说，由于产品面向的客户就是集团消费，所以是直接与客户联系，但需要定期拜会客户、走访客户，了解客户真实需求与潜在需求，与客户建立起持续的联系。

③强调供需管理。丰田供需管理有两个维度：一是生产之前的供应商管理，二是生产之后的销售商管理，都可称为供需管理。销售商管理是有效控制库存，一般在 0.8~1.2 月之间，也就是库存数量相比经销商的月度销售能力的比例，这是一种降低库存的风险控制。如果经销商库存高，经销商资金链有可能断裂，企业濒临破产，也殃及汽车厂家和工厂关闭、裁员。但是丰田的经销商由于始终处于相对的"缺货"状态，所以资金占用小（贷款少），相对暴露的危险也最小。库存管理不仅是在生产领域，在销售领域也是同样重要的。而且丰田的销售管理，让销售体系十分稳健，没有大的跳跃和低谷，保证了生产的平准化，减少了各种浪费。而且这样的风险控制也让与企业相关的其他企业经营更加稳健。

另外，对零部件、原材料供应商进行有效管理，满足生产的准时需要。丰田减少库存的一个关键在于准时，而且对单个零部件的质量和配送时间要求非常高，当生产环节需要某种数量的原材料、零部件时，准时满足，减少库存的同时满足生产过程的需要，这就需要供应商的协同。丰田供应商关系战略沿袭了丰田喜一郎在 20 世纪 30 年代末提出的管理模式，即根据零部件的重要性对零部件进行分类，对于不同的零部件供应商实行不同的管理模式。对于非战略性零部件，丰田主要考虑价格、质量和送货时间等因素能否满足自己的要求，使用传统的竞标方式压低价格，以刺激供应商之间的竞争，由此降低物品的采购价。对于战略性零部件的供应，丰田将这类制造业务专门分包给和丰田有紧密资本和财务联系的工厂，并将其视为丰田的特殊供应商，丰田与这类供应商发展战略合作伙伴关系，企业与供应商有较高程度的合作，企业开发与供应商之间的多功能界面，建立企业间的知识分享界面，把专有知识与技能传递给供应商。例如通过丰田汽车的设计工程师与供应商的设计工程师的协作，以确保产品无缺陷和产品的定制化，同时丰田也推进对供应商特定性关系的投资，使组织之间的界限趋于模糊，通过紧密的合作团队的形式确保企业关键技术和长期竞争优势的获得。丰田精益生产方式提倡的"零库存管理"要求信息沟通及时、准确。丰田与供应商之间信任关系主要体现在对待成本的态度上。丰田与供应商在确定成本时增加透明度，即彼此了解对方生产过程中成本结构的相关部分，使共同应对成本压力成为可能；另外，丰田对供应商的充分信任会取消供货质量的检查，大大削减了交易成本。

【阅读材料1-2】 广汽丰田"逆市"增长：与供应商协同提升品质价值

2018年广汽丰田销量同比增长32%，增幅比乘用车市场高出30多个百分点，这背后正是产品力、品牌力和品质力共同作用的结果。

a. 安全事故0持续天数992，出荷错误0持续天数865。每天早上，王师傅穿好工作服走进作业区，第一件事就是在这个安全事故公示区里将持续天数的数量增加一天。王师傅是广汽丰田零部件仓储物流中心常熟仓（以下简称常熟仓）的工作人员，从常熟仓建立至今，就一直在这里工作，至今这个仓没出过任何错误和安全事故。24小时之内，必须送达4S店，包括路途最远，运输需要15小时的地区。准时制（just in time，亦称JIT）生产方式是丰田汽车公司推出的一种生产方式，目前已经广泛应用于各大生产型企业，如今在广汽丰田，不仅在生产上实现了JIT，售后服务方面也开启了JIT模式。

b. 高效的仓储物流管理体系。在整个汽车的生命周期里，生产制造环节只占到5%。这一环节，按照生产计划实施零部件零库存管理，准时制生产，对于广汽丰田而言，早已形成。但是在售后服务领域，让全国几百家经销商也能够实现JIT，此时广汽丰田扮演起了零部件供应商的角色。目前广汽丰田已在全国布局了一个总仓，位于广州，多个分仓，分别坐落在西安、武汉、成都、济南和常熟等地，为全国所有的4S店提供广汽丰田原厂配件。常熟仓的王师傅告诉记者，包括常熟仓在内的广汽丰田所有零部件仓储物流中心，零部件只会发往各广汽丰田4S店，保证4S店的产品都是广汽丰田的原厂产品。

c. 高品质从零部件开始。2015年起,在生产端,广汽丰田实施"构造改革",生产线一次性合格率提升到了98.8%以上,高于行业平均水平约10个百分点。从广汽丰田生产线上"开"出的每一辆车,都是高质量的。事实上,从零部件源头,严控品质,广汽丰田已经坚持很多年了,无论是生产领域还是售后领域,工厂和4S店使用的零部件,都打上广汽丰田"匠心"品质标签。丰田汽车(常熟)零部件有限公司(TMCAP)主要生产无级变速箱及混合动力变速器,这是丰田在海外唯一的环保零部件生产公司,年产50万台。新员工培训是每个工厂培训部门必做的一件事,保证产品质量,TMCAP从新员工培训做起。尽管目前生产线上90%以上的工序都实现了机器人或机械手操作,但个别工序仍然需要人工完成,变速箱盖板的拧螺栓工序就是其中之一。新员工培训中,培训师会示范如何左右手同时拿螺栓,用什么手法拿,每次拿多少,如何放到盖板孔位,并反复让新员工实践,直到熟练操作。在生产线上,每个工位前都有一个"防呆装置",工人们完成自己的工序之后,装置检测开始,显示绿色的"OK"字样会自动流转至下一道工序,如果检测到品质异常,则黄灯显示,下一步操作无法进行,这就保证了生产线上每一道工序都会严格控制质量,不良品是流不到下一道工序中去的。

事实上,不仅是整个丰田体系,严格执行丰田的高品质管理,对于供应广汽丰田的其他零部件企业,广汽丰田亦严苛执行高标准的质量管理体系。"品质可靠"是广汽丰田销量节节攀升的重要原因,从零部件到生产线,再到售后服务,广汽丰田通过严格的品质把控,实现了消费者买车、用车的全面放心。2018年度中国汽车售后服务客户满意度调查(CAACS,简称卡思调查)结果显示,广汽丰田荣获合资品牌客户满意度榜单第一名。而在2018年中国汽车用户满意度测评(CACSI)中,广汽丰田销售服务及售后服务排名合资品牌(并列)第一名,连续7年第一,广汽丰田高品质服务备受认可。

④ 关注营销。丰田精益生产方式中的"准时化"用在生产运营全过程上,就是在必要的时候,以必要的量生产和搬运必要的物。市场能把企业生产出的产品销售给客户,实现企业价值,这就是"能卖出去的"含义。把生产出的产品销售给客户,由市场引导生产,这是生产的出发点,在此基础上让成本降低,质量达标进行产品生产,逐步沉淀积累形成了各种方式、方法、工具。丰田精益生产方式的价值实现的根源,完全是营销的思维,是用精益生产方式进行营销。由此可以认识到,营销是精益生产方式的本来面目,需要重构营销思维与方式。

随着市场经济的发展,企业的社会关系变得愈来愈复杂,营销乃是一个企业与消费者、竞争者、中间商、政府机构和社会组织发生互动作用的过程,企业作为经济行为主体之一,在经济运行中扮演着至关重要的角色,应当站在一个更高的角度，通过自身的刻苦努力来处理好企业与社会各方的关系，自己主动造就良好的关系氛围和社会环境，充分满足企业产品为消费者所提供的功能价值（有什么用）、情感价值（服务、外观等体验与感受方面的满意度等）、精神价值（以产品表达个性、投射生活态度以及个性自我等），为企业拓展更大的生存空间。

⑤ 生产由市场拉动。拉动是精益管理中很关键的理念，产品生产由市场决定。

拉动的意思是，在下游顾客（或工序）提出要求之前，上游企业（或工序）不能进行产品生产或提供服务。拉动式生产就是从市场需求出发，由市场需求信息决定产品组装，再由产品组装拉动零部件加工。每道工序、每个车间都按照当时的需要向前一道工序、上游车间提出需求，发出工作指令；上游工序、车间完全按这些指令进行生产，整个过程相当于从后（后工序）向前（前工序）拉动，故这种方式被称为拉动式方法。如果每道工序都按下道工序的要求，在适当的时间，按需要的品种与数量生产，就不会发生不需要的零部件生产出来的情况。一旦有了在顾客需要的时候就能设计、安排生产和制造出顾客真正需要的产品的能力，就意味着企业可以抛开销售预测，直接按顾客的实际要求生产。

采用拉动式系统可以真正实现按需生产，一是按照客户需要的结构、内容等组织产品生产，消除不合格与不符合客户要求的浪费；二是减少库存。

（2）精益的价值管理理念

价值分析是精益管理的基石，员工需要了解企业价值创造的内容、过程、环节以及问题，也就是需要识别工作与活动本身，这是客观的活动与内容，还需要与主观结合，以什么方法、态度与思维、理念去识别工作，盘清账，必须把员工的主动性与能动性融入其中。

对于煤矿员工来说，需要明晰企业核心价值观，并把核心价值观落实到行动上，这就要求员工能够做到：第一是熟知岗位、熟知工作本身的内容与责任，了解清楚本职工作与分析价值流中的识别工作的关系，对于每一个岗位员工来说，应该每天像井下操作员工那样对岗位工作内容、职责进行"手指口述"，把握工作本身；第二是理解工作本身的内容与责任，以什么样的方法、手段等做好本职工作。

① 认识岗位与部门价值。工作认识的一个重要前提就是必须先了解企业的组织架构，了解岗位。企业的组织是为战略服务的，有了战略与发展方向就必然有流程来推动战略落地，而流程需要责任部门、岗位来推进，于是就有部门，有了岗位，在此基础上梳理部门职能与岗位职责，明确部门、岗位设置的必要性，才能有部门与岗位价值的识别。企业进行组织设计的基本原则在于，任何与企业战略目标实现不相干的部门、岗位是没有存在的价值的，必须从企业组织中消除。反之，任何存在于企业组织中的部门、岗位都应该是有价值的，具有存在的

合理性，为企业战略目标的实现创造价值。

部门与岗位目标的实现是组织目标实现的"最后一公里"。最高管理者的职责：不仅要制定战略和战略目标，而且要制定实施计划，层层细化目标和计划，最后落实到部门及岗位，在目标体系中应该进展到部门和岗位目标的"最后一公里"。只有这样，才有可能实现战略目标。根据 GB/T 19580—2012《卓越绩效评价准则》，可以以顾客为关注焦点满足顾客需求、以员工增值为本，通过过程方法和部门、岗位来创造价值，形成自己的特色。基于企业目标能顺畅地分解至部门乃至岗位，明确岗位产品（无形或有形）质量的预期，将目标实现、质量保证推进到"最后一公里"。简单来说，部门与岗位的设计是为完成企业战略目标，推进价值创造流程的"最后一公里"，本质在于把战略目标分解，使流程推进上的责任到位。

第一，明确部门对于企业的必要性。组织结构、体系和过程的确立是基于战略目标展开的结果。组织结构又是基于价值创造过程和支持过程在相关层次上被分配职责和权限的载体。组织的主要活动都是通过过程网络（流程）来实施的，过程（流程）的"拥有者"便是部门。简单的过程（流程）可以由单独的部门来完成，但多数过程（流程）是一个跨系统的流程，由多个部门协作完成。因此，在确定每一目标的时间表并分配实施目标的职责和权限时，必须识别、明确部门的产品，即过程活动（流程）的预期结果。

部门产品的表现形式可以是有形的，也可以是无形的，但必须是通过部门团队协作活动赋予价值的结果，是增值的产品。产品的"毛坯"来源于上游过程的输出，产品增值的认可正是产品的接受者顾客所期望的确认，增值应符合顾客的需求。从内、外部顾客需求出发转化为部门目标以后，部门的流程设计必须与目标一致，从而确保过程输出的产品与目标相符。为此，组织应识别、确定部门达标活动的主要过程和在运行中对过程质量起重大影响的关键岗位，建立、保持和优化指导过程活动的作业指导书，即过程活动准则。部门目标应是部门产品具体细化的可测量的指标，等同于产品标准，同时包含了对过程能力的要求，尤其是质量方面的要求。部门产品的识别和确定对肩负价值创造过程的部门而言很重要，但难度也大，如生产制造系统较容易，像人力资源、财务等支持部门难度较大，需要精心策划。

组织管理者必须重点关注肩负主要价值创造过程与关键支持过程部门的产品、目标和过程。同时，也应关注部门与过程间的关系、部门和过程之间的接口以及部门产品的成本、交付要求。部门产品的识别是基于部门主管过程活动的结果，如通常情况下财务部的主要产品应是资金配置、运作控制及经营结果的文件、图表等财务信息；如煤矿生产部门，主要产品是煤炭，但部门主管涉及的就不仅仅是产品本身，还涉及安全、通风、机电等事项。

为适应内、外环境的变化，必要时组织最高管理者变更过程和组织结构，同时重新分配职能和确定部门。此时，管理者应对过程、部门产品和目标展开再确认，确保体系的完整性和变更后部门目标与组织战略目标的一致性，关注与其他部门过程的接口以及更改过程活动准则，并考虑满足变更过程部门的资源需求。部门是推进价值创造的流程的责任单元，也是产品能否满足市场需要的责任部门，这是部门价值的核心点。

第二，需要明确岗位对于企业的必要性。为确保组织目标的实现，组织会将目标按职能分解至各部门，部门把分解目标落实到具体的责任岗位或个人，制定完成目标的计划，确定实现目标所需的活动，指定参与目标实现活动角色和岗位，分配职责和权限。

岗位是组织为完成目标或某项任务而确定的角色，由工种、职务、职称和等级内容组成。职责指某件被认为应该做的、必须做的事；职责关注的是为完成某个目标或取得成果，担当者所需的关键活动，因此，岗位职责与目标和活动（过程）紧密相关。岗位目标是部门目标分解、落实的结果，需要岗位活动结果与部门的量化目标保持一致。目标分解到岗位后，应清楚岗位活动的结果，即明确岗位产品后再设定岗位目标。同时，应识别、明确实现岗位目标结果的接受者，即明确岗位目标顾客，可以是外部客户，也可以是内部客户。一般常说的下道工序就是客户，强调的也就是这个意思。例如在某些组织的岗位职责演示大赛中，要求参赛者表述岗位职责时应包含以下内容：岗位处于哪个过程，与哪个过程的可测量目标有关；所接收的有形或无形产品来自哪个岗位，有什么需求和期望；通过哪些过程活动形成岗位产品；产品提供给谁（下道工序是谁），让谁满意，为哪个顾客创造价值；哪些岗位活动是关键的、增值的；顾客如何评价岗位产品，何时与岗位目标作对比，且是否一致。

为了持续保持岗位的产品质量，并始终如一地提供给下游岗位（顾客），必须制定岗位活动作业指导书，该文件应包括以下内容：上游岗位产品输入接口和产品信息；对本岗位产品的预期要求或产品标准；本岗位增值活动过程顺序和过程准则；本岗位产品输出及接口；本岗位权限表述。支持过程的岗位的产品识别和确定，较价值创造过程要难得多。

【阅读材料1-3】 裤子不能穿了

小毛明天就要参加小学毕业典礼了，于是爸爸给小毛买了条新裤子，小毛回家一试，爸爸发现裤子长了一寸。吃晚饭的时候，趁奶奶、妈妈和嫂子都在场，爸爸将裤子长了一寸的事说了一下，饭桌上大家都没说什么，又聊起别的事，这件事就过去了。

妈妈睡得比较晚，临睡前想起儿子的裤子还长一寸，于是就悄悄地一个人把裤子剪好，又放回了原处。半夜里，嫂子猛然惊醒，想到小叔子裤子还长一寸，自己辈分小，理应去做。于是披衣起床，将裤子弄好才安然入睡。奶奶醒得早，想起今天是孙子的大日子，裤子还没搞好，于是将裤子又裁了一寸。

最后，新裤子短了两寸。小毛不能穿新裤子参加毕业典礼，拍毕业照了。

第三，明确部门与岗位需要为企业创造价值。组织确保每个部门和岗位增值是必需的。岗位增值是部门增值的基础，主管过程（流程）的部门不增值，意味着损失和浪费，岗位活动不增值意味着可以删除。因此必须确保岗位增值，通过每个岗位的增值活动，达到部门的预期目标，实现部门存在的价值。

部门、岗位增值是过程（流程）管理者的主要职责之一，主管首先必须对过程活动、岗位配置进行正确的识别和策划，明确过程运行要求和期望结果，在确定过程顺序和活动准则后，配置岗位、规定职责；其二，应在受控条件下运行过程，选择胜任人员充分参与过程活动，并能有效地使用和控制资源和设施；其三，针对过程特性设置监测项目，消除波动和变异，稳定运行过程，确保过程能力，发现问题及时识别改进；其四，通过持续改进，最大程度促进过程增值。为确保岗位活动增值，同样可以将上述方法运用于岗位的目标和活动。

② 企业价值认同。

第一，本部门与本岗位需要，且能够为企业创造价值。岗位设置的目的是完成其特定的职能，而从工作人员的角度看，他关心的是在这个岗位上工作所获得的劳动报酬。我们把人们从岗位中获得的劳动报酬称为岗位价格，岗位的劳动可以分为具体劳动和抽象劳动。很显然，每个岗位对于劳动的具体要求是不同的，每个岗位需要特殊的劳动知识、劳动技能与劳动手段，可以把这种需要特殊的劳动知识、劳动技能与劳动手段的岗位劳动称为岗位的具体劳动；在劳动中劳动者消耗其体力与脑力，可以把劳动者在具体劳动中的体力与脑力的消耗称为岗位的抽象劳动。劳动者在岗位上的抽象劳动消耗构成岗位价值。

企业的价值是依靠一个个岗位创造出来的，也就是说，企业的每一个岗位都成为企业价值的增值源、企业财富的利润源。岗位价值精益化管理（人资精益管理）就是从更宽的视野、更高的境界，把企业的投入产出看作一种由岗位价值连接而成的业务流程，通过精益管理，由岗位价值最大化达到企业效益的最大化。

第二，明确部门与岗位为企业创造价值的方式。根据一项兰德公司、麦肯锡与国际管理咨询公司的调查表明：之所以全球500强企业能长久保持旺盛活力，原因就在于，它们善于给自己的企业文化注入活力。其中最重要的四点：一是加强团体协作精神；二是以客户为中心指导市场工作；三是平等对待员工；四是时常激励员工与让他们保持创新能力。这就说明企业如果只追求企业价值，忽略了个人价值，肯定很难成功。同样，对于任何一位员工，如果在心中没有对企业抱有坚定的责任感与树立良好的价值观的话，她也绝对不会成为一个优秀的员工。

企业价值应引导促进个人价值发展。在企业长期发展过程中逐步建立并被员工认可的企业价值观，将激励着员工为实现其宏伟的目标而奋斗。企业价值能否实现，取决于所有企业员工是否能接受与执行，这就需要加强企业价值观对个人价值观的影响，也就需要企业在考虑自身价值的同时，充分考虑到员工的个人价值。任何企业都不可能把企业价值与员工个人价值分开来考虑。

企业的价值发展不可能建立在员工对个人价值的屈从上，也不可能用一个口号来达到提高企业价值的目的。所以企业价值必须要能引导并促进员工个人价值的发展。尊重个人价值就是实现企业价值的根本保障。忽略了个人价值的企业价值观，必定不是最好的。企业应该承认个人价值，尊重每个人的个人价值观，要帮助每个员工尽可能地实现其个人价值，只有在个人价值得到充分满足与尊重的基础上，才能更加激发员工积极向上的精神，才能更好地为企业服务。所以企业应该为每一位员工提供必要的学习、培训机会，提供晋升通道，给予每位员工实现个人价值的平台，让每个人都能看到希望，看到自己个人价值体现的美好愿景。只有为每个人提供广阔的舞台去实现个人价值，去寻找自己的位置，去发挥自己的聪明才智，激发工作热情，为企业产生更多的价值。例如中国电信的人才理念"让每块金子发光"，这就是对员工实现个人价值做了表态，对那些"想干事、会干事、干成事"的员工给予足够的发展通道，让想干事的有机会，会干事的有舞台，干成事的有地位。

第三，部门与岗位都需要努力做好价值创造工作。企业文化的核心价值观，有四方面内容。

  a. 它是判断善恶的标准。企业中常常可以看到争吵，争吵就是价值观不统一，是不同价值观的冲撞。核心价值观就是要解决所有企业员工对这些问题的共识，判断是好事还是坏事，是该做还是不该做。

  b. 核心价值观是这个群体对事业和目标的认同，尤其是认同企业的追求和愿景。

  c. 在这种认同的基础上形成对目标的追求。

  d. 形成一种共同的境界。大家站得高了，看得远了，有目标了，不迷茫了，这些就是核心价值观的作用。

要让员工真正地理解、接受并实施企业的核心价值观，需要有一定的渠道去保障。首先，通过宣传告知员工，以潜移默化的过程让员工去接受、去实践。其次，在企业制定的所有规章制度、业务流程中要包括核心价值观的要求，要符合企业的文化。通过相关制度来营造企业的文化。员工可通过培训接受符合企业核心价值观的思维理念，并在日常工作中有代表企业文化的规范可循。最后，在企业内部要做到上下沟通无障碍，增强不同层级之间的思想交流沟通，保持信息通畅。每一个人的成长是随着企业的成长而成长的，个人的品牌价值是通过一个成功的企业或成功的平台来实现的,两者相辅相成。因此,要想提升个人的价值,必须要让自己的个人核心价值观和企业的核心价值观相融合。

【阅读材料1-4】 做好本职工作,争做优秀员工

2014年7月王莉怀着无比激动的心情来到了金川集团,到今天已经两年多了。两年来,王莉体会很多,也思考了很多。作为一名普通职工,怎样才能发挥出自己最大的能量,为企业多做贡献,是我们每个员工都应思考的问题。王莉不断地思考,总结出但凡在自己的工作岗位上发光发热,作出突出贡献的人,都具备以下素质。

① 正确认识自己,了解自己的使命和职责。在企业中,正确地认识自己,了解自己的使命和职责是开展一切工作的前提和必要条件,同时也是成为一个好员工最基本的要求,对自己使命和职责都不了解,怎么能去做好自己分内的事呢?我们进入企业时都会参加入职培训,告诉新员工工作职责和权责范围。通过入职培训,确实能让新员工了解到自己岗位的职责,但是也有很多员工不是很明确,就算明确了职责,但对于使命还是不清楚的。所以,对于使命就要求员工自己要能理解和明确,不明确的话可以考虑寻求上司的帮助,或者寻求同事的帮助,不过最好还是自己能够正确认识自己,分析自己岗位的工作,了解自己的使命和职责。

② 树立"自律""他律"的思想和行为习惯。工作效率的高低往往取决于是否具有"自律"的思想和行为习惯。"自律"简单地说就是"自我控制",当受到来自外界刺激或不利环境影响时,要学会自我控制和调节自己的情绪,要自我控制自己的思想和行为,控制自己,提升自己。"他律"是企业的规章制度等,作为企业的员工,要正确认识"他律"的客观公正性,正确地认识和对待"他律",这是大家共同遵守的东西,是维持一个团队所必不可少的。所以"自律"在很大程度上是影响工作成败的关键,"他律"是保证组织职能团结和谐的有力保障,从企业管理来说,"自律"是企业无形的文化,"他律"是企业有形的制度,企业形成无形文化和有形制度的结合,企业员工要树立"自律"和"他律"的思想和行为习惯。

③ 树立团队精神。在现在的社会和企业中,一个人再优秀、杰出,如果只凭自己的力量想要取得事业上的成功,是非常难的,非常成功的人必定有一个优秀的团队。企业需要团队,团队成员就是企业的每一个员工,所以在企业中要成为一个好员工,必须要在个人思想意识和个性特点上具备团队精神和组织能力,几乎所有的企业普遍都会有树立团队精神的要求。想要做好一件事情,绝不能仅凭个人爱好独断专行。只有树立优良的团队精神,通过不断地沟通、协调、讨论,优先从整体利益考虑,集合众人的智慧和力量,才能做出为大家接受和支持

的决定，才能把事情做好，才能不断地提升自己。

④ 不断"换位思考"来调整自己。懂得运用"换位思考"的技巧调整自己，是企业员工能够在企业发展和立足的关键。假设你是老板，你会希望员工是一个什么样的人？具备什么样的工作态度呢？更多问问自己"我能够为公司做什么"？而不仅仅是"公司能够给我什么"？通过这样的换位思考，理解老板和他人，同时调整自己，多考虑到企业的综合利益，多考虑和同事的合作问题，而不仅仅是个人得失。一旦懂得了换位思考，具备了主人翁意识，自然能成为受企业欢迎和愿意重用的人。另外，还要懂得通过"换位思考"去调整自己的心态，即要以向上的心理去战胜消极的心理，以乐观的情绪去克服悲观的情绪，以开朗的心境去克服悲戚的精神状态，以良好的个性心理情操去克服个性心理状态，使人格不断完善。

2. 精益原则

精益管理依存于五大基本原则：价值、价值流、价值流动、需求拉动、尽善尽美。美国管理专家沃迈克认为：离开五大基本原则的支持，精益管理只会"形似"，起不到应有的效果；企业推行精益管理必须坚持五大基本原则，以其为基本出发点，推行过程中才会取得事半功倍的效果。

（1）定义产品价值——按需生产：以市场需求展开生产，与客户保持一致，生产出市场需要的就是价值创造

产品的价值通常由功效和价格等组成，功效又可分为功能和质量，功能可进一步细分为主要功能和辅助功能。

① 产品的价值是由顾客定义。在产品的价值构成中，如产品的价格过高，超过顾客的承受能力，尽管产品的功效能够满足顾客的要求，但是这样的产品经常会被顾客舍弃。前 GE（通用电气）公司总裁杰克·韦尔奇先生在他的自传中曾经写道，GE 公司曾经开发出一种电灯泡，这种电灯泡虽然寿命较一般的电灯泡长很多，但是价格是市场上一般灯泡的几倍，最终没能获得较好的市场表现。产品价值的其他构成部分中的辅助功能，虽然也是产品价值的一部分，但一般不会成为顾客购买产品的真正动机之所在，如装饰，对于整个产品来说仅仅是起到锦上添花的作用，"买椟还珠"只是个例。正确认识产品价值的各组成部分，可以对顾客的产品开发、成本控制等起到重大的作用。

② 产品的价值是生产者创造的。产品的价值是由顾客定义的，但是由生产者创造的。来自欧洲，尤其是德国的大多数企业的高层管理者通常持有此种想法，认为产品的价值是生产者创造的，生产者的劳动是产品价值形成的原因，也是生产者之存在的理由，所以他们热衷于提高他们产品的性能和生产工艺的水平，然后向他们的顾客去介绍和推销自己的产品，虽然他们的产品功能在用户看

来并不实用。生产者创造了产品的价值，但并不是定义了产品的价值。精益思想从一种自觉的尝试开始，通过与用户的对话，为具有特定功能以特定价格提供的产品精确定义价值，这是最基本的原则，也是精益生产的第一步。

对于煤炭企业的员工与岗位来说，可以把客户理解为下游的工序。从市场角度来看，下一道工序是客户，本岗位的价值由下一道工序定义或确定；从生产者创造价值的角度来看，本岗位必须关注工作安全与质量，确保下一道工序能接受服务，需要培育自己的客户意识。

（2）识别价值流——优化流程：通过绘制现在价值流图与明确未来价值流图，优化流程以消除浪费，提升效率

价值流是使一个特定产品通过任何一项商务活动的三项关键性管理任务时所必需的一组特定活动。此三项关键性管理任务为：从接受订单到执行生产计划发货的信息流；从原材料到转化为产成品的物流；从概念到正式发布的产品设计流。这是精益生产的第二大步。从是否增值的角度分析，这些活动又可分为三种类型：第一种是明确的创造价值的活动；第二种是不创造价值但是在现阶段不可避免的活动，通常称为一型浪费；第三种是不创造价值，可立即去除的活动，通常称为二型浪费。如果按照是否增值的角度来考察企业的产品过程，原来习以为常的方式存在着太多的浪费，这些浪费使企业在满足用户的要求方面总是力不从心。以单个产品为例，进行价值流的分析，可以分为三步：了解当前工艺流程是怎么运作的；设计一个精益价值流；制定未来状态的实施计划。企业内进行价值流分析，在实施未来状态的计划时通常需要企业的许多部门的协作，甚至需要供方的配合，一起联合检验每一个创造价值的步骤，并且持续到产品的最后。

（3）让价值流动——行动起来：优化组织功能，各要素和环节有效、有序地流动起来，提升企业价值创造的活力

此为精益生产方式中最精彩的部分。经过第二步的价值流分析（绘制出现在价值流图与明确未来价值流图），对于保留下来的创造价值的活动和一些浪费活动应策划使其流动起来。传统的观点认为应该将各种活动按类型分组有利于管理，比如在生产现场将所有的车床布置在一起，将所有的刨床布置在一起，从事相同工作的人形成一个班组，如车床班、刨床组。这种观点在传统的职能制组织结构下表现为分工明确的几个部门：财务部、设计部、采购部、检验部等。福特将轿车总装生产转变为连续流动生产，使福特的T型车的总装工作量减少了90%，同样，将产品从接到订单到发货中的活动按照流水线的原理设计也将大大提高效率，保证按期向顾客交货。精益生产方式的价值流动原则要求企业重新定义职能、部门和企业的作用，使他们能对创造价值做出积极的贡献；说明价值流

上每一点的员工的真正需要,因此,使价值流动起来才真正符合员工的利益。这不仅要求为每种产品建立精益企业,还应该重新思考传统的企业、职能、职业,重新考虑精益战略的发展。

(4)顾客需求拉动——市场引导:市场与客户需求引导企业全部生产运营过程,由市场拉动生产(是拉动式生产方式,而非推动式生产方式)

从"部门"和"批量"转化到"生产团队"和"流动",第一个可见的效果是:从概念投产、销售到送货以及原材料到用户所需的时间大大减少,可能提高几倍甚至几十倍。引进了流动以后,需要几年才能设计出来的产品,在几个月内就可以完成;需要若干天才能办完的订货手续,几小时就可以办完,而且精益系统现在可以使正在生产的所有产品进行任意组合,使改变了的需求可以及时得到满足。精益生产的此种做法能从库存量下降和资金周转速度加快中一下子节省巨量资金。一旦有了在客户需要的时候就能设计、排产和制造出用户真正需要的产品的能力,就意味着企业可以抛开销售预测,直接按用户告诉企业的实际要求生产就行了。在电脑制造业中,DELL公司就是典型的此种模式。这就是说,企业可以让用户从企业那里按照需求拉动产品,而不是把用户不想要的产品硬推给用户。拉动式生产方式是没有制成品库存,或者说,很少有制成品库存。

(5)尽善尽美——持续改善:通过精益改善项目使生产运营过程持续提升,让改善持续以尽善尽美

当企业精确定义产品的价值,识别出整个价值流,并且使创造产品价值的活动连续流动起来,让顾客从企业的拉动价值开始,奇迹就出现。具体表现为:当企业为真正满足用户的要求并且全心全力地为之努力,付出时间、资金、场地、成本和错误时,尽善尽美的原则就不是那么虚无缥缈。为什么如此呢?企业满足上述四个原则后,越想真正地满足用户的要求,让价值流动得更快一些,就越能暴露出价值流过程中的瓶颈和障碍,企业就会不断改善这些瓶颈,去除障碍,满足用户的要求。追求尽善尽美的最重要的驱动力就是透明度。在精益系统中的每个人,从分包商、组装厂、批发商、用户到员工,都可以看到所有的事情,因而易于发现创造价值的较好方法。而且,员工做出的改进几乎立刻就可以得到积极的反馈,这正是精益工作的关键特征,也是不断努力寻求改进的强有力促动。

如何理解精益原则?可以从精益管理的五个方面入手,逐条梳理。

① 定义价值——客户价值驱动。根据用户需求重新定义价值,真正实现价值的合理定义,消除一切浪费。价值是由产品的功能、特性、品质、品种式样、品牌等所产生的价值,价值通常由两部分组成:一部分是价格,另一部分是功效,其中功效又可以分为质量和功能,如图1-4所示。价格是客户为功效支付的

费用，功效由客户界定，而产生功效的质量与功能由生产者确定与把握，这直接影响到客户对价值的认同。

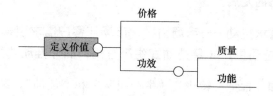

图 1-4　用户定义价值

② 分析价值流——消除无效浪费。按照价值流重新组织全部生产经营活动，旨在重新设计，消除那些长期积累的浪费。分析价值流的方法：一是识别价值流，识别价值流包括识别信息流、物流、设计流；二是识别增值活动，识别增值活动包括识别工作、有效浪费和无效浪费三项活动，如图 1-5 所示。

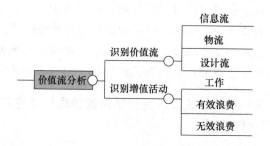

图 1-5　企业价值流分析

③ 让价值流动——消除部门壁垒。精益生产强调各个创造价值的活动需要流动起来，强调的是动。只有让价值流动起来，才能发现问题，并解决它。让价值流动的方法是：一是了解当前的流程；二是设计一个精益价值流；三是制定未来状态的实施计划；如图 1-6 所示。

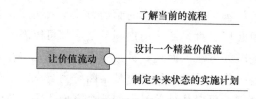

图 1-6　让价值流动起来的过程

④ 顾客需求拉动——市场引领价值。只有让顾客需求拉动的价值流才是有意义的价值流。顾客需求拉动：一是建立以顾客需求为导向的拉动式生产；二是要求产品设计标准化；三是要求生产管理平准化；四是要求库房的库存"零"

化。如图1-7所示。

⑤ 尽善尽美——持续改善提升。改善是没有止境的，尽善尽美是每个企业的终极目标，要做到尽善尽美：一是要保证信息共享；二是要勇于发现问题并解决问题；三是要进行可持续改善。如图1-8所示。

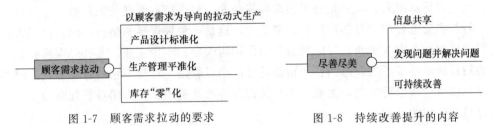

图1-7 顾客需求拉动的要求　　　　图1-8 持续改善提升的内容

把以上五部分导图串起来，就形成"精益五项原则"完整流程，如图1-9所示。

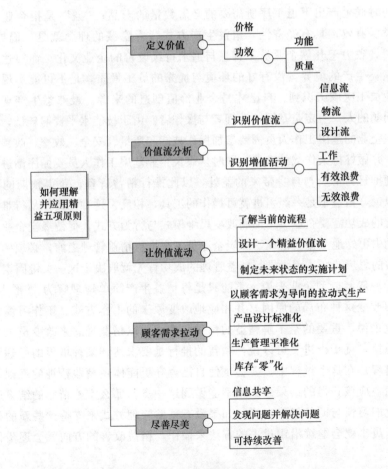

图1-9 理解精益原则

3. 精益思维

由于精益思想的传播，推行精益似乎成为企业运营的"时髦"行为。推行了精益，企业管理中的浪费现象就可立即消除，成本就可大大降低，企业运营的效益就立即显示出来。尤其是对于很多煤炭企业，似乎精益管理是灵丹妙药，一旦推行与实施就会产生可期的效果。事实上，这是一种被误导的精益认识。由于人们的思想被业内人士所宣传的精益价值作用所误导，不少企业，尤其是煤炭企业的精益活动不了了之，原因在于精益管理活动尽管是一种很不错的管理方式，但在具体执行或推行之前，企业上下必须做好各项准备工作，为精益管理活动的推行打下坚实的基础。

（1）企业内部各层级都需要有正确的精益思想

精益的内涵体现在"精""益"二字上。"精"是不投入多余的生产要素，只在适当的时候生产出下道工序所需要的必需数量的产品；"益"是指企业经营活动要有益、有效，具有经济性。精益生产方式背后隐藏的理念就是：倡导节约、杜绝浪费，致力于开创企业员工智慧与追求持续改善的企业文化。而要达到持续改进、精益生产的境界，没有好的环境与优秀的员工素质，是不可能实现的。

企业员工应该认识到：自己才是企业价值创造的来源。最熟悉生产现场、最先发现问题的人，一定是基层的管理者与操作者。由于技能水平普遍较低，企业尤其是煤炭企业的基层工作人员需要参加操作技能和质量、安全、效率、改善等方面的培训，并做好持久作战的准备；同时，煤炭企业基层工作人员要循序渐进地了解精益管理推行为企业与自身带来的益处，以此推行精益管理，获得预期的精益成果。可以说，精益不是一经引进就可操作的工具，相反，这种工具知易行难，精益管理推行的成功需要企业员工彻底改变思维模式与行为方式，促使煤炭企业从精益管理活动中更好地受益。由此，煤炭企业员工在推行精益管理之前，必须率先完成面向精益的思想转变，因为推行精益管理的成功首先就取决于这一关键因素。

对于一般制造型企业来说，不能只是将精益生产简单地理解为U形生产线，还要理解改变这种布局的原因，并相应地改变原来的工作方式、工作习惯。对于煤炭企业来说，重要的是了解精益的精神与本质，以精益理念来改变员工的思想与行为习惯，逐步推进。可以说，精益的推行是要求达到某种境界的心理调节与适应的过程。在这个过程中，要尝试使自己遵守更能体现精益精神的规则，以获得推行精益应该获得的结果。如果不能做到这一点，那么实施精益的结果反而是逐步强化旧习惯与旧的思维方式；如果没有精益管理方式来支持这些新的行为习惯，煤矿员工就会继续沿用过去的方法来操作，精益改善的方向就会逐步偏离预期的目标。

实际上，对于煤炭企业员工来说，推行精益来改变员工的行为习惯与思维必须是一种强化行为，乃至是一种强制行为，需要通过制度、流程优化来消除企业中那种不加思考就开始操作的盲动心理与行为，员工必须知道如何操作才能高效地开始行动，在此基础上推行精益才会有实在的效果。实际上，煤炭企业员工意识到精益管理的价值非常重要，养成凡事做到位、精益求精的精益意识非常重要。大野耐一有句话非常耐人寻味："一直找，直到找到为止"，其意在于培养员工做事到位的习惯以及执着解决问题的精神。

（2）必须消除煤矿生产过程环节的常识陷阱

在精益推行过程中，煤矿人常常以"这是常识"为理由，向他人解释某种做法的合理性，或者某种做法是符合精益精神的。实际上，有些生产作业常识，尤其是井下复杂环境下的作业常识往往会成为错觉的陷阱，这种错误初看容易被当作常识，固化员工的操作行为，尤其是井下员工非团队作业情况下，往往会带来安全上的风险，即使没有作业的风险，很多"常识"性的行为与操作可能对企业也是毫无价值。大野耐一曾提出这样的观点，"从常识中跳出来思考问题"。他认为在日常工作中往往会隐藏一些错觉，人们却将其视作一般性规律来看待并照搬照抄。大多数人会认为经过长年累积下来的经验必然优点居多，缺点很少，而任何人都希望不利因素越少越好，这种心理往往使人们更倾向于按照以往经验来行事，甚至成为队组乃至整个煤矿的"作业常识"。从煤炭企业决策层到执行层，甚至一线的作业人员，都可能被禁锢在这种"常识"带来的错觉中，认为现行做法最科学，或者即使认为不是最优，也是别无选择的必须做法，这都是被常识化了的做法。

在推行精益过程中，上述被常识化的做法必须摈弃，一切以精益精神为主，按照持续改进、优化的理念检视、对待所有的问题。

（3）必须消除煤矿固化习惯所带来的各类伤害

与常识相伴的往往是习惯。很多时候人们往往需要借助习惯的养成来弥补工作技能的不足，提升工作效率。实际上，生产过程中人们的作业习惯必须随着时代的变化而改变，例如煤炭企业的开采方式不断变化，现在是机械化、数字化开采时代，以前人们关于煤矿生产作业的很多习惯也必须随着这种形式的变化而不断改变，但人们时常没能意识到或者主动思考过这类问题，故而在工作中出现视野狭窄、思维老套的问题，用老经验旧习惯去办事的情况随处可见。

受习惯的影响，人们普遍会认为"以前就是这样做的"，于是加深了"历来如此"的想法与"听之任之"的做法与行为，但恰恰是这种以前收益颇丰的习惯，如不加以改善性地固化，就可能给企业带来不容觉察的损害，乃至很现实的风险与损失。这是精益推行过程中的大忌。

"应该彻底打破坏习惯"，但在实际操作与工作中很难落实，原因在于心理。

从心理学角度来说，一个人的习惯一旦养成，改变的难度很大，特别是在工作环境中，改变自己过去的习惯似乎意味着对自身工作成果或方法的否定，一般人们对外来改变总是存在着一定的抵触心理。其次，旧习惯的存在还源于人们还缺乏对自身习惯的认识，不知道自己的习惯存在不当之处，可能会给自己的成功带来一定的负面影响。即使在一些已经推行精益的企业，旧习惯也可能会卷土重来。这就要求人们必须具备一种突破性思维，敢于彻底改变过去的习惯做法并保持改进活动的持续性，这是精益管理能否推行有效的核心所在。一方面，煤炭企业决策层必须有决心来推行精益管理，并立即采取有效的措施、行动，领导是关键；另一方面，员工的行为习惯可通过制度来强制改变，不仅如此，还必须促使员工主动参与精益管理推行活动过程，并且全力以赴，确保员工的意识与态度符合精益精神要求。

（4）煤炭企业各层级员工共塑职业成就感

作为煤矿员工（管理层、操作层），除了必须具有精益意识，并掌握需要的精益技术之外，还必须与企业决策层一起努力塑造自己的职业成就感。从组织行为学角度来看，成就感是个体与生俱来的渴望，任何人都期望自己的工作富有意义，自己能够承担更多的责任，能力得以施展，并且能获得他人与环境的认同。这是员工努力工作的最大动力。当获得职业成就感以后，工作兴趣就会提高，更乐于参与各项与工作相关的事项，顺理成章地走上精益推行的道路。

第一，获得或安排适度挑战性工作。在设定员工目标时，既要使工作饱满，也要具有可实现性，一般人们在预期目标完全完成时总会有成就感。

第二，使员工的自信心得以增强。杰克·韦尔奇说过，"如果 GE 不能让你改变窝囊的感觉，你就该另谋高就。"一方面，作为员工，必须通过多种途径树立自信心；另一方面，管理者的言行会让员工有自信心。

第三，通过培训提升员工的个人能力。当员工工作能力得以提高，员工就会对自己更自信，并有勇气去实现更高目标。员工自己可以为自己设计实现职业生涯规划的培训，煤炭企业人力资源管理部门应该帮助员工来实现这一点。

第四，管理者协助员工建立自信。员工自身努力是一方面，煤矿管理者必须对员工充分信任，建立一个让员工自我发挥、自信自立的宽松环境，并建立一套有效的激励机制来保障员工获得成就感。

三、煤矿精益需要具备现实基础

1. 煤矿精益的人力与组织氛围要求

精益管理有一个组织原则，就是：参与者（客户、供应商、投资者和员工）

的主动。主动是指发挥所有的过程参与者的主观能动性，实现流动和消除一切浪费的结果是过程的流动加快。在快速流动的环境中，必然增加了过程参与者的精神和体力上的压力。这就对企业推行精益管理提出了人力资源上的要求。

（1）建立优秀团队，用团队替代金字塔式的层级组织

在企业组织里，为满足客户需求而组成的综合各个专业人员的项目团队是企业完成所有过程的基本单位。企业对团队的权力和责任有明确的规定，团队的决策权和职权与团队承担的责任相统一，领导层给予团队的决策和活动所需的与实现其业务实践相一致的资源，领导层对团队职权内的决策和活动不进行干预。生产第一线的团队或员工在作业中遇到问题时，团队可以决定如何解决，不必请示。团队有责任对所在价值链的部分进行持续改进。企业鼓励和支持各层次员工通过质量循环和持续改进使团队得以发展。

通过发挥团队的主动性，企业将改变原先等级森严的金字塔式的结构。这种层级制度是造成压抑工人或作业执行者的思考和改进、产生官僚主义、拖拉、反应迟钝、不流动和高成本的根源。

（2）员工具有主动承担责任与工作的理念

工作意味着责任，企业员工要主动承担更多的责任，因为责任比能力更重要。企业推行精益管理需要具有主动承担责任与主动工作的员工，否则精益管理难以做好，难以持续下去。企业组织中的每一个部门、每一个员工都有自己独特的角色与责任，彼此之间互相合作，才能使企业健康发展。因此，企业中的每个员工都应该认清责任，承担责任。

企业中员工要认清责任，承担责任，首先要做的就是知道自己能够做什么，知道自己该如何去做，最后再想想怎么才能做得更好。这样当工作出现问题的时候，自己也知道是自己错了，而不会再推脱自己的责任。员工要更好地承担责任，必须清楚自己在整个企业处于什么样的地位，在这个位置应当做些什么，然后把自己该做的事情做好，只有这样，才能够更好地履行自己的职责，与他人更好地合作。

推行精益管理需要员工具有责任意识与主动工作意识，如果我们能表现出胜任某种工作以及能够主动承责，那么就可能把精益管理有效推行下去，因为只有具有高度责任心的员工，才能严肃认真地对待自己的工作，才不会在工作中搪塞推诿，才能真正融入团队中，与工作伙伴密切协作，才能将错误与失败的风险降到最低。

【阅读材料 1-5】　里根的往事

1920 年的一天，美国一位 12 岁的小男孩正与他的伙伴们玩足球，一不小

心,小男孩将足球踢到了邻近一户人家的窗户上,一块窗玻璃被击碎了。一位老人立即从屋里跑出来,大声责问是谁干的。伙伴们纷纷逃跑了,小男孩却走到老人前,低着头向老人认错,并请求老人宽恕。然而,老人却十分固执,小男孩委屈地哭了,最后,老人同意小男孩回家拿钱赔偿。

回到家,闯了祸的小男孩怯生生地将事情的经过告诉了父亲。父亲并没有因为他年龄还小而开恩,而是板着脸沉思着一言不发。坐在一旁的母亲为儿子说情,可父亲只是冷冷地说道:"家里虽然有钱,但是他闯的祸,应该由他自己负责。"停了一下,父亲还是掏出了钱,严肃地对小男孩说:"这15美元我暂时借给你赔人家,不过,你必须想办法还给我。"小男孩从父亲手中接过钱,飞快地跑出去赔给了老人。

从此,小男孩一边刻苦读书,一边用空闲时间打工挣钱还给父亲。由于他年纪小,不能干重活儿,他就到餐馆帮别人洗盘子、刷碗,有时还捡拾废品。经过几个月的努力,他终于挣到了15美元,并自豪地交给了他的父亲。

平生第一次,他通过自己的努力承担起了自己的责任。父亲欣然拍着他的肩膀说:"一个能为自己的行为负责的人,将来一定会有出息的。"

许多年以后,这个当年的小男孩成了美国的总统,他就是里根。后来,里根在回忆往事时,深有感触地说:"那一次闯祸之后,我懂得了做人的责任。"

事实上也确如里根所说,在他担任美国总统期间,爆发了一场经济危机。面对巨大的困难,里根勇敢地负担起引领美国走出困境的责任,最终他成功了。8年后,他把一个开始复苏的美国交到了继任者的手中。

责任不是压弯人脊梁的重担,更不是阻碍人前行的负累,而是一个人成长的源泉,承担责任会让我们得到锻炼,懂得如何应对人生道路上的种种考验,使我们变得坚强。我们承担的责任越多越重,我们就能得到更好的成长,获得更大的成就。

(3)建立企业内部信任与外部合作的氛围

企业按照整个价值链的结构和顺序进行重构,每一个员工按其工作角色分配到企业的价值链结构中去。然后赋予员工与其岗位职责相对应的决策权,制度化地给员工对其相关工作过程以持续改进的建议的机会。对员工进行精益思想和各种业务培训、多技能和轮岗培训。企业向员工公布订单和交付状况、企业和每一个人的质量情况,公布企业的成本和员工对企业的满意度的评价等。这一切都是让企业中从上到下的每一个人都知道自己为什么工作,树立员工对自己团队的忠诚、荣誉感和责任心。

精益管理将供应商作为价值流的起点。供应商是整个价值流过程中的一员,组织供应商和客户有可能尽早地了解企业的产品、过程、项目,并且请供应商和客户适时地参与企业的产品、过程或项目的团队,请供应商和客户参与对企业产品、过程或项目发展的定期评审，有效地鼓励供应商、企业和客户，奖励他们对共同业绩的改进等都是降低全过程成本的有效因素。企业与供应商的关系成为协同与合作的新型伙伴关系，共同为减少整个价值流的浪费而努力。帮助供应商实现精益生产是这种新型伙伴关系的又一种体现。

2. 煤矿精益的管理要求

精益管理强调持续改善，全员参与的持续改善，企业改善提案最多的是基层员工和生产一线基层管理人员。精益管理需要有一系列管理体系的支撑。

（1）有效建立企业的评价与考核系统

通过对众多企业员工进行调查发现，我国企业的员工内在驱动力与发达国家员工相比存在很大的差距。为了让员工能充分发挥工作的积极性，作为企业层面，设计一个科学合理的外部驱动系统，就显得非常重要，这就是绩效管理系统。

尽管很多企业都有绩效管理体系，但是从其系统设计的逻辑和具体的绩效管理规范来看，并不科学，甚至有很多违背基本的管理理念，所以当他们在反复进行绩效管理时，发现无法达到满意的结果。很多企业的绩效管理其实就是单一的绩效考核。如果某个员工的绩效始终不好，企业常年考核都是很一般的结果，就算这个员工希望努力提高自己的绩效，但是却认识不到自身哪些方面存在不足，那就很难提升自己的能力，很难提高自己的绩效。一般来说，考核只是对结果的衡量，重要的是企业需要一套完善的人员评价系统，对员工进行科学的评价，当他们考核不达标，或者希望达到更高目标时，能清楚认识到自己需要在哪些方面进行提升。

（2）建立持续改善的管理体系

① 建立完善的培训体系。为了实施精益生产，公司需要一个完善的培训体系来支撑人才的发展，使其符合精益生产的实施条件。我们发现，优秀的精益企业每年都制定大量的培训计划来满足对人才的要求，这些计划有的是请外部咨询公司；有的是内部培训；有的是交流学习式培训；有的是内部论坛式培训。他们不担心员工在接受培训后离开公司，他们没有强制的措施来限制员工接受培训后必须为公司服务一定的年限，因为他们坚信对于优秀的公司，员工是不愿意离开的。在一个财富世界500强的美国公司，他们鼓励员工参与社会培训，如果员工取得资格证明，培训费用公司予以承担，他们鼓励员工继续深造学习并承担相应的学习费用，他们并不要求员工承诺对公司的服务年限。

② 建立改善支撑体系。在优秀的精益企业里，我们发现他们都有各种很好的改善支撑体系使公司改善得以持续进行。大多公司都有改善提案制度，在这个

制度里，改善不分大小，全员参与，反复对自己的业务工作进行审视，提出改善的建议并实施。德国博世公司的改善提案系统，在生产现场展示得更是一目了然，员工清楚地知道通过什么路径提交改善提案，并且对改善提案的管理，也有非常明确的规范。

分级别的改善活动也长年不断，公司级的改善分享大会一般半年到一年举行一次，将公司所有的改善汇总，选出优秀的改善，在改善大会上报告分享。看似一个简单的改善分享会，但是对促进公司的改善，有着非同寻常的作用，因为这让全体员工都清楚地认识到，公司的最高领导是如此地重视改善。

部门的改善体系建立。每个部门针对自身独特情况，制定部门改善体系，一般每月或每周进行一次改善交流。在这个交流会上，除了表彰优秀的改善活动外，还将有困难的改善活动提出来进行讨论，充分利用全体员工的智慧；在改善方面有心得的同事也会做一场精彩的演讲分享自己的经验。部门的改善活动在定期的会议上，与其他部门一起进行报告，相互学习和讨论，这不仅促进了改善的交流，还解决了很多跨部门的问题。

【阅读材料1-6】 日本企业的"剥皮会"

有一家优秀的日本企业，从公司成立第一天开始，就坚持导入"剥皮会"，每周五下午固定召开，从上周公司发生的问题中，由工场长挑选一个典型的问题召开。剥皮会有一些会议准则：不能提到其他部门的名字、不能说主观判断词，例如："我以为""我想""我推断"等类似的主观词，所有的阐述都应该以数据和事实为依据。

让人印象深刻的有这样一次事例：供应商供应的生产物料，入场检验合格，到生产线后，发现有不良品数量超过规定的标准，于是导致停产。这个问题看起来似乎很简单，很多企业的做法也确实简单：更换物料就可以了呀！

但是，事情远没这么简单！当生产部、采购部、品质部都参加"剥皮会"时，在工场长的引导下和询问下，各个部门都发现对该问题负有很大的责任。

① 首先报告的是问题发生的现场部门，即生产部，生产部被询问：

• 为什么这个物料不良，就会导致停产？

• 为什么我们的生产线没有要求对这个物料进行检查，但是我们的员工却发现了？

• 是否还有员工没发现的不良品，被生产下去了？为什么发现不了？

② 品质部被询问：

• 为什么我们的入场检验不能发现？

• 员工是否严格执行了检验标准，既然严格执行了，为什么不能发现？

③ 采购部被询问：

- 为什么我们的供应商会生产出不良品来？
- 为什么生产出来了，还会被检验合格入库？

在这个过程中，如果生产部门的人在回答问题时，提到其他部门的名字，是要挨批的，也不能用主观的判断词来回答，所有的回答，都必须是事实或者数据。

而会议结束后，需要做的对策，是每个部门都需要做的，不仅仅是更换物料就可以了。

① 生产部的对策：
- 做到生产的快速切换，即使上一个产品因为某些问题不能生产，也能快速切换生产下一个产品，而减少停产成本。
- 对该具体的问题，增加生产员工的快速检查，明确检查标准，而不能影响生产效率。

② 品质部的对策：
- 更新物料入场检验标准和检验方式，确保类似问题不再流入生产部门。

③ 采购部的对策：
- 定期对供应商的生产监察要进行，制定供应商生产监察制度和监察详细内容，确保供应商生产达到要求。
- 对供应商的入库检验标准进行完善，确保供应商入库的，能完全符合公司的要求。

日常生产经营过程中的问题，往往是多方面原因造成的，并不是单一的原因（虽然看起来好像是单一原因，但实际是多方面），要彻底解决问题，就需要像剥洋葱的皮一样，一层一层地把表皮剥开，才能找到最核心的原因，而企业对管理人员的要求，就是要具有凡事都要首先从自身找问题的思维方式！以上的对策，不光是解决了发生问题的这个物料，还需要对所有类似的物料，进行水平展开，大家可以想想，一个看起来小小的问题，牵扯出这么多的事情。但是，当这些对策被水平展开后，这一类的问题，就基本得到了彻底的解决，这就是"剥皮会"的本意。当然，"剥皮会"的召开，是需要一套完善的流程制度，主持"剥皮会"的人、"剥皮会"的现场的座位设置方式、"剥皮会"的分析资料的填写、"剥皮会"的提问方式，都需要专业的设计，才能达到良好的效果。

四、煤矿推行精益管理的误区

随着精益管理在制造业的普及，不少企业开始注重聘请专业精益管理的人才，以期导入精益管理体系，助力企业腾飞。但是很多企业在进行精益管理方面存在很多误区，使之在精益管理推行道路上颇多曲折，甚至半途而废。

1. 对精益管理认识的误区

（1）理念认识不足，决心不够

企业主要领导者、相关执行者的观念没改变，配合上不到位，推行精益管理很难达到预期目的。很多企业高层都期待精益管理带来效益，但实际推行过程中高层参与不足，认为精益管理主要是生产系统的责任，甚至只是 IE（工业工程）工程师的责任，与其他的单位无关，导致推行过程中缺乏整体配合，无法持续发挥精益的效能。

企业推行精益管理是从培训开始，有些企业高层高度重视的结果是各单位的主管都参加培训，但没进一步往现场操作员工方面推进，甚至连第一线的班组长都不太了解精益管理的内容，所以员工觉得精益管理、改善都是领导们的事情，精益管理无法有效推进。更为重要的是，实施精益管理是个长期的过程，需要多年的持续努力才能熟练地运用精益工具，看到改善带来的成功。很多企业听说精益生产之后，感觉非常好，觉得应该可以取得很好的效果，但是经过实施，却会遇到这样或者那样的问题，并且有可能带来一些短期利益的损失。当碰到这样问题的时候，如果管理层，特别是企业的主要管理者，如果缺乏足够的决心，就有可能放弃，从而造成昙花一现的结果，最后不了了之。

（2）方法认识不清

有些企业在对各层级的领导、员工进行精益管理的培训后，大家都有了精益管理方面的认识，但理解出现偏差，片面地把工具、方法当成是精益管理的全部内容，尤其是领导层面具有这方面的意识，精益管理很难有效落地。这些企业的人员了解了丰田精益生产的过程之后，总认为丰田的 TPS（丰田精益系统）仅仅是一些方法的集合。严格来说，TPS 是在全员改善文化支撑下，管理系统不断走向精益的过程。一般来说，工具和表单的应用是精益管理实施的必要方面，但是如果只是醉心于均衡生产、Kanban 管理（看板管理）、快速切换、单件流等工具方法，虽然能取得一定的成果，但是若要企业更上一层楼，那就需要建立符合企业特点的精益管理系统，尤其是制造业必须建立起精益生产系统。

（3）目的认识错误

有些企业推行精益管理的目的仅仅在于降低成本，所以一些活动都是为了成本降低来展开，这就是目的认知错误。精益管理是一项改善企业管理系统，塑造企业文化的管理体系，通过减少浪费来创造更多的价值，如果一家公司对流程进行了改善，他们就会有更多的资源重新进行分配而创造更多的价值；如果通过精益把本来应该支出的成本控制了，或者把精减出来的人解雇了，员工就不会支持精益。精益生产管理可以使库存量下降，生产周期减短，质量稳定提高，减少浪费,节约生产成本增加企业利润,同时员工士气、企业文化、领导力、生产技术都在实施中得到提升,最终增强企业的竞争力。

另外,有些企业认为,推行精益生产是增加成本。其实,推行精益管理不是增加成本,而是一种对企业长效发展的投资,也是最有价值的投资,将获得的投资回报率也是最高的。

2. 精益管理实施的误区

(1) 形式化严重,精益管理不是一蹴而就的

有些企业精益管理推行者自身对于精益管理的了解非常少,在实际推行精益管理过程中,往往流于形式,只想着做表面功夫。实施精益管理是个循序渐进的过程,需要从易入难,逐步深入,一步一个脚印,才能取得成功。很多企业实施精益管理停留在表面,各种宣传、标语很多,各种计划中也提到一些精益管理的概念,但是当认真地去审视企业的流程或者观察生产的现场,各种浪费现象不计其数。造成这种表里不一是因为企业对精益生产的认识不够,缺乏实际实施的经验,对实施的过程缺乏系统的了解,在实施的时候停留在表面上。

另外,精益生产体系实际是由区队(车间)管理、质量管理、现场管理、材料配件管理、设备管理等多种管理组合而成的综合系统,很多企业在推行精益管理时,往往会选择全面铺开的策略。但实施精益管理是一场生产方式的变革,而不是简单地通过几场"会议",或多少次培训就能达到。没有几年的坚持推进,没有突出重点的各环节击破,企业几乎很难形成可规范化的精益管理平台。企业必须通过经久的现场管理来改变员工习惯化的不正确的意识和行为,进而推进生产过程的平衡性;企业还需要利用人机工程分析、动作经济性分析等模型和方法优化瓶颈单元作业,进而延展到企业内外物流管理优化等。

有些企业刚认识精益管理时,总是被精益管理所带来的巨大成果所震撼,认为自己的企业只要一推行,马上就能看到类似的效果,因此恨不能"立竿见影",短期内就大见成效,缺少持久细致严谨的长期思想准备。丰田公司时至今日,仍没有停下其持续追求"精益"的脚步。

(2) 忽视现场改善

精益管理的一个基本假设是:现场人员的知识总和超过所有的专家。真正的精益改进是在现场或一线进行,改善是一种现地现物的活动,并且充分发挥开发人员的才智。精益管理中的改善不是在回顾会上列出几个问题,或是开始一些行动,它有标准原则:一是不要解决现象;二是不要停止找到根本原因;三是使用目标-资源-约束框架找到改变行为的方案。精益改善是一种深思熟虑,精益不是也永远不可能是过程管理,而是通过提供一系列的工具,触动组织成员变得善于

思考。除改善之外，未来价值流图设计提供了组织层面的顶层改进设计，它的基本步骤是：一是识别价值创造——理想状态；二是设计价值流——未来状态；三是识别差距——转变改善和价值流设计。分别提供了短期和长期的组织改进工具，而且必须注重现场的改善，立足于现场的改善。

（3）精益等同项目

有些企业认为，精益管理就是做一些精益改善项目，所以整个企业以改善项目立项为基础来推进精益管理，这绝对是对精益管理的误解。纵观成功的精益企业，他们与传统企业最大的不同其实不是看板拉动式生产，或是有安灯系统，最大的区别在于企业文化不同。就如很多人总结的实施精益的三重境界：工具、系统、文化。企业理念或文化的不同才是企业卓尔不群、基业长青的基础。

（4）忽视全员参与

有些企业领导者认为企业的员工素质低，不可能主动去实施改善，也不知道如何改善，觉得没有丰田员工的高素质，根本就无法实施精益管理，忽视全员参与。一方面员工的技能、素质是通过培养出来的，所以丰田系统强调培训的重要性，强调建立学习型组织；另一方面，员工参与改善不能要求他们对重大项目进行改善，而应该从日常工作改善开始，关注细节。其对本职工作可以说是专家，加上一定的分析问题、解决问题方法的培训，就能具备小范围内的改善能力。

有些企业在推行精益管理时忽视员工能动性、创造性，不愿授权。营造持续改善的氛围需要高层管理者切实授权给下属，同时给他们以鼓励。因为改善不总是马上见效，甚至有可能失败，如果管理层不充分授权，不担当起相应的责任，无疑就不会有员工的积极参与。推行精益管理必须要确保意识改变、环境标准化、行为标准化、绩效结果达成、员工意识提升的上升逻辑。很多企业在其精益管理推进过程中，往往不清楚先后顺序，无法步步为营，甚至使员工丧失信心。精益管理体系建设的核心是班组团队建设，其实质是打造能实现自主管理、不断追求精益的班组管理团队。精益管理强调将员工的智慧和创造力视为企业的宝贵财富和未来发展的原动力。与之相配套的应该是让员工感到精益管理所提升的企业效益，同时与员工自身的绩效激励相结合，形成良性循环，这样就实现了所谓"人机合一"的终极目标。所以在推行精益管理的企业里，员工被赋予了极大的权利，体现了员工是企业的主人的精神，并且企业人事组织结构趋于扁平化。从这个意义理解，精益管理更应该被定义成一种全新的企业文化，它作为一种管理理念渗透在生产的每个环节中。

【阅读材料1-7】 企业需要规避的七种不良精益推进模式

① 工程师型的精益推进模式。认为精益管理就是做改善项目，规划一些项

目做局部的改善，让 IE 工程师或是精益工程师去改善，岂不知局部改善有可能对整体产生坏的影响。这样的推进方式起点低，缺乏高阶主管、基层主管和全体员工的参与度和改善文化建设。

② 工具型的精益推进模式。仅仅关注精益工具应用层面，精益就是 5S、单件流、看板等，其实工具是最简单的，通过学习、训练，短时间内就很容易学会，这样的推进方式缺乏系统性规划，注定推进不会非常顺畅。

③ 结果型的精益推进模式。认为精益管理推进实施一个推进办或某个部门就搞定，你们去玩，我只要结果；高层管理者壁上观。没有高层领导的参与（是参与而不是关注），注定不会有什么好的结果，即使有，估计也是编出来的。

④ 抄袭式的精益推进模式。认为某某公司推进得好，我们就抄袭学习它们的，他们怎么样我们就怎么样。岂不知每家企业都是一个独立的个体，每家企业的体制不同，文化不同，不可能采取同样的方式。就如中医看病一样，不同的个体要对症下药。

⑤ 短效型的精益推进模式。看到别人推行精益管理，一时兴起，咱们也赶时髦推进一下精益，搭一下花架子，喊两声口号，搞上两个月的精益。岂不知精益管理是需要管理者的管理一贯性，需要长远的系统性的规划，分阶段性地实施提高，不断的验证与调整，才能取得成果。时间维度上来说，丰田 70 年的实践，你再厉害也不能两个月搞定吧？

⑥ 模式型的精益推进模式。很多企业被华丽的词语、所谓模式的名词迷惑，例如阿米巴、西格玛、世界级等，不管什么样的模式，所有的名词都不重要，对企业来讲无非需要的是利益改善与体质改善，利益改善保障眼前（现在有利润），体质改善保障未来（未来还有利润）。

⑦ 外型型的精益推进模式。依靠内外部顾问推进精益改善，内部缺乏标准化的精益推进方法，推行效果依靠顾问的水平而缺乏统一性（质量无法保障），人员变更后且无法形成持续的精益改善机制。

第二章
煤矿推行精益管理需要把握的推行过程

任何企业推行精益管理都是一个学习、改善提升的过程，精益管理是企业的一个外生模式，不像丰田公司内生演化形成一套适合自己的持续改善模式。所以，学习、借用丰田这套精益管理系统，企业必须结合自己的实际，强调重点与目标导向，准确地把握精益管理在本企业的推行过程，以便获得较好的推行绩效。

① 把握现状，全面诊断，深挖企业当前状态所形成的深层原因，从表象探究本质，从底层本质去改善、提升。

② 系统规划、策略实施，明确推行精益管理的目标与方向，把握分阶段分步骤的目标与实施事项，订立各阶段的实施策略。

③ 全面关注，重点改善，关注企业的体质强化、经营重点改善、人才育成体系与持续改善机制建设四个方面。

一、培训、理念导入与组织

推行一个外生的管理模式，重要的是首先要学习、了解，全面把握模式的基本内容，企业从上到下所有的员工都需要进行理念转换，理念、思想不转换，很难推行新的模式。精益管理是一套系统的、全面提升效率、降低成本、持续改善的管理体系，必须全面培训与理念导入。

1. 持续、分层次培训

精益管理推行、理念导入必须有培训规划与方案。精益管理把生产中一切不能增加价值的活动都视为浪费，强调人的作用，充分发挥人的潜力，以持续改善来消除浪费。因此，在实施的第一步，应进行多全员的意识培训，培训对象应上至企业老总，下至操作员工，培训内容应包括竞争情况、浪费的观念、拉动生产、5S管理、团队改善、全员设备管理、全面质量管理。只有建立在全员对精益管理的了解和基本认同的基础上推动才能顺利进行。通过课程培训，使精益生产管理改善的主体对"浪费"及"价值"有初步的认识，然后通过"现场寻找浪费活动"，使精益管理改善的主体切实体会到发生在周围的诸多浪费现象并做记录，然后拟定改善计划并自己动手实施改善，将认识转化为行动。

对于任何企业来说，基于企业不同层级对精益管理模式的需求，有不同的培训内容，进而有不同的培训方案与规划。

① 不同层级的培训需求。一般来说，企业高层主要应关注精益管理的理念、价值观系统，了解精益管理"十四项原则"、丰田的"五项原则"等，从宏观层级上把握精益管理推行的方向，明确精益管理推行方针等。中层不仅要了解精益管理的理念、价值观，这是推进精益管理的基础，没有理念的转换，精益管理很难推行下去，而中层管理者起着承上启下的作用。中层管理者还需要把握精益管理的基本原理与原则，了解精益管理的系统，例如TPM、5S、TQC等，了解推行的必要工具。应该说，企业中层管理者是精益管理模式推行的中坚力量，所需学习、了解的内容是全方面、全方位的。基层员工需要培训的内容涉及精益管理系统、精益管理推行的基本工具。

② 不同阶段的培训需求。精益管理导入阶段，主要是理念、价值观、原理原则方面的培训；精益管理全面展开之后，所需要培训的内容就是精益管理的原理原则、精益管理相关系统的知识体系培训与精益推行方法等的培训；精益管理推行一段时间之后，这个阶段所需要的培训主要是推行方案，尤其是推行工具方面的培训。

【阅读材料 2-1】 企业精益培训计划与方案之一

企业精益培训计划与方案之一见表 2-1。

◎ 表 2-1 企业精益培训计划与方案（一）

主题	内容	时间
第一讲：精益生产管理概论	一、企业管理现状分析 • 企业面临竞争环境的变化分析；企业所面对的挑战分析 • 传统企业管理常见误区分析；传统意义上的价值链的错误概念分析 • 企业在当前市场环境下的竞争要点有哪些 二、精益生产应对挑战 • 【案例分析】：日本丰田如何应用精益管理方法打败美国汽车军团 • 精益生产面对挑战的方法 三、认识精益生产管理 • 精益生产发展史；生产方式发展的历史；三种生产方式的比较分析 • 精益化核心思想；关注流程；从增值比率看改善空间；精益思想与传统思想比较 • 精益生产追求的目标；基于精益思想的改善循环 • 精益生产——JIT；精益生产的技术体系 • 精益管理的常用工具	3h
第二讲：价值流图分析（VSM）	一、什么是价值流 • 价值流的定义 • 价值流图的层次；价值流图的组成和作用 • 价值流当前状态图；价值流未来状态图 • 精益价值流实施计划与追踪；价值流图分析在精益生产中的作用 二、价值流当前状态图 • 价值流图建立的四个步骤简介 • 选定要研究的产品族；选择要分析的产品并手工绘制当前状态图 • 定义并收集相关数据 • 【案例分析】：计算产品生产周期及增值比 三、价值流未来状态图 • 如何使价值流精益；计算客户需求节拍时间；建立连续流 • 改善价值流中的关键环节；确立未来状态 • 【案例分析】：检查未来状态是否消除了浪费的根因、未来状态图规划、在现有价值流图基础上绘制未来价值流图、画出未来状态工艺流程、物流、信息流、加载相关数据绘制未来价值流图、计算产品新的生产周期及增值比 四、价值流改善计划及价值流管理 • 制定并实施精益价值流改善计划 • 精益价值流改善要点；精益价值流改善计划 五、实施精益价值流的技术基础 • 均衡化生产技术；快速换型技术（SMED）；看板拉动技术（DFT） • 生产线平衡技术；工厂中的流程改善技术	4h

续表

主题	内容	时间
第三讲：拉动式生产和看板管理	一、拉动式生产的背景分析 • 市场环境在不断地发生变化、拉动式生产的发展历史 二、拉动式生产的特点和目标 • 拉动式生产系统的定义、"拉动"与"推动"的比较、拉动式生产的主要特点 • 拉动式生产目标、拉动支持缩短制造周期、拉动式生产建立的条件 • 寻找系统的稳定点 三、拉动式生产信息系统 • 拉动式生产信息系统的种类、看板拉动系统的特点、Kanban 功能、Kanban 六项准则 •【案例分析】：看板拉动系统、电子拉动系统、空箱拉动系统 • 拉动式生产物流系统：精益包装、配送方式、先进先出、地址系统	3h
第四讲：精益生产管理方法及工具	一、精益现场管理（5S） • 为什么 5S 很难长期坚持下去？为什么 5S 总是做不到位 • 5S 的真正内涵是什么 •【案例分析】：成功实施 5S 二、全员生产设备保全（TPM） • 如何认识 TPM 管理 • 设备故障与微缺陷关系解析、及时消除各类微缺陷方法应用 • 自主保全推行的七大步骤介绍 •【案例分析】：自主保全方法实例分析；自制教材实施点滴教育（OPL）；养成知识积累习惯，解决故障事半功倍 三、工业工程（IE 工程） • 减少搬运浪费：造成搬运浪费的主要根源、案例分析 • 减少动作浪费：动作分析、减少动作浪费的作业意识、案例分析 • 减少等待浪费：等待不创造价值分析、人机配合不好造成的等待问题分析 四、快速换线（SMED） • 传统换线方法效率分析、传统的切换观念 • 作业切换时间的构成分析、缩短切换时间的 3 个步骤 五、全面品质管理（TQM） • 产品不良造成的额外成本分析 • 如何认识全面品质管理 • 影响工序质量的影响因素、生产过程质量控制架构分析 • 防错法应用、防错法"三不"、防错法"十大原理"应用	4h
第五讲：精益生产管理精神——持续改善	一、为什么要持续改善 二、持续改善八步骤解析 • 明确问题、分解问题、决定要达成的目标、把握根本原因、制定对策、贯彻实施对策、评价结果和过程、巩固成果 三、持续改善常用工具应用 •【案例分析】：5W2H 法、5why 分析法、鱼骨分析法 四、精益六西格玛应用 【案例分析】：六西格玛个性化的改进模式——DMAIC	4h

【阅读材料2-2】 企业精益培训计划与方案之二

企业精益培训计划与方案之二见表2-2。

◇ 表2-2 企业精益培训计划与方案（二）

板块	主题内容	基本要求	时间
精益化生产管理基本概念	模块一　绪论 • 精益生产的基本概念 • 精益生产的时代背景 • 现代制造业面临的挑战等	熟练掌握精益生产的基本概念，了解精益生产出现的时代背景，掌握现代制造业面临的挑战等	1h
	模块二　精益生产的基本原则 • 精益生产的六项基本原则 • 准时生产的实现 • 适时适量生产和生产线平衡等	熟练掌握精益生产的基本原则和准时生产的理论框架，了解生产线平衡问题	1h
精益化生产管理方法	模块三　精益生产计划体系 • 精益生产的年度计划、月计划和日计划体系 • 生产计划与成组技术 • 生产计划与供应链管理等	掌握精益生产的计划体系，了解成组技术与精益生产的关系以及供应链管理	2h
	模块四　识别七大浪费 • 浪费如此简单？为何很多人不了解浪费 • 浪费的定义 • 生产七大浪费和排除方法	掌握识别生产过程中七大浪费以及具体的排除方法	2h
	模块五　价值流分析 • 什么是价值流 • 价值流图析的方法、价值流的绘制 • 价值流精益化的原则和方法 • 未来状态流：设计未来精益生产流程	掌握价值流分析的概念和方法，并能对价值流图进行分析、绘制	3h
	模块六　看板管理系统与JIT准时生产 • JIT准时生产的概念 • 零库存管理的看板方式、看板的作用与功能 • JIT与目前生产方式的关键判断准则 • 导入看板的条件、看板及使用规则	熟练掌握看板的类型，结合现场实际能有效制作各类看板，了解准时生产的基本要求	2h
	模块七　精益生产现场管理 • 5S现场管理的基本理论 • 现场管理的结构体系、5S现场管理的实施	熟练掌握5S现场管理理论，了解现场管理的结构体系	2h

板块	主题内容	基本要求	时间
精益化生产管理方法	模块八　生产均衡化 • 均衡化生产的目的 • 节拍时间的意义、生产均衡化的策略和方法 • 均衡化的生产日程的指定 • 均衡化生产的四个层面 • 解决多品种生产均衡化的难题：隔离法	理解生产均衡化的意义，并掌握解决多品种生产均衡化难题的隔离法	3h
	模块九　标准化作业 • 为什么需要标准化作业 • 标准化作业实施方法 • 简单可行的实施方法	掌握标准化作业的目的、意义、策略、方法	3h
	模块十　防错法 • 防错的概念 • 杜绝错误和缺陷的防错技术（愚巧法） • 防错的步骤、防错装置	掌握防错法（Poka-yoke）的核心，杜绝错误和缺陷的技术	2h
	模块十一　TPM 设备保全 • TPM 概念、零缺陷法则 • 八大支柱、TPM 实施流程 • OEE（设备综合效率）	全面把握 TPM 日常点检与专业点检的要求，熟悉 TPM 的基本流程，并能计算 OEE 等设备运行指标	4h
	模块十二　快速换型和缩短周期 • 缩短生产过程时间的四大优点 • 分析：生产过程时间三要素 • 快速换模的四大原则 • 缩短换模时间的六种方法	熟练把握快速换型、换模的原理与方法，能快速计算、评估生产过程中的各类时间	3h
	模块十三　质量管理 • 质量管理的理论体系 • 质量管理的基本概念 • 质量保证体系 • 工序能力分析	熟练掌握质量管理概念，掌握工序能力分析的基本方法和统计技术，了解质量管理的理论体系等	2h
精益生产管理导入	模块十四　精益生产的具体导入策略和步骤 • 个别流程的改善方案、工厂的精益生产变革 • 价值流示范生产线、全公司的精益思想变革 • 整个供应链的精益变革	了解精益生产管理的具体导入策略和步骤，并能够结合自己企业实际情况制定相应的导入方案	2h

【阅读材料 2-3】　企业对应精益推行阶段的培训方案

企业对应精益推行阶段的培训方案见表 2-3。

◇ 表2-3 企业对应精益推行阶段的培训方案

阶段	内容	培训课题
1	成立项目团队及改善小组	SOP/SIP编写(SOP是指标准作业程序,SIP是指会议控制协议)
2	管理基础及LP知识普及	"5S"管理(12h)、可视化管理(3h)、目标管理(3h)、有效沟通技巧(3h)、团队建设(3h)、LP基础知识普及(3h)
3	精益生产初级导入	过程管理(3h)、过程设计(3h)、过程分析(3h)、过程改进(3h)、库存管理(3h)、物流时间管理(3h)、产能分析(3h)、TPM(12h)、SMED(快速换模)(3h)
4	精益生产深化	解决问题的方法(3h)、统计过程控制(9h)、产能平衡(3h)、时间优化(9h)、库存优化(3h)、生产线布局(6h)、方法研究(9h)、作业测定(6h)
5	自主改善与运作机制建立	辅导、复习式培训,以解决问题为主
6	项目持续开展	按实际需要进行培训或辅导
备注		

2. 理念导入与文化塑造

企业在推行精益管理过程中,除了通过培训进行理念导入与观念转换之外,企业更应该形成一种精益管理推行的气氛,通过各种方式宣传精益管理的内容、方式以及价值,例如企业宣传部门拿出精益管理的宣传方案,推动企业精益管理理念、观念的深入探讨;企业内部基于不同专业、业务内容组建不同的精益学习团队以及精益管理沙龙,研讨、分析精益管理的理念、推行方式等,甚至可以组织精益管理的演讲、学习考试等,从不同角度来提升员工对精益管理的认识。

① 大力开展精益管理知识宣传活动,提升企业各级管理人员和员工对精益管理理念的认识,营造浓厚的精益管理氛围。

② 精益管理宣传小组,通过宣传精益管理定义、核心内涵、精益管理理念,以及在精益管理推进过程中好的思路和做法,并采取知识答卷、主题宣讲、征文比赛等方式,大力开展精益管理宣传活动,提升各级管理人员和员工对精益管理理念的认识。

③ 充分利用企业发布的精益管理视频、先进单位精益管理交流的资料进行学习,全员开展精益管理读书活动,聘请专家讲课等方式进行培训,掌握并合理利用精益管理工具,为推进精益管理打好基础。

④ 立足企业的部门、单位,通过持续的学习培训,让全体员工深刻理解和认识精益管理的核心与实质、精益管理的原则与方法,使干部员工逐步养成精益意识和习惯,逐步把精益融入日常工作中,大胆实践,推动流程再造、管理升级,推动企业管理逐步走向精益,推动队伍素质逐步走向卓越。

企业推行精益管理,引发的是一系列企业文化变革。文化的变革要比生产现场的改进难上十倍,两者都是必须完成并且是相辅相成的。精益管理中很多精益项目成功的关键是企业管理者身体力行地把生产方式的改善和企业文化的演变结合起来,企业管理层持之以恒地到生产现场聆听基层的声音,并对正在进行的改善活动加以鼓励。传统企业向精益管理方向转变,不是单纯地采用相应的精益工具及先进的生产管理技术就可以完成,而必须使全体员工的理念发生改变。精益管理之所以产生于日本,而不是诞生在美国,其原因也正因为两国的企业文化有相当大的不同。

【阅读材料2-4】 某企业关于"精益管理年"宣传工作的方案

根据公司《关于开展"精益管理年"活动的决定》文件精神,为进一步提升企业管理质效,特制定"精益管理年"宣传工作方案。

(1) 指导思想

全面贯彻落实公司"精益管理年"活动实施方案的部署和要求,统筹公司宣传资源,发挥宣传工作的思想引领和舆论引导作用,加强正面宣传,强化正面引导,为开展"精益管理年"活动汇聚正能量,为推动公司高质量发展营造良好舆论氛围。

(2) 工作内容

① 加强领导,精心部署。公司各子公司党委、直属党委、党工委要将"精益管理年"宣传工作与各项工作有机结合,统筹部署,落实责任,协同推进,形成领导有力、分工明确的工作格局,使精益管理活动进企业、进部室、进项目、进班组。

② 充分发动,统一认识。要充分利用网站、企业微信公众号、楼宇电视、板报等宣传平台对"精益管理年"活动进行广泛宣传,在企业办公大楼、项目部等醒目位置悬挂宣传条幅。在公司网站开设"精益管理年专题报道""精益管理先锋"进行系列报道,使全体干部员工提高对精益管理活动重要性的认识,深刻领会活动的意义、方法和步骤,营造公司精益管理的良好氛围。

要充分发挥党工团的作用,并将精益管理活动与党组织创先争优活动结合,使创先争优工作进一步融入企业生产经营,并不断引向深入。

③ 总结经验,宣传推广。对在创新活动中涌现的好经验、好做法以及优秀的精益管理活动成果进行宣传推广,总结精益管理活动的成效,对取得实质效果的单位和在活动中有突出贡献的先进人物进行大力宣传。

④ 认真履责,严格考核。各单位要认真开展相关专题宣传,公司党委将在年终进行"精益管理年"专题宣传活动考核评比,为精益管理工作提供坚强的精神动力和舆论支持,确保活动取得实效。

(3) 方法步骤及时间安排

第一阶段：方案准备阶段（2020年3月）。

按照公司"精益管理年"活动方案的部署和要求，制定专题宣传工作方案，明确职责分工，确保责任落实。

第二阶段：宣传发动阶段（2020年3月）。

根据"精益管理年"活动部署，通过公司精益管理专题培训，掌握相关理念和实践方法，进一步加强对"精益管理年"活动的宣传。发挥公司"大宣传"格局优势，刊发学习心得，及时对公司各单位开展精益管理活动的宣传。

第三阶段：深入宣传阶段（2020年3—11月）。

① 抓重点，加强新闻发布。各单位要紧扣阶段工作重点，每周至少报送一篇"精益管理大家谈"宣传专题，公司新闻中心每周推出一条"精益管理"新闻消息，每月推出一篇"精益管理"专题综述，每季度推出一篇"精益管理先锋"典型事迹，及时宣传创新思路、新举措，引导舆论热点。通过企业网站、楼宇电视、企业微信等宣传载体，实现微媒体等新型媒体的互动融合，对精益管理全方位、深层次、多视角地宣传报道，深度聚焦精益管理过程中的有效举措和显著成效，真实、生动地讲述企业精益管理故事。

② 抓亮点，宣传创新成果。要统筹兼顾"内宣和外宣""网上和网下"，全面展示各单位、各部门、事业部精益管理工作，注重捕捉共振点和共鸣点，宣传重点在精益党政工团管理、经营管理精益化、生产管理精益化、资源管理精益化等方面。主动对接国家级和省级主流媒体，主动发声，大力宣传公司精益管理的举措和亮点，树立"湖北工程"品牌形象。

第四阶段：总结表彰阶段（2020年10—12月）。

强化对先进典型和事例的推广宣传。深入报道精益管理取得的成果和经验，通过先进示范、模范引领、典型带动，扩大先进模范的影响力和感染力，振奋精神，鼓舞士气，凝聚起推动公司精益管理、改革发展的强大正能量。

各子公司党委、党工委、直属党委要高度重视"精益管理年"活动的宣传工作，加强组织领导和统筹协调，落实工作方案，细化工作措施，强化工作责任，确保"精益管理年"宣传工作始终把握正确方向，取得显著成效。

3. 精益管理推进的组织建设

推行精益管理，组织变革先行。同其他系统推行策略一样，推行精益管理，应制定好组织策略。精益管理组织建设的健全与否，也是企业实行精益管理能否成功的关键。向精益管理转化的企业，首先要搞好企业的组织建设，一般将组织分成两个部分：一个是管理工作，另一个是生产工作，如图2-1所示。

精益管理企业的组织有以下特征：一是精益管理企业组织结构扁平化，没有一般企业过多的层级，通常控制在两个层级以内；二是精益生产企业管理以

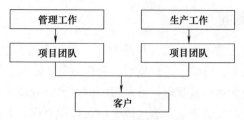

图 2-1　精益管理的组织结构

项目团队开展工作，部门之间可以形成亲密无间的合作关系，以打破部门之间的壁垒；三是各部门通力合作，以生产为中心开展工作。及时、高效地满足客户需求。因此，向精益生产转化的企业，要加强组织建设和项目团队建设，特别是项目团队的建设。选择好项目团队成员，扎扎实实地开展精益化企业的转化工作。

① 确定项目团队负责人。确定好项目团队的负责人或项目经理，在项目团队负责人的带领下开展工作。项目团队负责人扮演着十分重要的角色。从企业战略目标出发，制定团队目标，开展企业精益化转化工作，管理好项目团队。

② 确定项目团队核心成员。项目团队核心成员要协助制定好项目计划，服从项目负责人的安排，按计划推进所负责的项目任务，同时要保持团队成员间良好的沟通，要增强团队成员的凝聚力，形成一支精干、高效的项目团队。

③ 项目团队管理。加强项目团队建设，使之具有通力协作的团队精神，加强团队的管理和绩效考核，快速向精益化企业转化。

一般来说，煤炭企业也是可以做到这一点的，但由于组织扁平化与项目团队化比较难，煤炭企业可以组建精益管理项目推行组织，明确人员构成与组织职责。

很多企业在实施精益管理的时候，都会建立一个精益管理组织，有的叫"精益生产委员会"，有的叫"改善组织"。一般来说，总经理应是精益管理推行组织的负责人，有些企业也把工厂负责的副总经理列为负责人，组织应包括生产管理部门、制造部门、生产技术部门、品质部门等相关部门的主管，要确立负责人的改善职责。实施精益管理应做好计划，包括系统的实施计划、年度计划和月度计划。计划应该包括项目、分析、责任人、完成时间等，并按照PDCA的方式进行记录。

二、诊断与全面统筹

推行精益管理，需要对企业进行诊断，了解现状，对企业当下情况进行把脉，然后形成整体规划方案，统筹精益管理的推行：选择试点，全面推行。

1. 全面进行诊断

在推行精益管理之前,以外部客户的角度,对企业进行全面诊断,分析包括:投入要素的、质量状态、价值创造的流程、管理流程、制度系统等。诊断的目的在于准确把握企业的现状和精益管理推行过程中的需求,判断企业的管理水平,评估企业的改善潜力,指出改善要点,表述改善的途径和目标,参见表 2-4。

◇ 表 2-4　企业问题诊断表

类别	问题	问题的主要表现	备注
六大负效清单	缺料	排查计划物料是否满足,来料是否齐套,配送是否及时,来料质量如何保证,出现异常如何快速应对	
	点停	对各岗位进行作业时间测量,形成整体平衡率,针对瓶颈点停岗位进行专项提效	
	尾数机	一方面需要加强工序检验的智能发挥,另一方面加强物料的计划到岗及来料一致性	
	快速切换	需工艺、质控和班组共同研究行程切换标准,缩短外部切换时间	
	人力资源革新	扭转员工从被动式安排执行为主动提出改善建议,形成多能工、少人化的培养方式	
	设备维护保养	机修包线、提前预防、保养,减少异常发生	
八大浪费	动作浪费	不必要的动作、无附加价值的动作、较慢的动作	
	加工浪费	多余的加工和过分精细加工造成的资源浪费	
	库存浪费	材料、零部件、组装品等处于停滞状态,不只是成品、半成品和原材料所占用的仓库,也包括工序间的堆积品	
	搬运浪费	不必要的搬运、移动、放置、转动	
	等待浪费	人、机器、零件在不必要时发生的各种等待时间	
	不良品浪费	材料的损失、不良品变成废品;设备、人和工时损失,额外的修复、鉴别、追加检查的损失	
	制造过多浪费	制造过多、过早,生产出多于订单数量的产品,或在交期未到之前提早生产,等待交货的产品	
	管理浪费	管理无规则、无预见,造成生产力降低、周期过长、资源利用不充分	

对企业进行全面诊断的框架和主要内容有以下五个方面。

① 分析、了解企业总体情况,主要通过现场考察、访谈、收集资料等方式进行,如企业面临的竞争情况及关键成功因素调研,包括企业的组织结构和关键运营流程。现场整体调研包括生产设备、人员状况、现场管理、订单管理等内容。

② 诊断企业精益管理的水平,主要通过精益调查分析工具进行,包括 PQ-PR(性能与工艺路线)分析——确定试点对象;价值流图分析——调研与描述试点对象的价值流图;精益现状评估——分项量化,评估企业的精益化水平;精

益计量——运用精益财务指标衡量企业的 QCD 状况；七大浪费实例分析——现状和改善方法探讨。

③ 分析描绘精益改善的整体视图，包括现状价值流图和未来价值流图；现状、改进点、未来图景；改善的关键问题列表；重要问题举例分析。

④ 研究改善精益管理的入手点，包括全程改善核心手段；全程改善进程；N 个可能改善点的列表及改善方法举例；对改善点及其排序的问卷调查。

⑤ 确认改善目标和实施策略，包括改善目标描述；战略性的建议；实施激励，改善精益成功的条件；分步实施的策略表述及改善举例；确认总体进度和近期较详细的计划。

同时也可以根据精益管理企业的特点，在广泛研究现有理论成果和实践经验的基础上，运用不同的评价指标体系。例如，一个是侧重企业管理有效性及精益差距的评估体系（此体系用于管理方法较为原始，精益管理程度较低的企业，内容较为详细，包括对企业基础管理工作的评估）。另一个是侧重企业精益管理现状的评估体系。对管理基础工作较好，已经有一定精化程度的企业，从准时制（包括均衡化拉式生产、物流特点、流动性）、人员（包括人员培训、团队参与）、卓越现场管理［包括可视化、质量控制、TPM（全员生产维护）、SMED（快速换模）、生产现场组织］三个方面（包括企业文化方面的考察）量化评价企业的精益管理水平，较为客观有效。

对于煤炭企业来说，六大负效清单的内容是什么，例如井下物料需要的缺货与集中到货、各工种之间的衔接、人员管理、设备管理等。煤矿的八大浪费表现在哪些方面，为什么有的煤炭企业吨煤成本高，有的很低。

2. 编制精益实施方案

根据前面对企业现状进行诊断的总体情况，结合精益管理无原则，形成精益管理的总体思路，参见表 2-5，进而形成企业精益管理的总体方案与推行规划。

◇ 表 2-5 精益管理推行的总体思路

五原则	主要内容	内容的具体展示	备注
价值	明确客户是谁	不仅是产品、服务需求者,也是下道工序	
	什么是价值、增值	通过作业,改变形状、性能、特性等	
		第一次就做好,不需要返工	
		客户愿意付钱	
	减少必要非增值	减少必要但不增值的作业,例如检验、搬运等	
	消除浪费	彻底消除八大浪费	
		减少生产过程中的六大负效清单	

续表

五原则	主要内容	内容的具体展示	备注
价值流	物的流动	从来料到成品发出,描述物的流动,记录暂存周期	
	信息化	利用ERP(企业资源规划)等系统,减少纸质信息传递,实现系统互通	
	改善点	通过价值流分析,识别改善点,形成推进计划	
流动		发现现场物流的端点、堆积、流动不顺畅等问题,并组织改善	
		减少生产批量,最终实现工艺流程的一个流生产	
		避免物流的正向与逆向交叉、物流迂回线路长的问题	
拉动		减少前工序推动式生产,实施后工序拉动式生产	
		计划信息共享,实现计划拉动,看板式备料、送料	
尽善尽美		追求完美的理念	
		整个改善过程按照戴明环(PDCA)持续,循环展开	

【阅读材料2-5】 某煤业精益化管理推行指导大纲

(1) 指导思想和工作原则

① 指导思想:认真贯彻国资委的中央企业提质增效攻坚战动员会精神、全面结合公司提质增效专项活动内容,以"找准问题、精准发力、补齐短板、提质增效"为导向,以"消除浪费、提高效率、提升效益、价值最大化"为目标,以员工精益意识养成和精益能力提升为核心,实现公司企业管理的快速提升。公司层面以提升经营管理水平为主,基层各单位以提高设备效率(OEE)为主线来推行精益化管理。

② 工作原则。

• 量化原则。坚持工作目标、操作依据和考核标准数量化,能量化的要量化,不能量化的标准化。

• 实事求是原则。全面剖析、诊断生产运营过程中面临的突出问题和短板瓶颈,敢于面对问题,做到准确定位,有的放矢。

• 抓准主要矛盾原则。针对各实施单位生产和管理的关键环节和浪费点,特别是生产重点以提高设备效率(OEE)为突破点,以解决减少浪费,提高效率,增加效益为目标,扎实开展消除浪费和挖潜增效,逐步建立精细化管理的体系架构和精益文化。

• 人本化原则。着眼员工素质的全面提高,充分挖掘人的潜能,从根本上保障精益化管理的顺利实施。

• 一把手原则。公司及系统各单位一把手亲自挂帅、全面引导、宏观把控，确实保障精益化管理工作有效开展。

• 循序渐进原则。从自身的实际情况出发，分阶段选择适当目标，坚持持续改进，循序渐进，不断提升管理水平，形成精益化管理的长效机制。

（2）总体目标

通过开展精益化管理活动，建立公司精益化管理体系架构和精益文化，营造浓厚的精益文化氛围，积极倡导"消除浪费、创造价值、持续改善、精益求精"的精益理念，建立精益化管理的长效机制，提升公司经济效益。达到六个目标要求：一是管理思维转变，工作方法改进；二是浪费因素消除，效率效益提升；三是资源配置高效，现场规范有序；四是管理体系完善，管理水平改进；五是信息平台完善，办公效率提高；六是员工素质提高，促进共同发展。

（3）成立推行机构

精益化管理作为重点推行项目，其管理工作应由公司一把手牵头组织，主要领导负责。精益化管理领导小组负责相关精益化管理工作的决策事宜，小组下设精益化管理办公室，负责具体实施工作。精益化管理专员隶属于精益化管理办公室，负责直接与各生产单位沟通、协调并推广精益化管理工作。

（4）精益化管理推行步骤

① 初步建立精益化体系，完成指导性文件的编制和下发阶段（2016年3月）。

根据推行精益化管理的指导思想、工作原则和总体目标，结合公司及系统各单位实际，初步建立公司精益化管理体系，完成精益化管理实施指导意见的编制和下发，指导意见要科学合理、符合实际、切实有效、可实施性强，确保本部及系统各单位有效开展。

② 系统诊断阶段（2016年4月）。

总结经营管理现状，收集历史数据，对标管理等手段做出分析诊断，明确下一阶段改进重点与方向。在前期调研掌握大量信息的基础上，对精益化管理进行系统诊断，总结经验，分析不足，提出优化思路，为下一步方案设计与实施工作夯实基础。

③ 实施方案的建立阶段（2016年5月）。

公司本部各部门及系统各单位根据精益化管理推行指导意见和精益化管理体系内容，针对公司及系统各单位生产经营管理现状，完成精益化管理实施方案的编制和下发。

④ 重点突破，整体发力阶段（2016年6—11月）。

针对定下来的实施方案和计划，必须本着执行第一、落实为要、立说立行，严格对照目标任务，严把时间节点，抓住关键，持续发力，有效突破，确保按照限定时限要求将问题全面整改到位。2016年主要从安全管理、生产组织、设备效率、队伍建设、7S管理、科技创新、精益文化管理等七个方面重点突破。

⑤ 检查验收，总结提升（2016年12月）。

由公司精益化管理办公室牵头，对各单位的精益化管理工作开展效果和质量逐个检查验收把关，纳入绩效考核。同时在推行精益化管理的过程中，对相关经验进行系统性总结，改进形成规范性文件，以备推广使用。在精益化推行过程中，体系各模块之间出现的不匹配问题，及时进行有效的系统协调。

（5）精益化管理体系

围绕公司及系统单位生产经营管理重点内容和要素，初步构建精益化管理体系的15大模块（安全管理、生产组织、设备效率、煤炭销售、工程建设、物资管理、信息化建设、队伍建设、投资规划管理、财务管理、监察审计、7S管理、科技创新、行政办公、精益文化），41个要素，保证体系落地。具体内容如图2-2所示。

（6）构建保障体系

① 组织机构保障。

② 制度体系保障。

③ 考核体系保障。

④ 精益文化体系保障。

⑤ 人力资源保障。

⑥ 创新体系保障。

（7）保障措施

① 一把手工程，全员参与。精益化管理是一项系统工程，需要一把手挂帅，公司系统各单位一把手是第一责任人，必须高度重视，牵头组织，全员参与。公司系统各层级精益化管理都要同步展开，本部相关部门围绕公司"找准问题、精准发力、补齐短板、提质增效"战略部署，树标杆、补短板、求实效，从精益化管理"持续消灭浪费，不断创造价值"的思想出发，以"提质增效"为目标，对业务进行现状诊断，找出当前存在的突出问题和薄弱环节，制定切实可行的改善措施，减少浪费，提高效率，提升管理水平和经济效益。

② 编制实施方案，逐步开展实施。各实施单位要根据公司实施方案，制定实施方案，并结合实际，按月制定具体工作计划；同时要在每月5日前向公司领导小组办公室报送上个月精益化管理开展情况及存在的主要问题。

③ 加强指导监督，确保顺利实施。公司活动领导小组办公室组织各实施单位每月要对各单位精益化管理开展情况、报送材料的质量和及时性进行考核评价并进行通报，以推动各实施单位工作的深入开展。

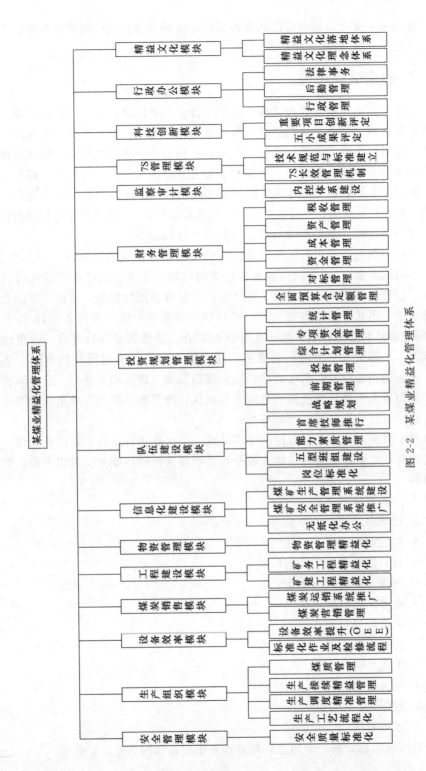

图 2-2 某煤业精益化管理体系

各煤炭企业可以结合自己的业务实际，编制适合自己的精益管理推行方案与行动计划。

3. 确定试点单位

企业全面推行精益管理之前，必须选择试点单位进行试点，体现成果，建立改善样板区域。试点单位的选择既可以是一条生产线，也可以是一个车间，一个区队；既可以是较为先进的单位，也可以是相对比较落后的单位。但试点单位负责人必须具有较强的领悟力，对精益管理有充分的认识，具有精益管理的理念。

任何改善都是建立在对美好的期望基础上的，要让员工真正接受变革，必须让员工看到实际成果，并且很多精益工具也需要在实际实施过程中才能诠释优点。

以下对选择一条生产线与流程说明试点过程。

选择一条生产线进行示范改善。有的企业把示范线改善叫作"对象线改善"或"小范围改善"，改善的内容要尽可能运用精益工具，选择示范线进行改善的时候，应该选择流水作业的线，要认真确认好改善前的状态，包括：成品及使用零件清单、现状平面布置布局图、现状物与情报流程图、现行各工程 C/T 时间（周期或循环时间）调查、线边库存状况调查、送货频率及数量等。改善应该循序渐进，并落实每个事情的责任人，还应注意多运用头脑风暴的方法，集思广益；改善的信息应及时向改善小组内的成员发布，确保同步进行，合作顺畅；改善小组负责人要每日对改善的进度进行确认；改善要及时做好成果统计和成果发布，让全员感受到精益生产的好处。

对于煤炭企业来说，选择一个区队或几个区队进行试点，对区队工作、环境进行改善，需要首先进行区队业务分析，然后选择核心业务。具体来说，包括以下内容：

- 改善前后状态；
- 现场布局图；
- 材料配件消耗；
- 材料配件需求与到达时间；
- 现场设备清单与状态；
- 业务完成时间；
- 主要障碍与问题；
- 对标指标；
- 主要目标；
- 改善措施；
- 责任人；
- 改善效果。

区队可以建立起一个精益管理的操作手册，结构如表 2-6 所示。

◈ 表 2-6　区队精益管理操作手册结构

序号	主题	基本内容	备注
1	精益目标分析	①对标找差 ②目标内容 ③现状分析	
2	生产组织优化	①业务分析（包括问题、原因、措施等） ②队组流程标准（现状、问题、原因、对策） ③队组操作标准（现状、问题、原因、对策）	
3	材料配件使用	①材料配件分类 ②精益管理前的材料配件使用的分类分析 ③改善措施	
4	队伍能力提升	①岗位分析与岗位职责 ②岗位胜任力 ③培训管理	
5	设备效能提升	①设备类别与状态 ②设备效能分析 ③设备效能提升措施（TPM）	
6	现场5S活动	①现场诊断与现场标准 ②现场5S活动内容 ③现场5S活动效果	
7	持续改善与创新管理	①持续改善与创新项目管理机制 ②持续改善项目管理与推进 ③创新项目管理与推进	

4. 整体推进计划

企业精益管理试点一段时间之后，应该进行总结，然后制定全面推进计划，着手精益管理的全面推进工作。

精益管理实施的过程，既是各种精益工具的不断学习与运用的过程，也是全员不断参与持续改善的过程，以及全员改善习惯的养成过程。因此，精益管理的推进，应该是让企业的各个职能部门主动学习并配合运用精益生产的工具，如生产管理、制造和物流部门应配合做好拉动生产，设备部门推动全员设备管理、快速换线换模，品质部门推动全面质量管理等。负责推动精益管理的部门应根据系统的计划，做好示范线改善的同时，做好重点改善的指导和支持。

精益管理利用各种精益工具，包括工业工程技术来消除浪费，着眼于整个生产流程，而不只是个别或几个工序。样板线的成功要推广到整个企业，使操作工序缩短，推动式生产系统被以顾客为导向的拉动式生产系统所替代（这是由精益管理的价值原则与拉动原则确定，煤炭企业也是一样）。

【阅读材料 2-6】　某企业精益管理推进计划表

某企业精益管理推进计划表见表 2-7。

表2-7 某企业精益管理推进计划表

工作内容		预定目标	实施单位	相关单位	评审单位	时间进度/月											
						1	2	3	4	5	6	7	8	9	10	11	12
一、组织落实、宣传教育	1. 成立精益生产工作组	①工作组有组织，有领导；②人人了解精益生产知识	综合部	各部、工段					15日								
	2. 开设精益知识讲座，组织员工学习精益知识，重点对中层干部进行培训																
	3. 开展精益生产知识问卷考试																
	4. 成立总装、焊接、缝纫、冲剪精益生产线四个专业组																
二、制度落实	1. 制定精益生产管理办法	精益生产规范，有序开展							11日								
	2. 制定精益生产线验收办法								11日								
	3. 制定工作组职责								8日								
三、实施	1. 对照精益生产标准，排查问题 (1) 生产管理方面 a. 由产销计划制定生产计划。工段分解到零部件、工序	①问题清楚；②措施明确；③生产管理，生产线符合精益生产标准；④生产成本低，受控指标；⑤作业现场符合7S；⑥生产线能柔性生产；	制造部、工段	制造部	工作组				20—30日								
	b. 工段间后一道工序向前一道工序要货计划			销售部													
	c. 生产计划和工序转移实行看板管理		工段	制造部													
	d. 在制品定额、现场在制品不超储备定额、定置摆放、过目知数标识清楚																

续表

工作内容		预定目标	实施单位	相关单位	评审单位	时间进度/月											
						1	2	3	4	5	6	7	8	9	10	11	12
三、实施 1. 对照精益生产标准，排查问题	(1)生产管理方面	e. 生产安排能满足准时化生产，满足工序间均衡衔接，无停工待料现象	工段	制造部													
		f. 工段建立零部件、在制品投入产出台账			工作组												
		g. 达到精细化、过目知数															
		h. 生产现场无闲置设备、工装，在用设备工装有日保养计划，使用状态良好	制造部	工段													
		i. 有设备一、二级保养计划，易损件有备件，设备故障预防为主，维修及时															
		⑦安全可控：全年无重伤事故，轻伤事故≤4起； ⑧全年无批量质量问题，产品一次交验合格率≥98.5%，废品率≤0.5%															
		j. 设备、工装、工具有安全操作规程，生产人操作符合规定	工段	制造部	工作组												
		k. 设备、工装、工具、作业现场符合安全性评价规定，工段全年轻伤≤1起，重伤事故为0															

续表

工作内容		预定目标	实施单位	相关单位	评审单位	时间进度/月											
						1	2	3	4	5	6	7	8	9	10	11	12
三、实施	1.对照精益生产标准,排查问题	(2)工艺、劳动管理	a.按工序流程布置设备、工装,人机组合合理,没有明显的无效走动距离和等待时间		技术部、制造部	工段	工作组										
			b.工段内上、下道加工产品进行动态流动,无静止存在														
			c.同一工位能安排多品种生产														
			d.在循环时间内能完成多道工序			制造部											
			e.上、下道工序产品转移距离短,减少无效距离														
			f.产品摆放合理、规范,拿取方便														
			g.生产线人员应适应一岗多能,工段长、线长为全线通			综合部											
			h.作业指导书、检验指导书、设备点检卡、安全操作规程完整,放在作业现场			制造部											

续表

工作内容	预定目标	实施单位	相关单位	评审单位	时间进度/月											
					1	2	3	4	5	6	7	8	9	10	11	12
三、实施 1. 对照精益生产标准，排查问题 (3)质量管理	a. 生产人员掌握产品质量控制标准、检验方法，并能认真进行自检，做好自检记录	工段	质量部													
	b. 生产人员按工艺规范操作，无违章作业，并做到不合格品不接受、不制造、不传递	工段	质量部													
	c. 产品质量状态清晰，不合格品严格隔离	质量部	工段	工作组												
	d. 检测手段完备，能满足产品质量控制需求	质量部	工段													
	e. 工装、模具、检具实行周检并有记录															
	f. 产品质量稳定，不合格品小于控制指标，质量问题及时有效解决，具有可追溯性															
	g. TS16949程序文件有效执行															
	h. 产品质量实行奖惩考核															

续表

工作内容		预定目标	实施单位	相关单位	评审单位	时间进度/月											
						1	2	3	4	5	6	7	8	9	10	11	12
三、实施 1.对照精益生产标准,排查问题	(4)物流管理	a. 原辅材料、外协件采购计划量不超过最高储备定额	物流部	制造部													
		b. 原辅材料、备件、产成品有最高和最低储备定额		制造部													
		c. 原辅材料、工具、备件有消耗定额指标,低值易耗品有定额,并分解到工段、个人	技术、物流部	制造部、工段													
		d. 开展成本核算	物流部、工段	物流、财务													
		e. 严格按生产计划限额配套及时投料	物流部	制造部	工作组												
		f. 库存产成品、原辅材料定置、定区域摆放,包装规范,开箱如数、账、卡、物相符	物流部	制造部													
		g. 物流流向合理,搬运中没有无效劳动和浪费	制造部	工段													
		h. 有物料投入产出台账,且投入、产出平衡	物流部	制造部													

续表

工作内容		预定目标	实施单位	相关单位	评审单位	时间进度/月											
						1	2	3	4	5	6	7	8	9	10	11	12
三、实施 1. 对照精益生产标准，排查问题	(5) 设备、工装管理	a. 设备、工装状态完好，标识正确，无闲置设备	工段	制造部													
		b. 设备有预修、预检计划，日保养计划并正常执行。操作工参与设备保养	制造部														
		c. 设备、工装维修及时，未影响生产															
		d. 有设备、工装维修保养台账															
	(6) 现场管理 (7S)	a. 作业现场实行定置管理，产品和物料定置摆放，标识清楚，正确		制造部	工作组												
		b. 工作现场无杂物															
		c. 工作环境清洁															
		d. 生产人员规范着装，统一，操作规范，安全防护措施符合标准															
		e. 设备、工装、工具清洁		制造部 工作组													
		f. 产品和物料摆放合理，占容空间小															

续表

工作内容		预定目标	实施单位	相关单位	评审单位	时间进度/月											
						1	2	3	4	5	6	7	8	9	10	11	12
三、实施	2.制定改进方案																
	(1)创建总装精益生产线方案			制造部工作组	工作组												
	(2)创建焊装精益生产线方案			制造部	工作组												
	(3)创建缝纫精益生产线方案			制造部	工作组												
	(4)创建冲弯精益生产线方案			物流部	工作组												
	(5)库房精益管理方案			物流部工段	工作组												
	(6)工段、个人成本核算方案			工段	工作组												
	3.对精益线、库房精益管理方案进行评审、修改、确认									11日							
	4.按照方案组织实施		制造部							15日							
	5.按照精益生产标准检查、整改、验收	符合标准									10日						
四、评审	组织对四条精益生产线运行效果评审										30日						

三、评估与考核

精益管理的推进必须建立评价考核机制,这里只强调精益管理推行过程中,必须有评价、考核阶段,通过建立评价考核机制,确保精益管理推行的效果与成果巩固。

【阅读材料 2-7】 某水泥厂精益管理推行评价标准

某水泥厂精益管理推行评价标准见表 2-8。

◇ 表 2-8 某水泥厂精益管理推行评价标准(100 分)

评价对象:各单位　　评价实施:精益管理领导小组、精益办　　评价周期:月度

评价项	细分项	精益管理要求	分数	考评标准	备注
1. 组织领导 (8 分)	(1)建立精益管理推行组织	①建立本单位精益管理推行组织,要求单位负责人任推行组长; ②推行组织分工明确,推行范围覆盖本单位所有责任区	3	任一处不符合项,每项扣 2 分	
	(2)精益管理推行组织有效运作	①本单位主要领导要参与精益管理工作,并对精益管理改善工作有效支持; ②按分工有效推进本单位各责任区工作,无明显落后班组或区域; ③有精益管理推行组织活动记录; ④精益管理推进工作措施得当,扎实有效	5	任一处不符合项,每项扣 2 分。 考评组根据各单位领导重视情况及执行效率,适当加(减)0~2 分	
2. 培训学习 (17 分)	(1)参加公司精益管理培训学习	①按要求参加公司精益管理培训学习,不无故缺席; ②积极参加培训课堂各项活动	5	每缺少 1 人次扣 1 分。 主动参与培训互动每人次加 0.5 分	

续表

评价项	细分项	精益管理要求	分数	考评标准	备注
2. 培训学习（17分）	（2）完成相关考试和作业	认真学习并完成相关考试和作业；试卷未交者按照缺勤执行；培训后两日内上交培训笔记活页	5	考试成绩低于80分，每人次扣1分。各单位考试人员平均分第一名加1分，第2名加0.5分。培训笔记活页每缺少一人次扣1分；未按期上交笔记活页扣1分	
	（3）内部再培训和转化	①结合公司培训进行内部培训学习和讨论，形成相关记录；②将培训知识转化为本单位改善应用；③有计划分步编制本单位内部培训学习资料；④有计划分步编制本单位员工应知应会知识手册；⑤利用板报、微信等丰富培训学习方式和内容	7	任一处不符合项，每项扣2分。当期不涉及的项目不扣分	
3. 宣传推进（5分）	精益管理宣传推进工作	①利用各类会议、改善活动宣传推进精益管理；②通过看板、展板、QQ群、微信群等宣传推进精益管理，及时传达公司文件和要求，传达分享知识和资料；③通过总结评价、考核激励等宣传推进精益管理；④相关宣传推进工作有记录、有照片；⑤利用QQ群、看板、展板等展示改善成果，曝光问题	5	任一处不符合项，每项扣3分。本期工作中不涉及的不扣分	

续表

评价项	细分项	精益管理要求	分数	考评标准	备注
4. 诊断策划及改善策划（22分）	(1) 开展精益管理自主诊断	①每月至少开展一次本单位精益管理诊断策划活动； ②有效识别专题工作差距和问题； ③针对存在的问题有原因分析研讨； ④相关工作有文件记录、有照片； ⑤每月10日前形成自主诊断策划表，注明诊断项目完成情况，报精益办	11	任一处不符合项，每项扣3分	
	(2) 开展精益管理改善提案及策划	①基于诊断制定形成精益管理改善计划和方案； ②改善计划工作事项明确，责任人明确，时间进度明确； ③对于本单位优秀提案进行评优奖励，并公示； ④提案汇总形成改善提案申报表及登记表，每月10日前报精益办； ⑤改善提案确保质量，不重复申报	11	任一处不符合项，每项扣3分。 提案被公司评为优秀提案的，每项加1分。 月度提案人均数量排名第一的单位加2分。第2名加1分，最后一名减1分	
5. 改善实施及红牌作战（26分）	(1) 按要求完成公司安排的精益管理工作	①按要求完成安排的精益管理工作； ②按要求完成精益办、咨询组所安排的改善工作； ③按要求反馈精益改善工作进展； ④相关工作有总结、有成果、有记录	7	任一处不符合项，每项扣2分	
	(2) 有效完成本单位改善策划中的当期工作	①有效完成本单位精益管理改善策划中的当期工作； ②相关工作有总结、有成果、有记录； ③对于优秀改善成果，单位内部进行评优奖励，并公示； ④改善成果汇总形成改善成果汇总表，每月10日前报精益办； ⑤改善成果确保质量，不重复申报	9	任一处不符合项，每项扣3分。 改善成果被公司评为优秀成果的，每项加1分。 月度改善成果人均数量排名第一的单位加2分，排名第二的单位加1分，倒数第一的扣1分	

续表

评价项	细分项	精益管理要求	分数	考评标准	备注
5. 改善实施及红牌作战（26分）	（3）红牌作战	①按照"四定"要求，对红牌落实责任，并抓好整改；②做好红牌作战资料整理，形成月度整改情况报告，于每月10日前报精益办；③整改完成的红牌每月10日前交回精益办备案	10	任一处不符合项，每项扣2分。一项不整改扣2分；整改不彻底的，每项次扣1分。同一地点整改验收后，出现问题反复的，每项次扣2分。	
6. 制度完善（6分）	管理制度和标准修订完善	①结合精益管理改善工作，修订完善本单位管理制度；②完善本单位相关各项操作规程、作业标准等；③相关制度标准管理有效、便于使用；④相关制度标准修订工作有记录；⑤对于修订的制度标准组织培训，形成记录，成绩汇总	6	任一处不符合项，每项扣2分。	
7. 总结考评（10分）	开展精益管理阶段总结	①按要求开展精益管理阶段总结，如按PPT模板总结和提报，汇报材料于每月10日前报精益办；②注重改善实际效果，追求指标量化成果，追求现场可视成果；③按要求进行改善成果发布汇报；④各单位第一负责人汇报本单位月度精益管理推进情况	10	任一处不符合项，每项扣3分。不是第一责任人汇报的扣2分。汇报质量由发布会评委进行现场打分	
8. 考评激励（6分）	精益管理考评激励	①形成本单位精益管理考评激励办法，改善提案、改善成果奖惩考核细则；②结合阶段总结和日常推进，实施本单位内部精益管理考评激励；③有奖有罚，每月评选出本单位改善优秀典型并公示，曝光和处罚不作为人员；④考评激励做到公平、公正、公开，接受员工监督；⑤考评结果形成文件，并报精益办	6	任一处不符合项，每项扣3分。本期不涉及的暂不执行扣分	

小结：精益管理总体工作，共8评价项13细分项，共55条精益管理要求，总分100分。根据各月推进重点，各项工作分值所占比重适当调整

第三章
煤矿推行精益管理必须明确目标方法

煤炭企业推行精益管理需要明确目标与推行的方法，目标是行为的导向，有了目标才能知道方向；方法是保障，是有效推行精益管理的基础与指引，可以快速达到目标。

一、煤矿精益推行需要明确目标

著名的管理大师彼得·德鲁克说:"所有企业管理,说到底都是目标管理。"许多时候企业推行一种管理体系、管理内容时会乱成一团,主要是目标不一致所造成的结果,企业无法聚焦目标,也就无法共同发力。德鲁克认为,并不是有了工作才有目标,而是有了目标才能确定每个人的工作。企业的使命和任务,必须转化为目标。如果一个领域没有目标,这个领域的工作必然被忽视。在一个好的组织里,通过目标进行管理,并且把企业的组织目标变成员工的共识。推行精益管理体系,本质上需要目标聚焦,企业需要开始朝着同一个方向去努力,明确的、清晰的目标对于精益管理的推行尤为重要。

1. 丰田精益生产的目标

作为一家向社会提供产品与服务的企业来说,把产品与服务卖出去,能够挣钱才是企业存在的终极目的。但这只是一个总体的目标,问题在于这个总体目标怎么指导企业的生产过程,把员工的意志凝聚在这个总体目标之下。所以明确企业总体财务目标之后,在目标管理上需要做三件事:

① 分解目标,以便不同层次的员工有努力的方向;

② 以总体财务目标为基础拓展目标系统,把财务目标与非财务目标结合起来,形成目标体系;

③ 建立目标完成的内驱动机制与评价机制。

丰田企业运营的目标就是获取利润,挣钱,但丰田持续把这个目标转化为可以引导员工努力工作的目标与方向,所以丰田的目标与具体的运营过程结合,建构起丰田目标驱动系统。丰田企业精心设计了卓越的经济发展战略目标,并且还将其目标变为深入人心并且贯彻到底的经营理念,其创业者一开始就确立了丰田人的使命,"通过汽车去献身社会造福人类。让每个员工时刻不能忘记开发新技术,生产符合时代需要的汽车。"丰田公司把"实现全公司整体性的利润"作为总体目标,这与现代企业向社会提供日益增长的商品和服务,追求利润目标最大化是一致的,符合当今经济增长需要的不断调整制度、创新产品、调整观念的思想。丰田为了实现总体目标还对总体目标进行分解,形成自己的基本目标系统,那就是彻底消除一切浪费。消除浪费是丰田生产方式中管理方法的核心,已成为丰田考虑一切问题的基本点和出发点。除了总体目标和基本目标以外,丰田公司的目标进一步分解为以下三个子目标。

① 产品交期,确保及时地生产出数量和品种都能满足市场需求的产品,并能对市场需求的变化作出迅速的反应,杜绝过量生产,实现在库为零。

② 产品质量，包括每一道工序需向下一道工序提供 100% 质量合格的产品（或零部件），不生产次品。

以上满足市场需要的产品交期与质量目标是一个企业最理想的生产状态，是以市场需求为源头，满足顾客对品种、数量和质量需要，最大限度地减少产品积压和资金占用。

③ 尊重人性，生产过程中的一切活动都离不开人的参与，人力资源是企业一切资源中最重要、最宝贵的资源。尊重人性是丰田企业特色文化的灵魂，以合理建议和 QC 活动为载体发挥员工的创新思想，充分调动员工的积极性。丰田公司成立以来，始终遵循创业者坚持的方向，不断开发新技术，生产符合时代需要的产品。丰田把整个公司视为一盘棋，以"实现企业整体性的利润"为总目标，奠定具有特色的丰田生产方式的思想基础。

基于丰田的总体目标、基本目标与子目标，有些专家认为，丰田公司在生产运营过程中的具体目标内容包括如下十二个方面。

① 消除八大浪费。任何企业运营过程中普遍存在的八大浪费：过量生产、等待时间、运输、库存、过程（工序）、动作、产品缺陷以及忽视员工创造力，只有从根本上消除这些浪费，企业才能快速发展起来。

② 降低企业库存。精益生产方式与管理是一种追求无库存生产，或使库存降低到极小的生产系统，目的就是为了降低成本，需要高效的流程、稳定可靠的品质来保证。

③ 建立无间断流程。将流程当中不增值的无效时间尽可能压缩以缩短整个流程的时间，从而快速应变客户的需要。

④ 关注流程总体效益。改进流程的目标是提高总体效益，而不是提高局部的部门效益，为了企业总体效益即使牺牲局部的部门效益也在所不惜。

⑤ 全过程的高质量，一次做对。质量是制造出来的，而不是检验出来的，检验只是一种事后补救，不但成本高而且无法保证不出差错。企业应将品质建立于设计、流程和制造当中去，建立一个不会出错的品质保证系统，一次做对。

⑥ 顾客需求是源头。在需要的时候，按所需要的数量生产，生产与销售同步。也就是按照销售的速度来进行生产，这样就可以保持物流的平衡，任何过早或过晚的生产都会造成损失。

⑦ 满足顾客需要。持续提高顾客满意度，尽管产品供不应求，在一切准备工作就绪以前，从不盲目扩大规模，保持稳健务实的作风，以赢得顾客的尊敬。

⑧ 尊重员工，授权员工。尊重员工就是要尊重其智慧和能力，给他们提供充分发挥聪明才智的舞台，为企业也为自己做得更好。员工实行自主管理，在组织的职责范围内自行其是，不必担心因工作上的失误而受到惩罚，出错一定有其内在的原因，只要找到原因施以对策，下次就不会出现了。

⑨ 标准化与工作创新。标准化的作用不言而喻，但标准化不是一种限制和束缚，而是将企业中最优秀的做法固定下来，不同的人来做都可以做得最好，发挥最大成效和效率。标准化不是僵化、一成不变，标准需要不断地创新和改进。

⑩ "自我反省"和"现地现物"。"自我反省"的目的是要找出自己的错误，不断地自我改进。当错误发生时，并不责罚个人，而是采取改正行动，并在企业内广泛传播从每个体验中学到的知识。

⑪ 精益供应链。供应商是企业长期运营的宝贵财富，是外部合伙人，需要信息共享，风险与利益共担，精益生产的目标是降低整个供应链的库存，而不是转嫁。企业需要进行流程改造，确保真正降低整个供应链库存，而不是简单地将库存从一个地方转移到另一个地方，挤压供应商。

⑫ 团队工作。企业中灵活的团队工作已经变成一种最常见的组织形式，同一成员同时分属于不同的团队，负责完成不同的任务，企业是由很多强有力的团队组成的。

2. 目标管理与战略目标系统

（1）目标管理的含义与做法

① 目标管理的含义。1954 年，管理大师彼得·德鲁克在其名著《管理的实践》中提出了"目标管理"的概念，并提出了"目标管理和自我控制"的主张。如果一个领域没有目标，这个领域的工作必然被忽视。目标管理理论的提出是德鲁克对管理学界的一个伟大贡献，美国前总统布什在把 2002 年度的"总统自由勋章"授予德鲁克时，便指出他的三大贡献之一就是提出了目标管理理论。

目标管理就是强调组织中的上级和下级一起协商，根据组织的使命确定一定时期内组织的总目标，由此决定上、下级的责任和分目标，并把这些目标作为组织经营、评估和奖励每个单位和个人贡献的标准，基本框架如图 3-1 所示。德鲁

目标	关键结果	计划执行
我想去哪里？对未来要实现的目标进行描述；设定明确的目标方向，可以将目标视为地图上的目的地。	我怎么知道我到达哪里？关键结果是目标具有可衡量值的描述，因果关系该值用于衡量目标的进度；关键结果就像一个带有距离的路标，显示与目标的距离。	我怎么达到哪里？执行是对关键结果的工作描述，支撑关系。如果目标是要到的目的地，关键结果显示了要去的距离，那么执行描述了将要做的事情(开车或乘高铁、飞机等)。

图 3-1 目标管理框架

克主张，管理人员日常工作中一定要避免"活动陷阱"，不能只顾低头拉车，而不抬头看路，最终忘了自己的主要目标。目标管理的一个重要概念是企业战略规划不能仅由几个高管来执行，所有管理人员都应该参与进来，这将更有利于战略的执行；另一个相关概念是，企业要设计有一个完整的绩效系统，它将帮助企业实现高效运作。

目标管理提出以后，正值西方经济自第二次世界大战后由恢复转向迅速发展的时期，西方企业急需新的管理方法来把企业引向欣欣向荣，目标管理可谓应时而生，逐渐被广泛使用，并很快风靡到日本和西欧国家。但关于"什么目标""目标管理的真正含义是什么""如何确定目标""如何激励员工实现目标"等方面，企业主观地按照自己的逻辑进行了诠释，结果在实践中的目标管理所取得的效果与理论陈述相差甚远。

② 对企业目标的认知。德鲁克强调，目标既要有一定的难度又要切实可行。在设置目标的时候，可以遵守四个基本原则：一是目标一定要明确，不能宽泛，比如不能设置"成为一流公司"这样的目标，因为这个目标太宽泛，没有标准；二是目标要可以衡量，可以检验，能够数量化并能够验证；三是目标要平衡，因为任何一个组织或者个人都会有多个目标，所以目标之间要平衡；四是目标要有预算，预算可以书面说明，书面表达的目标可以保证符合逻辑。煤炭企业目标分解框架如图3-2所示。

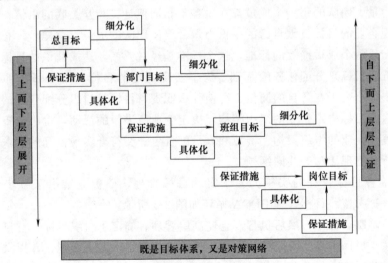

图3-2 煤炭企业目标分解框架图

一般的企业管理中，目标有两种，一种是经营性目标，是硬性的，比如财务上的销售额、利润、成本、质量等指标；另一种是管理性目标，是软性的，比如效率、流程和服务。管理类的软性目标依照成本控制和效率提升来设置，比如部门预算、流程响应时间、内部服务满意度等。

企业目标管理中的目标内容广泛，是方向引导，需要对目标有充分的认知：

第一，目标是方向。企业确定自身的使命和战略后，必须用目标把使命和战略诠释出来，目标引导着企业向既定的方向前进，实现特定的组织使命和战略。

第二，目标是承诺。企业高层管理者制定目标，下属执行目标，这并不是真正的目标管理。真正的目标管理强调企业的管理层和执行层共同对目标作出承诺，企业的每一个员工都明确知道企业要做什么，自己要做什么。只有如此，目标在执行和实现的过程中才不会遭遇太大的阻力，即使遇到困难，大家也会竭尽全力地想办法克服。

第三，目标是动员企业的资源和能力以实现未来的手段。目标只是企业对未来的一种想象，并不意味着企业会必然到达理想的彼岸。推行目标管理时，企业常犯的错误之一就是"把精力放在解决问题上，让机会溜走"，企业的管理者往往把最好的人派去解决问题，把资源放到"昨天"而不是"明天"上。目标本身是为了使企业的管理者能够实现企业的"未来"而在"现在"采取的手段，所以企业在进行目标管理时，要规避那些本末倒置的做法。

第四，目标是用来衡量企业绩效的标准。目标成为企业上下的共同承诺，目标就是衡量企业绩效的标准。企业需要建立一个团队并把团队所有成员的努力拧成一股力量。团队的每一个成员都在做各不相同但是又相互关联的事情，他们都在为实现企业的目标贡献自己的一份力量。要使团队的成员都这样做，企业必须有一个衡量每个成员绩效的标准，这个标准是经过协商，达成共识的目标。

第五，目标是分配任务的基础。为了实现既定的目标，需要哪些部门的配合，需要每个员工在各自的岗位上行使什么职责，目标是组织分配任务的基础。

第六，目标决定企业的组织架构，决定企业所进行的活动，也决定资源和人员的配置。企业的组织架构、资源和人员配置也需要符合实现目标的要求，目标是企业所有管理活动的共同纲领。

③ 企业目标管理的实施。关于实现目标管理，德鲁克给出了三步法：制定—分解—考核。目标管理 PDCA 循环如图 3-3 所示。

第一，制定目标，然后执行。企业高层管理者确定了组织目标，对目标之间的关联性、目标本身的阶段性、目标实现的过程与结果做出预判，并提供数据采集系统、差距检查与分析，提供及时激励制度的支撑。德鲁克强调，目标定下了，就不要再去讨论其合理性，要把重点放在看结果而不是"追根溯源"上。

第二，分解目标，任务、时间和考核要具体。制定目标的目的是实现，必须进行目标分解。德鲁克将分解目标视为管理者的工作，管理者不仅要制定目标，还要告知下属要分解目标，明确地告诉员工从何处开始，分几步完成。帮助员工分解目标是管理者管理水平的具体体现,在分解和分配任务的时候,还要对员工提出细化的执行建议和要求,明确期望和方法。

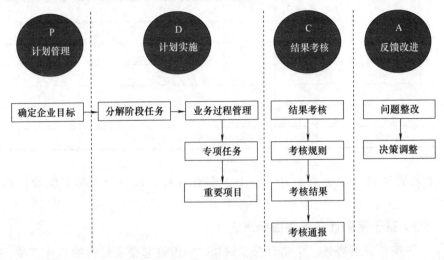

图 3-3 目标管理 PDCA 循环过程

目标分解必须有效,才能将企业目标转变成岗位的分目标,大目标变成小目标,小目标变成执行细则。进行目标分解必须注意三点:一是设定"够得着"的目标,过大、过高的目标不仅不会激发员工的动力,反而会削弱他们的信心,目标设定因素是挑战性与可实现性;二是分解的目标必须有时间限制,需要告诉员工明确未来某一段时间的核心业务;三是分解的目标要具体,例如"提高单位产量"这个目标就不具体,如果换成"每月提高 10t 产量"就具体清楚多了。

第三,考核目标,奖惩得当。不管是大目标还是小目标,时间到了必须复盘奖惩。在客观的考核、评价过后,对实现目标的过程进行复盘,对取得成绩的员工进行奖励,激励他们更好地实现更多的目标;目标没有完成也要给予惩罚,引导员工分析目标没有实现的原因。参见表 3-1。

◎ 表 3-1 目标管理绩效考核表

部门:　　　　　　岗位:　　　　　　姓名:　　　　　　时间:

类别	工作任务与目标	权重	是否完成	完成情况综述与原因分析	自评分	检查分
日常型						

续表

类别	工作任务与目标	权重	是否完成	完成情况综述与原因分析	自评分	检查分
达成型						
	合计					
	总评分		总评分＝自评分×30％＋检查分×70％			

主管签字： 　　　　　　　　　　员工签字：

目标管理就是让企业中的每一个人都有目标，每一个人都有实现目标的措施。

（2）基于平衡计分卡的目标系统

① 平衡计分卡概述。平衡计分卡（BSC）构筑起企业运营的目标系统，这个系统正好与精益管理的目标系统一致。

从1992年卡普兰与诺顿在《哈佛商业评论》发表的第一篇关于平衡计分卡文章起，BSC就获得了广泛的应用。BSC以企业战略为导向，通过财务、客户、内部业务流程、学习与成长四个方面及其业绩指标的因果关系，全面管理和评价企业综合业绩，是企业愿景和战略的具体体现，既是一个绩效评价系统，也是一个有效的战略与目标管理系统。BSC是一个衡量、评价企业的综合计分指标体系，是一系列财务绩效衡量指标与非财务绩效衡量指标的综合体，更是一种管理方法，其注意力主要放在企业组织战略目标的实现方面。因而，卡普兰和诺顿把"平衡计分卡作为战略管理体系的基石"。平衡计分卡的四个维度如表3-2所示。

◇ 表3-2 平衡计分卡的四个维度表

财务维度	主要关注的是如何满足所有的利益。企业在市场竞争中，必然要通过盈利获取生存与发展，因此财务指标是一个重要的指示器。企业力争改善内部流程，关注学习与成长，获取客户满意度，最终都是为了提升财务绩效
客户维度	主要关注客户如何看待企业，企业在多大程度上提供客户满意的产品与服务。在这方面重要的指标有：市场份额、客户满意度、客户保有率、新客户开发率等
内部业务流程维度	主要关注企业在哪些流程上表现优异才能实现战略目标。例如为获取客户的满意，为提供高质量的产品，为获取市场领先地位，在内部流程上要做到什么程度
学习与成长维度	主要关注企业必须具备或提高哪些关键能力才能提升内部流程效率，进而达到客户满意与财务绩效目标

第一，BSC是战略管理与执行的工具。BSC是在企业总体发展战略达成共识的基础上，通过科学的设计，将其BSC四个维度的目标、指标，以及实施步

骤有效地结合在一起的一个战略管理与实施体系。

第二，BSC是绩效管理的工具。BSC从四个维度设计适量的绩效指标，为企业提供的绩效指标具有可量化、可测度、可评估性，有利于全面系统地监控企业战略的执行，促进企业战略与远景的目标达成。

第三，BSC是企业各级管理者进行有效沟通的一个重要方式。为了战略的执行，必须将企业的远景规划与各级组织进行沟通，使企业所有员工都能够理解战略与远景规划，并及时地给予有效的反馈。

平衡计分卡是一个战略实施机制，它把组织的战略和一整套的衡量指标相联系，弥补了制定战略和实施战略间的差距，能使企业战略有效的实施。为了使企业战略有效实施，可逐步把组织战略转化为财务、客户、内部业务流程、学习与成长四个方面的衡量指标。

② 平衡计分卡的评价指标体系。平衡计分卡指标体系由四个部分组成。评价指标体系的选择应该根据不同行业和企业的实际情况，以及按照企业制定的战略目标和远景来制订。表3-3～表3-6详细而具体地列出了四个层面的常用评价指标。由于指标体系较多，可以把四个部分的指标进一步细分，这样便于对不同层面更为细致地考察，如表3-5，把内部运作流程的指标根据价值链的不同环节再细分为第二层指标：创新过程、运作过程、售后服务过程，而每一过程中又有不同的具体指标，列为第三层指标。这样，在计算过程中，可以得到创新过程、运作过程和售后服务过程的值，在对这些值进行横向和纵向的比较之后，可以更细致地发现问题产生于哪个环节。

◇ 表3-3　财务指标构成表

第一层指标	第二层指标	第三层指标
财务指标	盈利指标	净资产收益率
		总资产报酬率
		资产保值增值率
		销售利润率
		成本费用利润率
	资产运营	总资产周转率
		流动资产周转率/存货周转率
		应收账款周转率
		不良资产比率
	偿债能力	资产负债率
		流动比率
		速动比率
		现金流动负债比率

续表

第一层指标	第二层指标	第三层指标
财务指标	增长能力	销售增长率
		资本积累率
		总资产增长率
		三年利润平均增长率
		三年资本平均增长率
		固定资产增长率

◈ 表 3-4　市场或顾客指标构成表

第一层指标	第二层指标	第三层指标
顾客指标	成本	顾客购买成本
		顾客销售成本
		顾客安装成本
		顾客售后服务成本
	质量	质量控制体系
		废品率
		退货率
	及时性	准时交货率
		产品生产周期
	顾客忠诚度	顾客回头率
		流失顾客人数
		挽留顾客成本
	吸引新顾客能力	新顾客人数
		新顾客比率
		吸引顾客成本
	市场份额	占销售总额的百分比
		占该类总产品百分比

◈ 表 3-5　企业内部运作流程指标表

第一层指标	第二层指标	第三层指标
内部运作流程指标	创新过程	占总销售额的比例
		投入回报率
		新产品销售收入百分比
		研发设计周期

续表

第一层指标	第二层指标	第三层指标
内部运作流程指标	运作过程	单位成本水平
		管理组织成本水平
		生产线成本
		顾客服务差错率
		业务流程顺畅
	售后服务过程	服务成本/次
		技术更新成本
		顾客投诉响应时间
		订货交货时间
		上门服务速度

◇ 表 3-6 学习、创新与成长指标表

第一层指标	第二层指标	第三层指标
学习、创新与成长指标	员工素质	员工的知识结构
		人均脱产培训费用
		人均在岗培训费用
		年培训时数
		员工平均年龄
	员工生产力	人均产出
		人均专利
		员工被顾客认知度
	员工忠诚度	员工流动率
		高级管理、技术人才流失率
	员工满意度	员工满意度
		员工获提升比率
		管理者的内部提升比率
	组织结构能力	评价和建立沟通机制费用
		协调各部门行动目标费用
		有效沟通评估
		团队工作有效性评估
		传达信息或接受反馈的平均时间
	信息系统	软硬件系统的投入成本
		拥有的员工比例
		软硬件系统更新周期

不同的企业可以根据自己的具体情况，选取关键性指标，某银行的评价指标如表 3-7 所示。

◆ 表 3-7 某银行评价指标

财务指标	顾客指标
①投资报酬率； ②收入成长率； ③储蓄服务成本降低额； ④各项服务收入百分比	①市场占有率； ②与顾客关系的程度； ③现有顾客保留率； ④顾客满意度调查
内部运作指标	学习、创新与成长指标
①各产品或地区的利润与市场占有率； ②新产品收入占总收入比例； ③各种营销渠道的交易比率； ④顾客满意度； ⑤每位推销员潜在顾客接触次数； ⑥每位推销员的新客户收入额	①员工满意度； ②每位员工的平均销售额； ③策略性技术的训练成果； ④策略性资讯提供率； ⑤银行激励制度与员工个人目标相容的比率

3. 全面预算管理与战略目标落地

现代企业的董事会制定大的战略目标，高管层需要将大目标分解成可执行的小目标，各个部门负责人需要把小目标分解成本部门应当完成的部分。目标设置后就是筹备实现目标的资源，进入预算环节。预算把目标和资源连接在一起，最好的预算就是把资源安排得恰好满足目标的需求，但预算和目标必须留有调整的空间。预算为目标服务，只要满足目标的需求，预算就是成功。在经营过程中，全面预算对接企业战略目标，是关系着企业财务管理整体规划的行为，与此同时，企业的战略目标决定着企业短暂的运行方向，从量化工具运用的规划出发，通过全面预算管理优化调整资源配置，最大限度地降低企业经营成本，实现最大的经济效益。只有预算管理科学合理，才能为企业实现价值最大化提供保障。

（1）全面预算内涵与功能

全面预算管理是指企业在战略目标的指导下，对未来经营活动以及相应财务结果进行充分、全面的预测和筹划，并通过对执行过程监督，将实际完成情况与预算目标进行对照与分析，及时指导经营活动的改善和调整，以便帮助管理者更加有效地管理企业和最大限度地实现战略目标。全面预算是全过程、全方位、全员预算，全过程预算是指企业在组织各项经营活动的事前、事中和事后都必须纳入预算管理；全方位预算是指企业一切生产经营活动必须全部纳入预算管理；全员预算是指企业领导、分公司负责人、车间与部门负责人、各岗位员工必须全员参与预算管理。全面预算管理的前一步是战略与目标管理，后一步是绩效管理，全面预算管理是一个循环的过程，如图 3-4 所示。全面预算管理把企业战略转换成了可观测可统计的指标,结合企业实际业务发展,实时统计和比较,让企业了解到自己发展的状态和目标的差距,给业务部门界定经济职责的目标。

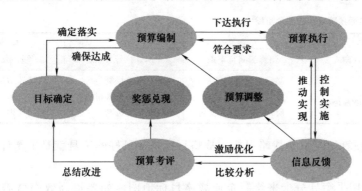

图 3-4　全面预算管理循环

现代全面预算的功能包括四个方面:

① 承接企业战略与总体目标,为战略落地提供保障。战略是企业的整体性规划,企业的一切经营活动都围绕着战略开展,战略目标是预算的核心内容,决定着预算的方向,战略规划以及随之编制的经营计划则是预算的基础,预算是战略规划及经营计划的量化工具,为战略落地提供实施路径及衡量标准。

② 优化资源配置,实现企业价值最大化。企业的资源都是有限的,需要进行科学分析,合理评估实现企业价值最大化的资源配置方式,预算则是企业资源配置及实现投入产出最大化的工具,优化企业资源配置是全面预算管理的一项核心功能。企业需要把有限的资源合理配置到企业各个业务流程的每个环节,最大限度地降低企业经营成本,实现最大的经济效益。

③ 在业务与财务高度协同、深度融合中发挥桥梁作用。战略目标是业务与财务的共同目标,而业务与财务是实现战略目标的两个重要抓手,因此两者必须高度协同、深度融合。全面预算作为业务计划的量化工具,能明晰战略、明确业务规模,确定业务计划,量化及细化计划对应的成本费用等资源投入,在业财融合中起到桥梁作用。

④ 提供管控标准,实现经营目标,提升企业绩效。全面预算围绕战略设定,企业在开展经营活动前,需要围绕战略目标制定业务计划,并且通过合理的资源配置,保证其最大程度创造绩效。预算是计划的量化工具,为实现企业目标及绩效达成提供经营目标的标准及管控依据,提升企业及员工的绩效,实现企业与员工的双赢。

(2) 全面预算管理阶段与目标落地

全面预算起点于战略目标,经过预算编制、执行、考核,才形成战略目标落地实施的闭环。全面预算每个数字前后都是行动计划和方案，没有以战略目标作为基础的预算，就只是一张表。全面预算管理有四个阶段，如表3-8所示。

◇ 表3-8　全面预算管理的四个阶段

阶段1 战略规划	阶段2 预算编制与审批	阶段3 预算执行分析	阶段4 预算考核评价
战略目标； 整体财务模型构建	制定预算编制依据； 更新预算编制套表； 质询、审批预算交付	预算调整机制； 经营分析预警机制； 滚动预测机制	业绩评估标准； 考核政策； 奖罚规则

全面预算的起点是战略目标，战略目标描述最好的工具就是平衡计分卡的战略地图。

① 运用平衡计分卡来绘制企业战略目标地图。如要提高效率就需重点提高交付率、库存周转、应收账款等；如果要提升效益，就得差异化产品、服务、渠道、质量等。这些是战略关注点，但有路径可依，目标是保证预算的高效执行。平衡计分卡是"打通"从战略到预算管理的工具；战略地图是战略描述、战略澄清的工具，可用一张A3纸把企业的战略规划画出来，浅显易懂地呈现；平衡计分卡、重点工作计划表是战略分解工具，是把战略规划分解成可以操作的、可以过程监控的指标和重点工作。战略和预算打通的关键在于战略分解，分解出企业每个部门未来一年的业务、成本目标、运营目标等，制定出实现目标的重点工作，再根据指标和重点工作需要，确定对资金、人员的需求，进而决定未来一年的预算、编制。

② 平衡计分卡是与业务紧密连接的，而预算的内容来自业务，业务运营就是从物流、生产、质量、工程这几个部门来讨论，预算的核心逻辑来自这里，而平衡计分卡的核心部分就是运营，理清了两者之间的关系，平衡计分卡有了抓手，全面预算就有了落地的可能。平衡计分卡是监控战略执行、财务计划落地的工具。简单来说，就是通过定期对分解的指标、重点工作完成情况进行分析，识别并解决问题。

全面预算管理与平衡计分卡二者结合的最大意义在于将企业组织战略、组织目标、绩效考核、资源配置、绩效监控进行有效联动，以促进组织发展战略的实现。如图3-5所示。

平衡计分卡是用来衡量企业战略绩效目标的一种很好的工具，基于组织战略定位，从财务、市场、运营、组织学习四个方面去分解组织的具体绩效目标，明确组织各个部门的年度工作任务目标。要完成这些目标工作任务，组织各部门及业务单元需要将其转换成年度行动计划，行动计划的实施需要组织配置相应的资源，包括人力资源、物资资源、资金资源等，这些资源用财务语言衡量后，就是相应的预算，而且是全面预算。因此，全面预算的编制、执行及监控的核心都是

第三章 煤矿推行精益管理必须明确目标方法

图 3-5　全面预算管理与平衡计分卡结合

围绕组织目标、绩效来开展，资源消耗多少应该带来或实现多少目标绩效，二者是联动匹配的关系。绩效目标没有实现时，要质询是否预算资源配置不到位或执行不到位，如果不是，那是否目标绩效定得不够合理，是否要对年度目标绩效进行调整，这样一来也会影响组织的发展战略规划安排。

平衡计分卡将企业的战略目标通过战略地图的方式转化为企业不同维度的目标，进而转化为企业不同部门、不同阶段的目标，克服了传统预算管理与企业战略脱节的缺陷，实现了战略目标和经营目标的一致。

4. 目标设置方法：标杆与对标

（1）标杆管理的含义与对标类型

标杆管理于 20 世纪 70 年代末由施乐公司首创，后经美国生产力与质量中心系统化和规范化形成的一种方法，国内也有称为基准管理、对标管理，通常包括标准标杆管理、流程标杆管理、结构标杆管理，包括一套将自己产品和服务的流程与竞争者和行业领导者相对比的过程。标杆管理是缩短与先进企业差距的一种最为捷径的管理方法。企业标杆管理过程的实质是通过学习标杆企业的先进经验或管理方式等,到模仿,最后不断地总结、创新,使企业从无序走向有序,从较低有序走向较高有序,本质是一个"学习-模仿-创新"的过程。

美国生产力与质量中心对标杆管理的定义:标杆管理是一个系统的、持续的评估过程,通过不断地将企业流程与世界上居领先地位的企业相比较,以获得帮助企业改善经营绩效的信息(其核心是向企业内或外的最优秀企业学习)。

标杆管理理论创始人罗伯特·坎普对于标杆管理的定义:通过将产品、服务、时间与某个强大的特定的竞争对手或是行业权威相比较的持续流程,以此带动流程优化,实现目标(国际标杆管理中心采用此定义)。

标杆管理是一个系统的、持续性的评估过程,通过不断地将企业流程与世界上居领先地位的企业相比较,以获得帮助企业改善经营绩效的信息。具体地说,标杆管理是企业将自己的产品、服务、生产流程、管理模式等同行业内或行业外的领袖企业做比较,借鉴、学习他人的先进经验,改善自身不足,从而提高竞争力,追赶或超越标杆企业的一种良性循环的管理方法。通过标杆管理的学习,企业重新思考和改进经营实践,创造自己的最佳实践,这实际上是模仿、学习和创新的过程。通过标杆管理,企业能够明确产品、服务或流程方面的最高标准,然后做必要的改进。

标杆管理通常分为四种:

① 内部对标。很多大企业内部不同的部门有相似的功能,通过比较这些部门,有助于找出内部业务的运行标准,这是最简单的对标管理。其优点是分享的信息量大,内部知识能立即运用,但同时易造成封闭、忽视其他企业信息。

② 竞争性对标。对企业来说,最明显的对标对象是直接的竞争对手,因为两者有着相似的产品和市场。与竞争对手对标能够看到对标的结果,但不足是竞争对手一般不愿透露最佳案例的信息。

③ 行业或功能对标。就是企业与处于同一行业但不在一个市场的企业对标。这种对标的好处是,很容易找到愿意分享信息的对标对象,因为彼此不是直接竞争对手,但现在不少大企业受不了太多这样的信息交换请求,开始就此进行收费。

④ 与不相关的企业就某个工作程序对标,即类属或程序对标。相比而言,这种方法实施最困难。

企业选择何种对标方式,是由企业的目标与对标的内容决定的。

标杆管理为企业提供了关于其人员、设备、服务以及流程究竟能做到多好的客观、有效的衡量指标,让企业认识到必须全盘打破以往的思维和经营方式,重大的经营改善活动在企业中不仅完全可行,而且成为企业生存所必须开展的活动;为企业描绘了一幅竞争对手为什么表现如此卓越的清晰的图画。英国有

60%~85%的企业参与标杆管理活动，国内应用标杆管理的企业包括国家电网、中石化、中海油、宝武钢铁、光明乳业、美的电器等。

（2）对标分析的流程与成功的要素

企业完整的对标分析流程应包含以下几个步骤：

① 确定对标领域。根据企业自身管理方面的薄弱环节，确定重点对标领域，如组织环节薄弱则可重点对标组织环节，业务环节薄弱则可重点对标业务环节。

② 明确对标类型。根据对标领域，确定是内部对标，行业内竞争对手对标，或是行业外优秀企业对标，或是程序对标，也可以同时选取前三种类型，而且大多数企业在对标分析时都会同时选取前三种类型，第四种类型单独作为对标的方式。

③ 确定标杆企业。根据对标类型，逐个确定标杆企业，同时应考虑到标杆企业应具备较好的代表性、较强的针对性和较优的操作性。

④ 开展对标分析。通过对比企业自身及标杆企业的差距，分析差距产生的原因，深挖标杆企业优秀做法。

⑤ 撰写对标分析报告。将标杆企业的优秀做法与企业自身的实际相结合，撰写对标分析报告，为企业下阶段的发展制定方案，明确措施。

通过这样严密的步骤，企业就能够在向对手学习的过程中完善自己、提升自己，从而获得长足的进步。尺有所短，寸有所长。只有怀着学习的心、向上的心，不断把超过自己的企业当标杆，才能一步步登上新的高峰。

虽然标杆管理具有很强的操作性和实践性，但也仍然是困难的，需要企业的管理层对整个企业、市场、产品等要素进行深度和总体把握，紧紧抓住标杆管理的关键成功因素，突破企业资源配置的限制，取得标杆管理实施的成功。

① 获得高层管理者的支持。只有得到高层管理者的大力支持和领导，才能调动企业的相关资源，实施标杆管理活动。

② 企业必须对标杆管理进行有效、正确的定义。标杆管理不是对标杆对象进行简单的比较分析，也不是对标杆对象一些成功的经营进行简单的复制和模仿，而是要结合企业自身特色进行有效、正确、深刻的定义。

③ 建立一套规范、系统的管理机制。企业在执行标杆管理的过程中，必须严格按照标杆管理计划，有效进行标杆管理。

④ 树立持续学习的企业文化观念。标杆管理的学习对象也处于一种持续不断的改善状态，因此向标杆对象学习也必定是一个不间断的过程，保持与标杆对象长期合作。

⑤ 鼓励员工主动参与标杆管理活动。标杆管理不仅是管理层的事情，更是全体员工的事情。员工往往是最先发现企业各个流程所存在的问题，如果在问题

较小的时候即通过实施标杆管理解决存在的问题,那么对于企业来说,将获得时间上的主动权,这将更有利于保持企业的竞争优势和地位。

(3)实施标杆管理的五个阶段

按照罗伯特·坎普的划分,标杆管理可以分为五个阶段,包括计划、发现与分析、整合、行动、绩效评估,如图3-6所示。

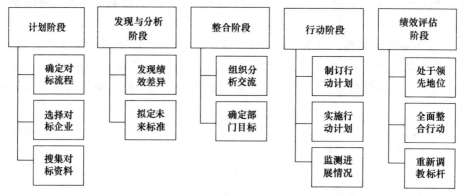

图3-6 标杆管理的五个阶段

① 计划阶段。

第一,确认对哪个流程进行标杆管理。实施标杆管理时,首先要对标杆目标进行选择,并确认对哪个流程还是全部流程进行标杆管理变革。实施标杆流程管理,必须基于明确的目标。

第二,确定用于作比较的企业。实施标杆管理必须对作为标杆目标的企业进行比较和选择;实地考察,搜集标杆数据;处理和加工标杆数据并进行分析;与企业自身同组数据进行比较,进一步制定自身改进方案。

第三,确定收集资料的方法并收集资料。实施标杆管理包括:收集相关资料、进行比较分析、跟踪学习、重新设计并付诸实施等一系列规范化的程序。

② 发现与分析阶段。

第一,了解作为标杆管理的企业。对收集资料分析得好坏直接关系到企业的标杆目标,如果分析准确得当,就可以顺利实施标杆管理。

第二,确定自己目前的做法与最好的做法之间的绩效差异。通过资料分析,企业应该对自己的优势和劣势有相当的了解,找到一条适合本企业的方法。

第三,拟定未来的绩效水准。分析的重点不在于企业掌握资料的多少,而在于企业能否根据掌握的资料快速拟定未来的标杆管理目标。

③ 整合阶段。实施标杆管理需要整合企业内部资源,解除实施标杆管理将面临的各种阻力,创建一组最佳的实践和实现方法。

第一,就标杆管理过程中的发现进行交流并获得认同。

第二，确立部门目标，执行标杆管理的各个部门之间，应该实现知识、经验和信息的共享。

④ 行动阶段。

第一，制订一个行动计划，确定企业的标杆管理目标，以及具体的实施步骤。

第二，实施明确的行动并监测进展情况。与作为标杆对象的企业相比较的同时，企业可以对实施效果的监测进行分析，帮助企业从竞争者和最好企业的比较中获得思路和经验，从而在激烈的市场竞争中冲出竞争者的包围，超越竞争对手。

⑤ 绩效评估阶段。企业绩效评估是对标杆管理考核的关键所在。

第一，企业标杆管理将促使企业管理和人员关系变得更加清晰透明，促使企业员工集中精力做好发展，从而促进企业在某些方面处于整个行业的领先地位。

第二，全面整合各种活动。只有全面整合企业的各类资源和各种标杆管理行为，才能确保企业顺利实施标杆管理计划。

第三，重新调校标杆。实施标杆管理是一个长期的渐进过程，需要企业对标杆管理进行不断校准并进行评价，从而提高标杆管理目标。

5. 精益运营的目标指标系统

从企业战略目标开始，对整个战略目标系统进行目标管理，把全面预算与平衡计分卡结合，有效对企业战略目标的落地实施进行过程控制与绩效评价，确保战略目标的达成。但任何战略目标的达成必须以价值创造过程为基础，以精益运营过程目标实现为基础，而精益运营过程目标的实现确保了企业战略目标的达成，如图3-7所示。通过标杆管理，可以把战略目标与精益运营目标统一起来，形成企业精益目标指标与标准系统。可以看到，平衡计分卡中战略地图上的内部运营板块指标以及标准，强调的就是精益指标，向前的学习与成长板块指标是支撑内部运营指标达成，向后的客户板块、财务板块指标是内部运营板块指标的结果。内部运营，也就是精益运营目标的达成是战略目标系统落地的基础。

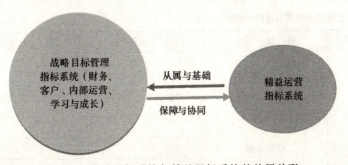

图 3-7　战略目标系统与精益目标系统的从属关联

精益运营的目标可以从企业投入产出角度进行分析，包括企业经营和运营两个层面：从经营的层面，精益运营管理的目标就是提高企业盈利能力和提升企业的市场竞争力，通过消除浪费、提高效率、降低成本，从而提高企业的盈利能力；同样做一件产品，推行精益管理的企业时间更短、成本更低、质量更好，从而提升企业的市场竞争力。但是在企业经营的实际过程中，盈利能力不仅取决于成本控制，还取决于很多市场因素；企业竞争优势也不仅取决于物美价廉的产品和服务，还取决于其他软实力，因此一般不直接以经营层面的目标来衡量精益管理。从运营层面来看，精益运营主要聚焦四大目标：质量（Q）、成本（C）、交期（D）、安全（S），即通常所说的QCDS，如图3-8所示。

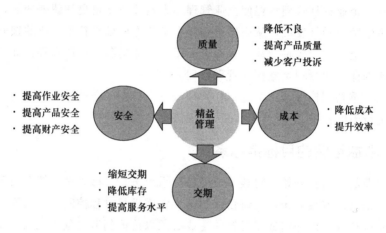

图 3-8　企业精益运营的目标指标系统

精益运营目标指标是实践活动所形成的，与产业、企业具体运营实际紧密关联，是投入产出转换过程中的质量、成本、交期、安全在工具、系统、原理原则、理念和价值观五个层面的具体展现，如表3-9所示。有了精益运营目标就可通过标杆管理形成执行的标准，进一步还需要有落地措施与方案。所以，精益管理需要有目标，目标需要通过全面预算管理进行过程控制。

◇ 表 3-9　企业精益运营的目标指标类型

类型	第一级子指标	第二级子指标	指标定义
质量	行为指标		
质量	结果指标		

续表

类型	第一级子指标	第二级子指标	指标定义
成本	行为指标		
	结果指标		
交期	行为指标		
	结果指标		
安全	行为指标		
	结果指标		

【阅读材料 3-1】 构建煤矿标杆成本管理指标体系

不管是在基本建设阶段还是在生产经营阶段，煤矿都可以通过构建不同的标杆成本管理指标体系来实行标杆成本管理，而且标杆成本管理工作在产业链上下游延伸的范围越广，标杆成本管理的效果会越显著。如果从基本建设阶段就开始对标，很多前期的投资成本、资源购买成本等生产经营过程中的不可控成本就可能转变成可控成本。

煤矿确定标杆成本管理指标的基本原则是：凡是煤矿生产经营过程中有权进行支配、调节和控制且统计口径基本相同的成本费用指标（项目）都是标杆成本管理的对象。取决于其上级集团公司整体的经营发展战略，由集团公司进行控制或决策的商品煤单位成本、吨煤销售费用、吨煤折旧费用和吨煤财务费用等指标不宜作为各矿的标杆成本管理指标。一般来说，煤矿的标杆成本管理指标主要包括价值指标、效率指标和管理指标三大类，其中价值指标可以采用绝对值和相对值并用，侧重对成本项目和成本要素进行分析；效率指标应侧重比较成本产生过程中资源消耗和工作效率上的差异；管理指标主要是对成本管理基础工作、管理制度、管理手段和管理方法展开评价。价值指标和效率指标属于定量指标，管理指标属于定性指标。

由于精益管理能够直接影响运营层面的目标，因此一般从运营层面选择目标指标来衡量精益管理的作用。精益运营目标指标选取的基本原则如下：

① 科学性原则。指标体系较为客观和真实地反映所研究系统发展演化的状态；

② 系统性原则。要有全局意识，指标要有结构性、层次性，充分体现对业务的解读；

③ 实用性。指标具有可读性、实用性（指标体系要繁简适中，指标设计不可太复杂，要易于理解，简化一些对评价结果影响甚微或重复的指标）；

④ 动态性原则。指标监控过程是动态变化的，发生变化能够第一时间体现出来。

精益运营的目标指标系统设计需要考虑以下两个关键点：

① 目标指标体系分别从流程维度和组织维度设置指标，不同的目标指标按照不同的维度设置，以体现指标的管理目标。按照流程维度设置的指标主要有流程单位成本指标，以反映企业提供服务和产品的能力，以及产品和服务的盈利能力。按照组织维度设置的指标包括模块单位成本指标、产能指标、自动化率指标、差错率指标等，反映作业能力、作业效率以及作业品质等。

② 流程维度主要设置流程的单位成本，在选择流程时主要考虑核心流程；组织维度主要设置作业件均成本、作业产能、差错率、自动化率、质检率等指标，这些指标本身也有一定的关联。流程维度的指标和组织维度的指标，通过环节单位成本建立关联。

二、煤矿精益推行需要明确方法

按照由表及里的顺序，精益管理体系有工具、系统、原理原则、理念和价值观五个层面，如图3-9所示。工具是执行特定任务的具体解决方案；系统是协同工作以实现预期结果的工具的集合；原理原则是支配结果的基本规则，用以指导系统和工具的设计和选择。组织设计系统以实现特定结果，并选择或开发工具来支持这些系统。当一个系统或工具没有达到目标结果时，企业高管们会尝试修改当前系统或实施新工具，以期达成目标。但工具和系统要为人们所用才能奏效，人们的行为模式极大地影响着组织的结果。价值观和理念决定人们的行为模式，同时启发原理原则，理念是价值观的体现。由此所形成的精益管理推进方法就需要有理念、价值观的内容，也同时需要有工具的价值。企业推行精益管理时，必须在遵循其价值观、理念和原理原则的基础上，形成自身的推行方法，并合理运营相关工具,帮助其实现战略目标与精益运营目标。企业推行精益管理的方法可以表述为:现场为王、问题导向、全员参与、持续改善。

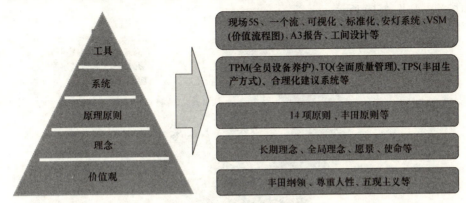

图 3-9 精益管理结构体系图

1. 现场为王

(1)"三现主义"的内容及其思想

丰田精益生产管理主要创始人之一的大野耐一特别重视现场,《大野耐一的现场管理》这本书采用大野耐一语录的形式,全面阐释了大野耐一始创的现场管理的思想内涵和精神,提出精益生产的现场主义,认为浪费的彻底消除、提升效率、降低成本、保证质量与安全,这一切都要在现场才得以实现。2013 年,沃麦克出版了《现场观察》一书,认为"现场是事情真正发生的地方",精益的核心就是现场。通过现场来推动作业方式的改善、设备改善(增加或更换设备)、工序改善,激发出团队的智慧,形成企业的持续改善气氛。

现场为王,强调聚焦于现场,现场是价值创造的场所,企业所有员工都需要围绕现场来展开管理、生产活动,管理人员应该到现场去。

① 价值创造在现场;

② 问题以及问题的根源在现场;

③ 解决问题的方法在现场;

④ 企业的活力表现在现场等。

所有现场贯穿于精益管理从工具、系统、原理原则、理念、价值观的整个体系中,既是理念,也是方法。从方法的角度来说,现场是发现问题、解决问题的场所。

丰田特别重视现场,提出运营上的"三现主义",即:现场、现物、现实,也就是亲自到现场(现地)、亲自接触实物(现物)、亲自了解现实情况("三现主义"是"五现主义"的一部分,"五现主义"包括三现两原,即现场、现物、现实、原理、原则)。"三现主义"的真实含义在于：当发生问题的时候，要亲临现场，亲眼确认现物，认真探究了解现实，据此提出和落实符合实际的解决办法和措施。如图 3-10 所示。

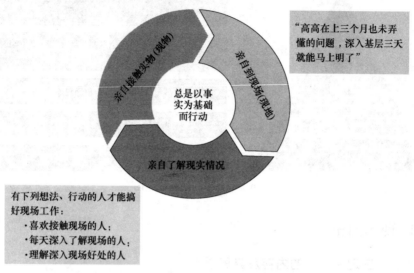

图 3-10　"三现主义"的内容图解

① 现场是实际发生的场所，包括制造产品或提供服务的现场，可以简单地说为工作场所。现场生机勃勃，每天都在变化，如果不到现场，就没法感觉变化，包括异常。可以说现场不仅是所有改善活动的场所，也是所有信息的来源地。现场就是地图，因为一切答案都在现场。在现场要用鹰的眼睛，眼观六路，耳听八方，快速看到整个环境。

② 现物是变化的或有问题的实物，若要解决问题就得先要到问题中去，并且客观地观察其过程。观察之前看不到的地方，这样做才能提高发现真相的能力。现物就是现在在现场的东西。现物就是要用兔子的眼睛，蹲下来看，才能看到细节。

③ 现实是发生问题的环境、背景、要素。解决问题需要你面对现实，把握事实真相，用事实解决问题。虽然事实总是变化无常，但要抓住事实，识别变化。现实就是正在现场发生的事情。观察现实的时候，要有树木的眼光，树木一直在那里不动，看到这里沧海桑田的变化，不间断地记录。

"三现主义"反映了这样一种观点：在报告或统计数据中收集的信息只代表现实的抽象，任何报告或数据都有其固有的问题，也许是管理层或研究人员的偏见，也许要衡量对数据的筛选。而实际上，在工作场所中观察和工作，可以观察到活动的"快照"和工作的"过程"，从而使理论生成和决策直接相关，因此更强大，也更容易理解。它还增加了直接观察实际问题和意外事件，并能立即加以管理的机会，也包括对部分员工来说并不明显的问题。如表3-10所示。

◊ 表3-10 现场为王的"三现主义"做法

"三现"要素	行为与活动	目的与结果
现场	鹰的眼睛，俯瞰全局	画地图：城市-街道-商圈-门店
现物	兔子的眼睛，观察细节	拉清单：摸排统计物料、产品
现实	树的眼睛，记录事实	时间轴：年-月-日-时发生的具体事情

如果能遵循"三现主义"，亲临现场、调查事实和背景原因，才能正确地认识问题，解决问题，才能做好精益管理。

【阅读材料3-2】 丰田开发适合美国人的汽车

丰田公司里，大野耐一强调以车间为焦点，因为丰田的方法将生产线视为价值产生的来源，如果公司依赖于在工厂流水线上创造的价值，那么这就是公司最重要的位置，是最不应该忽视的地方。不仅如此，丰田公司也曾使用"三现主义"的理念在美国推广过一款十分畅销的丰田车型。推广前，丰田首先派人去美国实地进行调研，调查人员驾驶着丰田车穿越美国十几个州，亲身体验了美国的风土人情，并深度挖掘当地人的需求，认识到美国家庭驾车长途旅行的次数比日本家庭多得多，而且在家庭购车方面母亲和孩子比较具有发言权。最终丰田公司在美国推出了一款后车厢空间大，适合长途旅行，颜色轻松活泼的车型，该车型在美国着实风光了好长一段时间。

"三现主义"的基本思想如下：

① 从"三现主义"（现场、现物、现实）出发。解决任何问题都应当最先掌握现场、现物、现实中有用的实际情况。如果没有掌握实际情况，从一开始就走弯路，走得越远，误差越大，当然最终得不出正确的结论。从对"三现"的了解过程中发现变化点，而变化点往往又是问题发生的根本原因。离开"三现主义"，任何说法都是猜测，是主观臆断，调查是入手解决问题的唯一方法。

② 强调查找变化点。没有变化点，就不会出现质量问题，查找变化点是查找中的一个重点。变化点一般具有隐蔽性，或许是一个被认为微不足道的方面，难以被发现（正因为如此，问题才会发生），所以，查找变化点又是一个难点。这就要求目光敏锐，不放过任何一个可疑点，不戴有色眼镜看问题，不可运用太多的惯性思维，查找变化点应有清晰的思路。可多运用QC手法、鱼骨图或其他图表工具，从人、机、料、法、环等方面逐一分析可能的原因，并从中找到变化点，而变化点可能就是真正的原因。

③ 强调"再现"。无法再现的事故往往会再次发生，问题再次发生就说明采取的对策没有达到预期效果，归根结底说明问题发生的真正原因并没有找到。

丰田人认识到：只有到达问题发生的现场才能看到真实的瞬间，只有看到真实的瞬间才能进行准确有效的判断，只有准确地判断问题，才能准确地分析，找到真因，只有找到真因才能进行准确的对策，进而从根本上解决问题。

（2）"三现主义"的落实——现场走动管理

现场走动管理是"三现主义"落实的方法，也就是走到或处在实际的工作场所中去进行观察，寻找问题，利用指导将潜在的问题可视化，从而提升工作效率，杜绝问题再次发生。包括以下三点：

- 去事情发生的地方；
- 和员工沟通交流；
- 观察流程或现场作业。

但是还需要注意几点现场走动管理与传统监督审核不同的地方，它不是：

- "警察"执法巡逻：一定要开具罚单，警告员工。
- 挑刺审核：一定要发现问题，要求员工整改。
- 纪律巡检：监督员工行为纪律。

其实现场走动管理的目的或意义是围绕以下两个方面开展的：

① 从员工那里收集信息和学习，包含以下几点：

- 去看真实的情况——避免信息被过滤或漏掉；
- 去发现浪费和机会用于改善；
- 评估生产现场的运营绩效或水平；
- 评估生产现场的标准化工作。

② 质疑和指导，包含以下几点：

- 通过鼓励改善来尊重员工；
- 用精益的理念和流程去指导员工；
- 跟踪和协调改善活动；
- 质疑现状。

从上述两个方面可以看出现场走动管理其实更加侧重的是，通过走到现场去发现隐藏的问题或可以改善的机会，然后指导员工进行改善，进行跟进并提供支持，是一个预防问题，提升员工的平台。

高效开展现场走动管理的方法与流程如下：

① 一份领导或管理者的现场走动管理计划，这里的领导或管理者包含了企业高管，也包含了一线的班组长，这份计划里面需要明确现场走动管理的时间、区域、相应的侧重主题、参与人员，刚开始可以是小组进行，让大家一起互相参考学习，后期可以单独进行。

② 根据现场走动区域及主题编制一些现场走动指引卡，根据区域特色及主题的一些要求，这个指引卡里会列举出一些现场走动常见的问题，用于指引现场

走动开展，并且有问题记录区域，便于问题的记录及跟踪。

③ 现场走动的进行情况及发现问题需要通过可视化的手段进行跟踪和分享，便于现场走动行为的养成，以及问题的解决，一般可以通过层级会议（其他精益工具）上的分享，来介绍现场走动中的一些心得和问题，然后再通过层级会议上的滚动问题跟踪或现场走动看板上的问题清单来进行问题跟踪。

【阅读材料3-3】 某企业"走动式管理"实施方案

实行干部走动式管理是以生产管理为中心，促进领导干部深入基层。领导干部通过深入调查，提高发现问题、解决问题能力。实行干部走动式管理进一步推动公司管理工作整体上升，充分调动广大干部职工强烈的管理责任心。

（1）走动式管理的宗旨

管理层深入生产现场，与职工面对面交流，通过观察、倾听，准确了解基层信息，及时发现并提出问题，形成记录并附解决方案。

（2）走动式管理的范围

① 实施走动管理的人员：机关职能部门管理人员对所有生产车间，车间管理人员对本车间所有班组。

② 走动管理的范围：电解铝生产系统、铝板带、线杆分公司共十八个生产车间。

走动管理区域首次划分见表3-11。

◇ 表3-11 走动管理区域首次划分表

序号	走动区域	对应职能部门
1	第一车间	公司办
2	第二车间	财务部
3	第三车间	生产部
4	动力车间	人资部
5	计算机中心和质检中心	供应部

③ 走动式管理基本方案。作为一种经常性的管理活动，机关部门中层管理人员参与，走动范围覆盖公司所有生产车间。每季度完成一个区域所有岗位的走访，按照对应工作表，职能部门滚动下移。

（3）走动式管理的要求

① 职能部门走动前应作前期准备工作，自主选定走动时间和走动点，每个月不少于两个工作日，根据公司要求制定走动管理的方向、内容和实施计划。

② 充分发挥走动管理"了解情况、加强沟通、交流情感"方面的优势。为取得基层真实信息，职能部门不提前通知，不需要走动单位做准备。以员工

朋友的姿态融入员工之中，传达公司决策信息和管理意图，解释本部门工作职责及办事流程。听取职工群众的意见和要求，归纳和如实反映、提出建议及改进措施。

③ 走动式管理应该是一项经常性的管理活动。职能部门应做好走动管理记录，真实记载走动时间、地点、具体岗位信息、职工提出的意见和建议，填写走动管理记录单，归纳重要的信息内容和待处理问题，如实登记汇总，定期召开专题会讨论，对反映问题进行责任划分，以通知单形式下发给责任单位限期落实处理，并关注执行情况。

（4）走动式管理的工作内容

① 广泛走访所有车间：走动范围覆盖所有班组和岗位，了解各班组运行情况，与一线工人近距离接触。

② 与一线员工的沟通：采取一对一的交流方式，通过交谈了解员工的想法，此项不低于车间员工总人数的10%。

③ 当一天普通工人：在车间范围内挑选一个力所能及的岗位，以普通工人的身份完成一个班的工作，切身体会员工的工作感受。

④ 开一次座谈会：由车间组织开展一次座谈会，集中讨论，畅所欲言。

（5）走动式管理的考核

走动式管理工作完成情况建议纳入部门考核内容。

2. 问题导向

人类认识世界、改造世界的过程，就是一个发现问题、解决问题的过程。问题就是事物的矛盾，哪里有没有解决的矛盾，哪里就有问题。只有对存在的问题不掩盖、不回避、不推脱，才能不会让小问题演化为大问题。只有以问题为导向，敢于正视问题，善于发现问题，企业管理者才能在发现问题上领先。不断培养以问题为导向的思维方式或理念去发现问题、解决问题，才能练就一双洞察问题的眼睛，才能拓宽视野，找到工作中存在的问题，掌握解决问题的主动。加强管理的重点在于企业不断地发现和解决问题，尤其是新问题。然而，企业问题的发现和解决主要取决于企业管理者和员工分析问题和解决问题的能力，而这种能力的提高和发挥则在很大程度上取决于企业管理者和员工问题意识的高低。

在价值创造的现场，企业会遇到各种各样的问题，所谓问题就是现实与要求或目标之间的差距。例如，现场产品质量问题就是产品的质量现状与企业或用户的要求存在着差距；成本问题就是产品的成本现状超出了成本标准，这个标准就是企业或市场对成本的要求。

【阅读材料 3-4】 张瑞敏的问题意识与松下培养问题意识

精明的企业家总是在想尽办法嗅出用户的需求和变化，不断地提高对产品和企业的要求，积极地"制造"问题。海尔集团总裁张瑞敏先生在接受记者采访时说过这样一句话："我每次去现场转一圈，如果我没发现问题，就说明我有问题，说明我的要求太低了。"这既是张瑞敏先生的经营理念和问题意识，也是海尔取得成功的原因之一。

松下幸之助先生在经营松下电器公司的同时，还创办了一个松下政经塾。在这所学校里，聘请了许多优秀的老师担任教学工作，但是并不采用普通学校惯用的那一套教学方法，而是采用由学生提出问题，老师解答问题的教学方式。如果学生们提不出问题来，老师是什么也不教的。为了提出问题，学生们必须对课程产生疑问。要能对课程产生疑问，直到能够提出问题，每个人必须勤奋学习。实际上，这是松下先生在培养学生的问题意识。

（1）问题意识的内容与问题类别

所谓问题意识，就是发现问题和解决问题的愿望、对问题的敏感程度、对问题的责任感、对问题的识别能力。

提高问题意识就要从提高发现问题和解决问题的愿望、对问题的敏感程度、对问题的责任感、对问题的识别能力着手。企业管理者应自觉、不断地提高对自己的工作要求，密切注视市场需求的变化，充分了解企业的实际现状，不断地培养和提高自身的问题意识。要提高发现问题和解决问题的能力，就需要培养和提高企业管理者和员工的问题意识，发现问题和解决问题的愿望及对问题的敏感性越强，问题意识也就越强。实际上，质量意识、成本意识、市场意识、创新意识等都是问题意识不同的具体表现形式。

针对现场所存在的问题，可以按日常问题、创新问题、探求问题三个领域划分，明确要发现的问题在三个领域中属于哪一类。不管是什么问题，都需要明确问题的本质，可能的话按量化形态努力表现出来。

① 日常问题（复原性问题）。日常问题是标准和现状之差，按以下顺序发现问题，并使问题可视化：一是明确标准或基准；二是定量分析现状；三是具体量化标准或基准之差。

② 创新问题（革新问题）。创新的问题是目标和标准或现状之差，按以下顺序发现问题，并使问题可视化：一是果断否定现状；二是设定新的管理水准或目标；三是明确目标和现在的标准或基准的差异。

③ 探求问题（新的挑战）。探求的问题是新旧模式之差，按以下顺序发现问题，并使问题可视化：一是在起始点思想上勾画出新的模式；二是把握对新模式问题的后果；三是利用检查表等将问题具体化。

在企业运营现场,第一、二类问题较多,第一类问题是主流。员工具有问题意识,很容易发现这类问题,并有效解决。

(2)问题意识与企业员工能力

现场员工要时刻树立问题意识,善于发现问题、分析问题和解决问题。从某种意义上说,问题意识反映了企业员工的思想境界和精神状态及文化素养,体现着员工的技能水平,在日常工作中员工应不断增强问题意识,熟练掌握解决问题的方法。

① 员工能力提升要从增强问题意识入手,善于识别问题。著名的海因里希法则,当一个企业有 300 个隐患或违章,必然要发生 29 起轻伤或故障,在这 29 起轻伤事故或故障当中,有一起重伤、死亡或重大事故,这一法则用于管理足以说明识别问题重要性。现实工作中部分员工不善于发现问题,主要表现为问题意识淡薄,或看不见问题,对问题视而不见、熟视无睹;或不喜欢问题,对问题躲躲闪闪、遮遮掩掩;或看不清问题,对问题反应迟钝、思想懒惰。

② 员工增强问题意识,学会分析问题是能力提升的关键。找准问题的过程,是对所面临的问题进行归纳、分析、概况、提炼,从而对问题的性质、类型及影响进行准确界定的过程。对于一些员工,虽然看到问题的存在,但没能找准问题,或只盯着细枝末节去看问题,不能以小见大,抓住事关全局的重大问题,结果事倍功半,难有突破,甚至导致问题越积越多,矛盾越积越深。员工要提升问题分析能力,最根本的是强化科学方法论的学习。

(3)提高和培养员工的问题意识

现场是价值创造的场所,员工需要具有问题意识,在日常生产活动中善于发现责任范围内的问题。问题就是机会,只要把问题当成提高、进步的机会,就能不断发现现场的问题,思考分析问题,落实措施解决问题,从而有效改善与提升。现场不管是人,还是其他投入、产出以及过程,有了问题并不可怕,可怕的是没有抓住问题。所以,需要不断地培养和提高员工的问题意识,尤其是管理人员的问题意识。提高和培养员工的问题意识,可以从以下几个方面着手。

① 不断地、适时地对员工提出新的要求,经验表明这也是激励员工的一种有效的方式。

② 鼓励员工发现问题、分析问题和解决问题,并且形成制度。

③ 定期通报本企业、本行业产品的成本、市场等状况及用户需求情况、安全情况、质量情况等。

④ 加强培训工作,提高员工的分析问题和解决问题的能力。

⑤ 制定激励制度,开展合理化建议活动。

⑥ 定期召开现场持续改善会议和成本等问题的分析会。

⑦ 把发现和解决问题的数量和质量作为考核工作的重要指标。

企业的生存与发展主要在于以下两个方面：一方面，企业要有一个好的思路，否则在激烈的市场竞争中将很难有所发展；另一方面，就是这个思路的贯彻落实。这两个方面均取决于企业管理者和员工发现问题和解决问题的能力。

3. 全员参与

欧美企业在学习和实践精益生产时，大部分企业非常重视员工的参与，并把全员参与的思想作为各自生产系统的主要组成部分和原则，比如通用生产系统（GMS）的原则1——全员参与，奔驰生产系统（MPS）的原则3——全员参与和发展，康明斯运营系统（COS）的实践4——全员参与和团队协作，以及德国汽车工业的汽车卓越模式AE的第一原则。可见各大企业都意识到全员参与改进改善活动的重要性，而且通过一系列的制度和工具让其落地，比如通过建立六西格玛组织和文化、分层审核、安全观察训练行动（STOP）、5S、现场走动管理、Kaizen（持续改善）/QC、激励等方法、工具和手段，推动员工参与。

丰田认为企业的员工，尤其是现场的员工是创造价值的源泉，员工全员参与企业的管理、运作，企业更能最大化地创造价值，员工的智慧才是企业的最大财富。在丰田，员工被尊重，有高度的归属感；员工不但贡献自己的体力，也随时随地贡献自己的智慧；员工有很强的责任心和积极承担意识。丰田全球37间工厂，每年由员工提出超百万的改善提案，每天有5000个改善提案在实施。丰田每天都在改变、改善、进步。

全员参与既是理念，也是方法。从理念层面来说，精益管理是一种企业文化，持续找到比现在更好的方法，不断改善，这种理念的贯彻、推进需要全员参与。企业中的每个部门、每个人都要有精益意识，只有整个团队都有精益理念，企业才会提升整体的实力。从方法层面来看，企业所有员工只有参与到精益管理活动中，按照精益标准的要求做好本职工作，就能在现场发现问题、解决问题，持续达成精益改善，获得所期望的目标。方法论层面强调压实责任、执行标准、解决问题、持续改善。

（1）全员参与精益管理的原因

精益管理要全员参与，精益生产中人的因素至关重要。丰田公司坚持以人为本理念，精益生产才能产生效果。精益管理最终就是改变员工的工作习惯、思考方式、作业方式，人人参与，相互促进，才能将精益管理贯彻到底。企业要员工参与精益管理，一定不是基于成本和利润等结果驱动的目的，而是旨在建立发现问题、解决问题和员工认可的平台和环境，激发员工改善和创新的激情。改善能够很好地培养员工解决问题的能力，其中最关键的是培养问题意识及形成正确的问题观。

① 全员参与，员工才能更好地融入企业的精益实践中，充当变革的一分子，积极主动为精益管理实施建言献策。精益管理与变革不只是企业高层管理者的事情，没有企业各部门、基层员工的参与，没有操作性强的方案方法，精益管理从战略到执行落地基本上不可能。企业所有员工参与精益管理实施过程中，制定出的方案方法一方面容易落地，另一方面也能更有效执行，最终确保精益管理得到全面落实。

② 全员参与是精益管理系统设计的要求。精益管理是一种全新的管理方式，需要改变以往的做法、认识，不仅是生产部门参与，与生产相关的部门也要参与，相关部门包括财务、技术、人事、销售等部门，精益管理涉及整个企业所有部门、岗位，人人有责。否则，精益管理很难完整推进落实，很难达到实施的预期目标。

③ 全员参与能够开发人力资源价值，为企业培养更多人才。全员参与精益管理，员工在参与中学习，对不同层次的员工都是一种提升，员工素质、能力自然会得到提升，员工素质、能力的提升无形中促进企业的发展，形成一个良性循环，最终会把精益管理贯彻到企业的每个角落，让企业的竞争力增强。

（2）推动全员参与精益的机制建设

国内多数企业会把一线员工的参与放在企业文化、工会相关机构来组织管理，通过合理化建议的方式开展，员工只提建议，不一定要自己去执行，评审后基于资源情况和价值最终也不一定会被采纳执行。丰田的精益改善不只是员工提建议，而是员工自己发现自己的问题，自己解决问题，再总结提案，解决问题的全过程他们都得到其上级主管或同事的指导和帮助，所以丰田的全员参与才能见到效果。

企业需要更好地激发并推动全员参与到精益管理与改善的活动中，推动全员自主改善。企业需要从上到下支持员工参与精益管理与精益改善。一是企业管理层对员工参与的重视要落实到实际的行动当中，而不是只在口头上和提要求上。企业领导要参与到精益改善的制度和文化建设中去，保证资源（包括人、时间资源）的提供、参与改善成果的认可。二是企业需要开发简单易用的改进工具和方法。要保证全员参与，就需要员工有参与的能力，对员工进行精益管理与改善的方法、工具和技能的培训是必要的，但更主要的是如何确保精益管理与改善的方法、工具以及活动的流程等对于现场员工来说能够更简单、易懂、易于操作，这对于精益管理推进与全员参与改善至关重要。三是需要培训和保持一定数量的专家指导团队，为员工参与精益管理与改善活动提供技术支持。

推动全员参与精益管理与自主改善，必须改变企业管理层的理念，把全员参与精益管理的机制建设好。

① 改变企业管理层的理念。企业管理层必须具备的理念是：企业员工是创

造价值的源泉，员工如果能全身心参与到精益管理中，企业就能最大化为客户创造价值，并减少浪费。精益管理成功的企业里，员工被尊重，有高度的归属感；员工的责任心及积极主动承担的意识很强；员工自我管理意识高，管理者为员工服务意识高。

② 有效建立企业全员参与的机制。要提高员工参与度，企业要逐步建立全员参与、员工与企业共同成长的机制。建立全员参与的机制主要目的是，创造条件逐步提高员工参与度，以制度和体系来保障精益文化在企业的各级组织中形成并保持。例如，企业建立每个岗位的职位分析，明确各个工作职位真正的需要；建立人才测评程序，尽量客观地评估应聘人员的各方面能力；为员工设立初期的个人发展目标及路径，让员工了解企业对其所负的责任和期待；为员工设立发现问题鼓励机制（物质及精神），提供提高员工解决问题能力的培训或训练；在员工解决问题的过程中给予指导与帮助，问题解决后给予及时的反馈。这样，企业每个员工都能成为现场、流程的观察员，他们不但热衷于本职工作，还对如何更好地改进、改善充满兴趣和责任感，积极主动参与到精益管理活动中。

③ 企业管理者需要创造适合全员参与的氛围与条件，帮助员工从"要我做"转化到"我要做"的状态，增强员工的融入感与责任感，真正实现员工是企业主人的全员参与的优势。让员工主动参与到精益管理活动中去，一个关键是让员工在精神层面上感到满足，这才是企业员工管理及精益展开的精髓。员工为什么要主动加入精益管理，气氛很重要，例如企业或领导关注个人的成长，提供学习机会去掌握更多的能力；企业让员工参与日常工作范围的决策，领导日常工作中经常与员工一起讨论怎么减少浪费；员工有权限解决自己工作岗位的问题，领导要求员工主动发现问题，而不因为问题的暴露而受到责罚，员工因为企业消除了大笔浪费，得到公开表扬和奖励；如果员工不知道怎么参与，领导会耐心地帮助、指导、启发；同事之间关系和睦，大家能互相帮忙。

4. 持续改善

持续改善首先是一种理念与文化，其次才是一种方法。日本持续改善叫作Kaizen，指逐渐、连续地增加改善，是日本持续改进之父今井正明在《改善——日本企业成功的关键》一书中提出的。Kaizen意味着改进，涉及每一个人、每一环节的连续不断地改进：从最高的管理部门、管理人员到现场的基层员工。持续改善的策略是日本管理部门中最重要的理念，是日本人竞争成功的关键。持续改善实际上是生活方式哲学。它假设，应当经常改善人们生活的每个方面，企业中持续改善的关键因素是：质量、所有雇员的努力、介入、自愿改变和沟通。

从理念层次上来说，持续改善是"连续不断地改进、完善"，强调通过改善而变好；持续改善是"为了更好而改变"，而并非仅仅是为了改变而改变。在日本丰田企业里，持续改善就是一种融合在员工骨子里的理念、习惯，不断地在现场发现问题、解决问题，形成一种工作哲学与生活哲学。

从方法层次上来说，持续改善是精益管理推行的方法。在现场，通过对现物、现实的观察，发现问题、解决问题，对现场的产品生产环节、各个要素状态等各方面持续进行改善，对生产过程与人的素养进行持续改善与提升，完善与丰富企业价值创造系统，提升价值创造的水平与功能，达成推行精益管理的预期目标。持续改善的活动过程就是精益管理的方法，通过持续改善获得精益管理的预期成果。

第四章
煤矿推行精益管理必须关注标准与人

精益管理是以市场为牵引，拉动内部价值创造的流程，提供符合客户需要的产品与服务，并且持续不断地进行改善。关键在于打造精益人，赋予精益人主动创造价值的权责，在标准基础上持续改善价值创造的过程，降低成本，提升效率，为客户与市场按交期要求提供满意的产品与服务。从精益原则出发，可以看到，精益管理的基本要件在于三个方面：责任、标准与人，三个要件的结合就会以持续改善的方式不断创造价值，如图4-1所示。

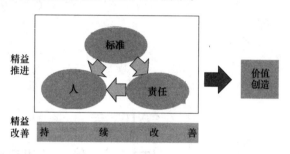

图 4-1　精益价值创造要件关系图

精益管理包括两个板块：推进系统与改善系统，其中推进系统包括精益人、责任与标准。在精益推进过程中，有了标准，精益人严格根据责任范围主动按照标准去操作，并且在操作过程中发现问题、解决问题，持续不断地改善提升。培养精益人，把标准变成操作规则，给精益人赋予权责，这是精益管理推行系统能否有效推行的关键。

一、责任意识与岗位责任分区

1. 管理的本质是责任

管理就是实现组织未来目标的活动，企业中的管理就是实现企业创造顾客、实现价值的目标。在这个目标实现过程中，企业内不同层级的人员被赋予不同的分工，具有不同的职责，这就是企业各个层级的员工的责任。管理学大师德鲁克曾说，如果用一个词来描述管理的本质，那就是"责任"，用两个词来描述就是"责任、责任"，用三个词来描述就是"责任、责任、责任"。德鲁克管理学的核心就是责任：认识管理者的责任、员工的责任和企业的责任，责任是维系经济和社会发展的根本原则。

早在两百多年前，亚当·斯密就在《国富论》中提出了社会分工理论，实际上，企业内部在创造顾客、实现价值这个目标上具有更严格的分工，这就是企业内部的管理分工，也就是责任分工，企业内的所有员工必须对结果负责。高层负责企业运行方向，设定企业未来目标，并且承担"制度设计"的责任，让每个人对自己行动的结果"负责"，也就是企业高层管理者是方向引领者、制度设计者与文化传播者。围绕着这些职责，高层管理者具体的岗位职责就应该是专注怎么带领企业获得持续竞争力，专注怎么激发员工工作的热情与积极性；专注于对企业运营结果的追踪。无论企业高层管理者做什么，都需要通过决策来完成工作。决策包含了五个不同的阶段：界定问题，分析问题，制定可行的替代方案，寻找最佳的解决方案，把决策转化为有效的行动。企业管理者必须具备高度的社会责任感，企业对社会的首要责任是盈利，几乎同等重要的是成长的必要性。应该让企业的每项行动都能促进公众的福利，增强社会的基本信念，为社会的安定、和谐及强大做出自己的贡献。

中层管理者的职责就是把高层的方向、意图转化为基层操作人员的执行细则，通过制度、流程的细化、优化、标准化，让基层操作员工的价值创造有可遵循的标准。也就是说，中层管理者主要的岗位职责与分工是：做标准，进行标准化管理；做流程，优化做事的顺序。无论是做标准还是优化流程，目的都在于提升效率、降低企业运营成本，确保企业竞争具有的软实力。

企业中层管理者的职责：把企业高层管理者的目标、方向具体化，形成可操作的标准与流程，管理企业价值创造与实现的过程。基层操作者的职责就是创造价值与实现价值，也就是严格按照标准与流程要求进行生产经营活动，在生产经营现场创造价值与实现价值。

【阅读材料 4-1】 企业管理就是做标准与玩流程

① 管理是做标准。西方科学管理鼻祖泰勒就是始于标准化的研究；福特汽车第一条自动生产流水线源自各部位的标准化；风行全球的 ISO 质量体系，其本质就是由标准展开；最时髦的 ERP 无非是信息、程序标准化的集成；PC 作为产业在全球经济领域里迅速崛起，靠的就是标准化激活整个产业链。国际化公司之所以遍地开花，其奥妙之一就是具有生成和复制内部标准化的能力，表现在工艺标准化、程序标准化、作业标准化以及工作术语标准化等具体过程，把人的行为和意识巧妙地嵌入标准之内，形成其独一无二的核心基因。

② 管理是玩流程。流程就是理清思路，讲究次序，标准是一个点，流程就是一根链。管理智慧的极致发挥，就在于横切竖砍的整合手法，把流程做得短而有效。现代管理的一个重要特征就是很大程度地"玩"流程。大到一个企业战略：IBM 卖掉个人 PC 业务，本质就是缩短流程，裁掉价值链中的累赘部分 PC，集合优势做好企业市场。大到企业内部生产链的切合：如何充分利用现有资源极度丰富的条件，考虑把自己的后院变成他人的前庭，把自己的弱项交给别人成为强项，聚焦自己最有效部分，最直接地靠近客户，如戴尔。小到公司内部的细枝

末节：为了适应外贸服装行业对交货期日趋缩短的新需求，服装企业调整现有订单流程，借助于ERP（企业资源计划）信息集成优势，强调一次把事情做正确，首先把客户的原始订单信息吃准，去掉多余程序，再将原来的入库单、出库单、送货单、提货单四张单据，合并为一张装箱单，这样简单明了，不失为一条提高效率的绝佳路径。

在企业运营活动中，不同层级的员工的分工不同，其职责就不同，必须确保企业内部分工明确，责任到人。管理大师哈默尔说过，"现代管理理论的发展过程中始终有两个目标并存：管理如何更加科学和管理如何更会有人性化。如果认为后者的追求比前者更加光明，那么大错特错了。"企业内部必须责、权、利结合。管理的本质就在于：确定责任，权责匹配。

企业是具有经济功能与社会功能的市场经济组织，其存在的价值就是创造客户与市场。学校的目的不是让老师有书教，医院的目的不是让医生有个地方去执业，学校的存在是为了学生，医院的存在是为了病人。企业的存在是为了市场的需求者，为了市场中的客户。当社会上有一部分人可能有某种需求没被满足，企业看到这个市场空白，看到这个薄弱环节，就会去设计一种产品、一种服务来满足这个需求，有需求的人就愿意购买。本质上说，企业的目的就是创造顾客或市场，创造顾客要的价值。企业要开发出新的客户，创造顾客，本质上是"利他"的，要承担社会责任。企业存在本身就是在承担一种社会责任，因为创造了顾客，生产出产品和服务就是在承担社会责任。赚钱只是企业为顾客创造价值之后的一个副产品，它是结果而不是目的，但这个结果也是企业追求的结果，不然企业无法存在下去。由此可以看到，企业的责任包括三个方面：第一是成果和绩效，因为这是企业存在的目的；第二必须考虑在企业内部共同工作的人所形成的组织；第三则要考虑外在的社会，也就是社会影响和社会责任。企业的这些责任就是企业内在运行的目标。

如果说管理就是实现组织未来目标的活动，很明显，企业内所有人都是有责任的人，尤其是对于管理者来说，不管是高层管理者还是中层管理者，都必须是有责任的人，企业管理者的三类责任如下：

① 管理者要对目标和成果负责；

② 管理者要对整体负责，自己的成果要符合更大一级组织的整体利益；

③ 管理者要对他人负责，管理者为了取得自己的成果，需要关注他人的贡献。

管理者与基层操作者的责任包含在企业岗位说明书中，岗位说明书系统是企业各类人员责任与权力界定的基础文献，必须明确。

2. 责任意识与责任管理

精益管理强调企业员工的责任，岗位上的责任，这就要求各级员工都需要具有责任意识，企业也需要对内外责任进行有效管理。

（1）员工的责任意识

企业员工责任意识是指员工对自己在企业中所承担的责任、义务的高度自觉，表现为对本职工作尽职尽责，充分发挥自己的积极性、主动性、创造性。企业员工必须具有责任意识，这是精益管理能否有效落地的关键，尤其是企业的管理者，中层与高层管理者的责任意识直接决定基层操作者是否能形成责任意识。

德鲁克在《卓有成效的管理者》中提到，有一种无法学会的品质，一种管理者无法获取却必备的条件，就是人的品质。一个合格的管理者首要因素是责任，因为管理者尤其是高层管理者必须有效协调企业内外各种资源，为企业创造客户、满足各种利益相关者的需求而不断创造、实现价值。中层管理者的职责更多是拟定、明确标准，完善与优化现有制度、流程，最终目标是以最少的人力及资源实现组织绩效的最大化，这里面涉及流程再造、目标设定、组织实施、正负激励、标准机制、人才培养等一系列过程，其中最为核心的还是中层自身与基层操作者的责任意识。那么首先必须了解责任本身。

① 责任是一种选择。责任的基本理解就是有权作出选择，要么承担责任，要么不承担责任。自觉是责任感的核心要素。

② 责任意味着不找借口，借口是不成功的理由。肩负责任是困难的，但对承担责任的回报将是长期的自信、被尊重和有力量的感觉。

③ 责任的二维界定——对谁负责、为谁负责。选择对谁负责，意味着对之作出了承诺。不太有责任感的人往往会为行为承担责任，而那些更负责的人，往往会为结果负责。负责任的管理者让下属明白，追求结果而非行为过程是良好表现的核心特征。

④ 责任是相对的，体现在"对谁负责"和"为谁负责"的评判标准的选择上。对企业和对顾客的责任应当平衡。

⑤ 归责思维与组织执行力。责任感的选择性体现在归责思维，归责思维的两个趋势——外在归责与内在归责：外在归责往往将责任归于外部环境、条件；内在归责强调在自身查找原因，具有内在归责思维的人往往勇于承担责任，并努力改进自己的工作。当组织中的每一个人都习惯于内在归责时，组织的执行力就会不断提升。

⑥ 责任是双向的。双向责任强调的是上级对下级的责任和下级对上级的责任是互动的，双向责任的核心还是在于工作责任。

现代企业管理中，员工的责任意识越来越受到企业的重视。员工的责任意识体现在三个阶段：

第一阶段，做事之前要想到后果；

第二阶段，做事过程中尽量控制事情向好的方向发展，防止坏的结果出现；

第三阶段，一旦出了问题要敢于承担责任。

员工的责任意识养成是一个漫长的阶段，因为员工责任意识受到许多因素的影响，包括以下六种。

① 员工责任意识与企业是否有清晰的部门职能、岗位职责有关。站在企业组织架构层级来看，企业员工职责履行机制完善，知道自己的工作对谁负责，谁是他们的上级，他们该如何向上级负责做好本职工作，而向上级负责正是向企业负责的一部分。企业要想员工有较强的责任意识，就必须确保部门职能、岗位职责特别清晰，每个人该做什么清清楚楚，每个岗位的具体职责、具体工作内容，对谁负责都是一目了然。

② 员工责任意识与企业好的绩效考核制度有关。企业员工之所以有责任意识，就在于企业做好了对员工的绩效考核。绩效考核指标明确，员工知道自己哪方面做得比较到位，哪方面又做得不够好。一个责任划分明确的企业总会在绩效考核方面有明确的衡量指标。因为指标明确，因为量化考核与非量化考核指标的评估和衡量均全面而精准，因此能够对员工的工作作出科学而公允的评价。一方面，绩效考核的公平合理性直接影响企业员工的工作积极性，只有企业的考核制度公平合理，员工才能对企业有责任意识；另一方面，把绩效考核和奖励挂钩可以使员工有多劳多得、付出总有回报的感受，从而工作更加努力。

③ 员工责任意识与企业的薪酬设计与考核指标有关。企业薪酬制度做得好，一般来说员工的责任意识比较强。员工的工资结构往往是基本工资＋考核工资＋奖金或提成。其中的考核工资就是为了准确评估员工的工作表现、工作业绩，并根据综合评估的结果来确定考核工资的高低。责任意识强的员工、工作努力的员工就会拿到较高的工资。通过收入高低来引导员工的责任意识，是最直接、最有效的方式之一。

④ 员工责任意识与企业引导、激发文化直接关联。德鲁克说，管理的本质是激发和释放每一个人的善意。对别人的同情，愿意为别人服务，这是一种善意；愿意帮人家改善生存环境、工作环境，也是一种善意。管理者要做的是激发和释放人本身固有的潜能，创造价值。企业员工具有工作责任意识，需要企业对员工的引导和激发，这就是一种企业文化。在激发方面，企业可以对那些责任心强的员工做出更多肯定、认可、欣赏和推崇，可以把他们作为先进代表来奖励，作为大家的表率。引导是需要通过培训、教育来引导，通过制度来限制、制约员工的行为向着负责任的态度去落实。其实很多人把管理当成一种工具，认为管理是用来操控的，因为它的目标是要让工作有结果，就必须操纵控制工作者的行为。管理学家德鲁克坚决不认可这样的观点，也不认可这样的企业文化。

⑤ 员工责任意识与企业中员工是否参与管理有关。如果企业管理中一言堂作风比较盛行，那么员工就会感到什么事情都是领导说了算，自己的责任意识和

想要承担更大责任的心理就会被压抑；如果员工能够充分参与到企业的决策、评估、事项处理的探讨中去，员工的责任心自然会被激发出来。另外，员工需要得到属于他们的权限，才能承担相应的责任。当员工具有相应权限时，也同时就表明其责任意识被激发出来。企业想要让员工具备更多的责任意识，就要让员工对自己的工作有更大的自主权，以及更多的掌控权。

⑥ 员工责任意识与企业的工作结构有关。工作结构深刻影响员工对外部控制或内部激励的反应程度，如果企业工作结构不合理，员工就不能对工作产生满意感，就会对企业产生不满，就不能很好地遵守企业的各项规章制度。另外，企业工作结构不合理，员工对工作不满，就更不能对工作产生责任感，员工内部自发控制就无从谈起。研究表明，如果企业工作结构合理，员工对工作满意，就会对工作结果富有责任感，从而有利于企业的各项工作的开展。

企业可以从以下四个方面来强化员工的责任意识：

① 培育良好的企业文化。对企业而言，企业文化的培养可以形成一种优良的企业传统，在企业内部形成人人负责任、人人为企业的氛围，这样，所有员工就会被这种氛围感染，责任意识也会有很大提高，就会转化为一种道德力量，影响着人们的行为。例如，企业内部让员工觉得自己很重要，在给予员工表扬和认可方面，在让员工觉得自己很重要方面，企业的"预算"通常是没有限制的，给员工颁发一些实质性的东西，即他能触摸到、感觉到的东西，以此象征公司对其卓越表现的认可，并让其他员工也看到，正面激励的效果将更加明显。

② 科学、全面制定企业运营管理制度，为责任意识的培养奠定基础。对企业来讲首先应制订各种管理标准，尤其是基础的人力资源管理制度、流程，落实岗位责任制，使每个员工都明确自己的职责，将责任落到实处，并建立责任追究机制，保证员工各尽其责、各司其职，每个员工才能尽心尽职干好自己工作。例如从细节抓起，制定严格的岗位责任制度、工作流程和工作标准，用符合工艺的严密的流程和科学的标准保证岗位职责的实现，约束员工的操作行为。再比如，企业必须建立起正确授权的制度。将某一具体工作从管理者手上传递到员工手上，就是授权。这种授权可以只是一次性的，也可以是长期的。这意味着管理者将依赖那个员工来完成这一任务，达到要求的绩效标准。在管理者授权下属去做某项工作时，必须确保下属完全明白自己承担的责任，并拥有圆满完成这一任务所需的知识与能力。

③ 教育、引导员工责任意识形成。一般而言，因受教育不同，观念不一，人生观、价值观、追求各异，员工的素质呈台阶式分布。这就需要从教育着手，根据不同层次、不同人群的思想观念、行为理念、兴趣爱好等特点，采取一些他们能够接受的办法，教育、引导员工责任意识的形成。此外，企业管理者要敢于负责，承担责任，企业形成一种勇于承担责任的氛围。如果只是要求企业普通员

工如何按照流程和标准来做，严格按制度办事，而作为企业管理者，尤其是高层管理者却超越制度、出了问题，率先逃避责任，那么无论怎么培训教育，员工也不可能养成责任意识。只有企业管理者敢负责任，员工才能敢负责任。

④ 以人为本、尊重员工。某种意义上，企业员工就像顾客，理应得到尊重，这种尊重容易激发员工的意志与责任意识。让员工全身心投入工作的关键，是让其全权负责自己的工作，这是以人为本、尊重员工的具体表现，而不能让员工觉得工作只是在替领导做事。例如，当企业领导者询问一个员工是否愿意接受新的职责时，在给出承诺之前他可能需要想一想，开始可能拒绝，但后来接受。这就是一种尊重与信任，有助于员工增强信心。

（2）企业的责任管理

精益管理本质上是强化有效率的执行力，执行力的基础是执行力组织和执行力文化，其核心就是责任，包括职权职责的定位和责任意识的培养。负责任的管理者总是关注于结果：第一，必须衡量"解决问题"在企业中的作用，并使"解决问题"变成一项战略步骤；第二，必须果断地、永久地解决工作中浮现出的日常问题。

企业必须建立起责任管理体系，进行责任管理。企业的责任管理体系的内容包括：企业对顾客的责任、企业对员工的责任、员工对企业的责任、企业对社会的责任以及责任追究。

① 建立企业对顾客的责任体系。

第一，完成了工作并不等于服务了顾客，如何将顾客粘在企业身边，重视客户。

第二，对顾客的承诺：品质标准、交期标准、成本标准、服务标准。

第三，市场研究：关注目前的客户、潜在的客户和过去的客户。

第四，了解客户的典型问题。

第五，确定服务的核心。

② 建立员工与公司之间责任体系。

第一，给出一个清晰的有意义的方向。

第二，企业使命与愿景的规划。

第三，企业愿景与业务发展目标的制定。

第四，企业所尊重的价值观的提炼。

第五，企业文化环境建设。

第六，企业部门责任体系建立。

第七，企业岗位责任体系建立。

第八，企业责任考核体系建立。

第九，企业责任回报体系建立。

③ 企业对社会的责任体系建立。

第一，企业对社会的责任意识就是管理者的社会责任意识体现。

第二，企业承担社会责任的动因——机构对社会的影响、社会本身的要求。

第三，企业的社会责任塑造企业的品牌。

第四，承担社会责任的两个途径：对产品或服务的质量监控、对社会的人道主义关怀。

第五，把社会的问题看成是企业的机会。

第六，社会责任的限度：负责任的管理者不会因为追求个人利益而使企业衰落，企业的经营绩效是企业承担社会责任的决定因素，企业必须具备承担社会责任的能力和职权。

第七，学会拒绝承担不当的社会责任。

④ 企业责任追究制度体系。战略的正确并不能保证企业的成功，成功的企业一定是在战略方向和执行力两个方面都到位，而执行力的核心就是责任意识与责任体系。责任不可传授，但可以培养，可以在企业内部建立责任管理机制。一旦管理与控制形成一个完整的体系，必将产生一种力量。这种力量可以促使企业进入自行运营状态，而且这种力量能够持久地留存在企业内部，这便是管控的力量。当企业进入自运行状态时，员工的责任意识缺乏问题也就迎刃而解。

企业加强责任管理的措施如下：

第一，针对不同员工认真分析其所属类型；

第二，结合本部门实际情况建立行之有效的管理方式；

第三，勇于探讨问题的根本，并大胆提出合理化建议；

第四，加强横向、纵向沟通，防止责任的跳动；

第五，善于授权、合理集权、杜绝弄权。

责任管理的本质是自我负责。责任永远都是自动自发性地去承担的，责任管理的目的在于使每个人都能够对自我负责，成为一个有益于企业成长的人。责任心管理的终极目标在于：帮助每位员工实现自身的价值。

3. 精益管理中的岗位责任

不管是哪一层级的员工的责任意识养成，归根到底都与企业是否有科学、规范的岗位职责有关系，最终的落脚点也是在企业的岗位职责上。精益管理体系特别强调责任划分与责任归属，这是精益管理推行的基础。

① 明确清晰描述岗位职责，对岗位工作内容进行充分分析。清晰岗位所承担的职责，确保岗位的人员做正确的事情，降低失误成本。一要做正确的事情；二要正确地做事情。事情是否正确具有决定性的作用，事情错误给企业带来的失误成本远远高于"做错事"造成的失误成本。

② 最大限度地减少岗位人员因职责模糊而存在的"扯皮"现象，降低运作成本。将企业岗位的职责划分清晰，并且将各任务的来龙去脉呈现出来，特别是众多衔接点的清晰界定，从而最大限度地减少岗位因职责模糊而存在的"扯皮"现象。

进行工作分析，编制岗位职责描述的基本思路如下：

① 根据企业的实际情况选定工作分析方法，预先设计书面的工作分析调查问卷，深入进行工作分析，在此基础上整改各项工作流程，使每一件工作均有一个正确的程序和方法。只有保证程序与方法正确，才能确保工作顺利和不会出现错误。

② 根据整改后的工作流程、现有人力资源背景、未来可能符合企业要求的人员、某一工序或区域性工作量的大小等因素进行岗位设计以及该岗位所需的人数编制，以承担部门职能职责下的具体业务。

③ 通过岗位分析，确定每个岗位的主要职责、次要职责、工作难点、绩效标准、工作环境和任职资格等，并依此制定各岗位的岗位说明书（岗位职责）。

企业形成的岗位责任体系（包括岗位职责）基本内容如下：

① 清晰有效的岗位描述；
② 完备的岗位责任定位；
③ 系统的员工能力发展体系；
④ 有效及时的员工激励计划；
⑤ 明确的岗位成本预算；
⑥ 准确的岗位考评制度。

【阅读材料 4-2】 某企业总经办部门职能说明

1. 部门基本资料

部门名称	总经办	部门负责人	总经理助理	部门代码	KM/ZJB
部门定岗	14人	部门直接上级	总经理	分析日期	2017年10月27日

2. 部门使命

规范和完善企业职能管理模式，提高企业管理水平，从行政办公、人力资源管理、财务管理、企业运营等角度出发，确保经营管理层领导日常管理工作的顺利进行，支撑企业战略目标的实现

3. 部门组织机构

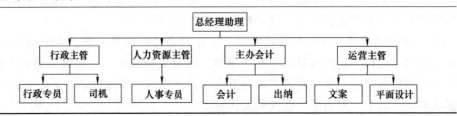

续表

4. 部门职能职责

(1) 主要职能职责内容

①负责公司职能岗位的协同管理工作，保障管理工作的高效

②保障人力资源六大模块的管理工作，包含架构建设、薪酬管理、绩效管理及企业文化建设工作

③确保日常行政办公秩序及行政制度建设，保障日常行政办公高效运行

④监督日常财务管理工作，落实成本控制、税务管理、合同评审、预算管理、资金安全等财务管理模块

⑤负责企业运营策划工作，包括公众号管理、平台管理、外宣策略，提升企业对外宣传品质及效果

⑥负责企业文化系统建设和管理

⑦负责上级领导交办的其他临时性工作任务

(2) 职能履行考核指标

①管理成本考核

②招聘达成率、培训组织及成效、人力成本控制、人均毛利、制度建设的可行性及有效性

③行政制度建设的可行性及有效性、行政服务评分、行政办公效率

④预算控制、财务成本(税金)、财务服务、日常财务办公的准确性

⑤推广效率、推广效果、用户投诉、活动策划效果

⑥企业文化建设任务完成率

⑦任务完成效果及效率

5. 部门主要权限

业务权限	对管理体系规范化、科学化的建议权
财务权限	对年度费用预算的编制权，对本部门管理系统建设费用支出的建议权
人事权限	对各级员工选、育、用、留的建议权；对本部门人员引进、任用、考核、激励的建议权和实施权

6. 其他

备注	

【阅读材料 4-3】 某企业财务总监岗位说明

职务名称：财务总监　　职务代码：00003　　所属部门：财务部

直接上级：总经理　　管辖人数：10人　　职位等级：中级

晋升方向：无　　轮转岗位：财务主管　　薪资标准：年薪　　万

(1) 任职条件

①学历背景：本科以上学历（财会或金融专业）。

②培训及资历：会计师职称和注册会计师资格，有英语四级或日语二级，熟悉国家政策和劳动法规，熟悉各类办公软件，综合素质高。

③工作经验：在外资企业三年以上相同职位的工作经验。

④ 基本技能和素质。

语言能力：能清楚、准确地向提问者解答每个问题。

文字能力：能用准确的文字表述每件事情。

观察能力：能清楚地了解即将发生的事情，并能找出解决办法。

逻辑处理能力：根据事情的主次合理，有序地安排工作。

熟悉涉外会计、税务审计等政策法规，具有企业财务工作流程优化能力。

⑤ 个性特征：

a. 作风严谨，行事稳健，具有强烈的创新意识和开拓精神；

b. 富有团队意识，团队组织能力强；

c. 精力充沛，能承受较大压力。

(2) 工作内容

① 负责领导本公司的会计人员办理会计事项，进行会计审核，正确计算和分配公司收益，协调各部门关系；

② 负责各种报表的审核；

③ 编制和执行公司预算、财务收支计划、成本管理，拟定资金筹措方案和使用方案，开辟财源，有效地使用资金。

(3) 工作要求

良好的职业道德，对工作认真负责。

(4) 权责范围

① 进行成本费用预测、计划、控制、核算、分析和考核，督促各部门降低消耗，节约费用，提高经济效益；

② 建立健全经济核算制度，利用财务会计资料进行经济活动分析；

③ 协助公司主要行政领导人对企业的生产经营及基本建设投资等做出决策，参与公司生产经营管理方案的制定和重大经济合同、经济协议的洽谈、审查、签订工作；

④ 审查公司财务收支计划、成本费用计划、财务专题报告和会计核算报表；

⑤ 审查涉及财务收支的业务有关费用、经济合同、经济协议和项目建议书；

⑥ 组织会计人员进行培训，支持会计人员依法行使职权；

⑦ 负责本公司职员和各部门主任以上的工资发放的制表；

⑧ 承办公司主要行政领导人交办的其他工作；

⑨ 编制公司的财务预算和收支计划；

⑩ 各类资料分类归档进行存放。

(5) 工作关系

① 向谁报告工作：总经理。

② 监督：各位总监、总经理助理。

③ 指导：各位总监、总经理助理。

④ 合作者：各位总监。

⑤ 外部关系：企业各方公共关系。

（6）工作环境

① 办公室为主。

② 工作环境舒适。

③ 无职业病危害。

（7）体质条件

① 身体健康。

② 能承受高强度工作。

③ 能承受较大精神压力。

【阅读材料 4-4】 某企业水电工岗位说明

1. 岗位基本资料

岗位名称	水电工	所属部门	园区管理部	岗位编号	KM/YQ-007
直接上级	物业管理部	直接下属		无	
岗位编制	1人	薪酬等级		岗位分析日期	2019年10月27日

2. 岗位职责及岗位工作标准

(1)职责概述	保障园区及公司电力、水力、空调等设备的正常使用

(2)职责内容	(3)工作评价维度或标准
①负责园区大楼的线路、电气设备、空调设备、供水设备的修理与保养工作	①问题处理的及时性与工作效率
②负责园区大楼各电气设备的巡查工作	②工作是否完成
③负责园区大楼的应急处理事件，如停电、电梯故障、办公座椅、外墙地面等	③任务完成效果及效率
④负责园区大楼安装工程的跟进与落实	④任务完成效果及效率
⑤完成上级交办的其他任务	⑤任务完成效果及效率

3. 岗位主要权限

主要业务权限	园区大楼水电保养、维修方式的建议权
主要财务权限	水电运维费用的建议权
主要人事权限	无

4. 岗位主要工作关系

内部协调关系	入驻企业、公司内各部门
外部协调关系	维修单位

续表

5. 岗位任职资格（请按岗位所需的最低标准填写）	
资格项目	具体内容与标准描述
学历及专业	不限
专业知识要求	不限
专业技能要求	熟悉强弱电、水、空调维修等技术
岗位经验要求	相关工作三年以上经验
素质能力要求	较强的责任感及敬业精神；身体健康，较好的动手和动脑能力；沟通、协调能力
职称/执业资格	电工操作证

6. 工作环境与工作特性	
工作场所环境	20%在办公室内，80%应在办公室外部
出差情况	极少出差
体力劳动	较多
脑力劳动	较少，脑力劳动强度较小

7. 职业发展通道	
可直线晋升岗位	无
可轮换岗位	无
备注	

二、操作标准与标准化体系

精益管理对标准、标准化操作特别重视，有了标准才能进行价值流分析，才能够明确浪费所在，建立企业标准化管理体系是精益管理的必需。

1. 精益标准操作的内容

操作（作业）标准化、标准化操作（作业）、变化点管理和改善优化是标准化作业管理的动态循环。日本和美国的企业实践证明：作业标准化做得越好，对员工技能的依赖越低，新员工上手就越快；标准化作业做得越好，生产人员越有条件进行变化点管理，一线干部越有时间推进改善优化；不断改善和优化的结果，是使企业作业标准化体系不断完善并得到动态维护。日本和美国在华企业甚至能用高达40%以上的季节性用工，还能保持强势的市场竞争力，标准化作业管理功不可没。

早在20世纪初的科学管理时代，泰勒的科学管理中的作业管理就特别强调两点：第一流的工人和标准化的作业条件，其中第一点培训工人成为"第一流的工人"被认为是领导方面的职责。第二点是标准化的作业条件，包括：使工人把握标准化的操作方法；使用标准化的工具、机器和材料；劳动与休息时间合理搭配；使作业环境布置标准化。泰勒所走的方向是"调查影响工作的主要因素，以发现有关因素和时间之间关系的规律"。泰勒认为："一切管理问题都应该而且可以用科学的方法加以研究，并从中优选出最好办法，若能对其体系化、科学化，这种最佳办法便可付诸实现。"第二次世界大战以后，日本积极引进泰勒制，通过制定包括工作标准在内的一系列标准，使企业管理取得显著的效果。

丰田没有照搬泰勒的科学管理方法，而是在此基础之上，创造性地形成了自己的管理模式。丰田认为，企业要想在所属的行业内保持领先地位，要有强于对手的竞争力，就必须制定出确实可行的、能授权员工的标准，只有这样，才能持续改进承复性流程。而要充分授权员工，就必须首先把员工当作问题的解决者，而不是只知道接受命令的工具。这样一来，丰田把传统企业管理中，官僚式由上而下的企业制度取消了，而采取了网络化、有弹性与创新的制度，这就是丰田的标准化作业。在丰田公司，标准化并不是泰勒时代的"明确写出操作员必须遵循的工作步骤"。丰田公司标准化作业具有以下三个特点：

① 由现场监督人员决定具体的标准作业；

② 标准化作业分为五个特定程序（确定循环时间、确定一个单位产品的完成时间、确定标准作业顺序、确定在制品的标准持有量、编制标准作业书）；

③ 用循环时间对作业人员进行再分配。

一般来说，标准化的内容有六个方面，这也与泰勒的思想一致。

（1）操作方法标准化

基层操作员工严格标准化方法进行操作，操作来源于标准。问题在于，标准怎么形成，谁来明确标准？企业需要有一套完整的操作标准体系，这套操作标准来源于上位的国家、省市以及集团，来源于企业生产运营实际。企业操作标准是中层管理者根据企业运营的要求，把国家、省市、集团的上位标准整合为具体岗位的操作标准，形成作业指导书。企业高层引领发展方向，整合资源，中层把高层的发展意图、方针贯彻、落实下去，制定企业运营标准、制度、流程等，使基层操作者在价值创造过程中有法可依、有章可循、有标可用，这才是管理企业价值创造应有的过程。企业标准化管理部门应该成为企业的一个关键性部门，整合相关专业板块的资源，做好各基层操作标准，形成企业的操作标准化系统。有人认为，企业中层管理者的主要工作就是玩标准、制度、流程，并依据标准检查活动结果。如图 4-2 所示。

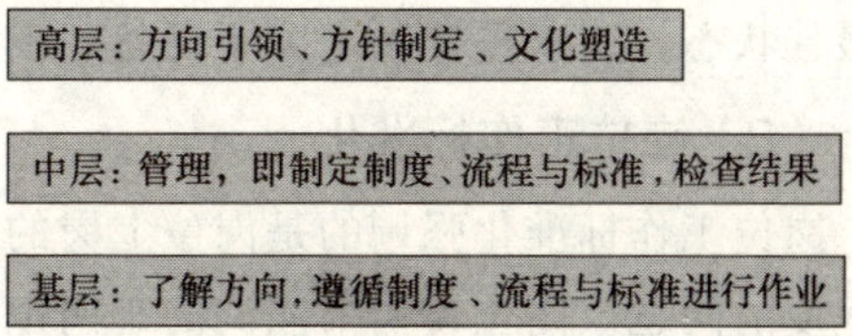

高层：方向引领、方针制定、文化塑造

中层：管理，即制定制度、流程与标准，检查结果

基层：了解方向，遵循制度、流程与标准进行作业

图 4-2 企业不同层次的功能

【阅读材料 4-5】 泰勒的劳动定额标准化管理

被人们称为"科学管理之父"的美国工程师弗雷德里克·泰勒，一生从事科学管理研究。他的《科学管理》和在此基础上形成的"泰勒制"在二十世纪初期促进了美国工业的突飞猛进，并惠于世界许多国家工业发展。

按照泰勒的思想，任何事情都不应该盲从于习惯。一切事情即使是各种细节，实现都要进行调查，任何工作的形式、条件和方法都应该早有预见，合理安排，做出精确规定。任何人都应当准确无误地执行这个预先编制好的、经过深思熟虑的科学思考的规定，即标准。基于这种思想所形成的"泰勒制度"基本内容是：从企业中挑选体格强壮、技术熟练的工人进行操作，拍成电影，以适当的时间单位记录下完成某一工序或动作的时间，继而以作业和时间标准化为出发点，研究出既经济又高效的"标准操作方法"，并据此制订出生产过程的作业标准和时间标准以及不同等级的工资单位标准和把管理从生产中分离出来，为管理专业化、职业化，形成独立研究的科学奠定了基础。

从标准化的角度看，泰勒成功的主要原因就是运用了标准化。泰勒的思想和思想主导下的实验成果，就是工人在标准条件下，根据作业标准，按照标准时间计算的生产定额，进行标准生产作业。不难看出，以这样的生产定额为准则和依据，组织和管理生产的全过程贯穿了劳动定额标准化工作。正因为泰勒在他的研究中，充分运用了"简化、统一、协调、选优"的标准化原理，在他的成果中诸如时间研究、动作研究以及在"两个研究"的基础上，制订的标准操作方法、作业标准、时间标准都是科学合理的，具有较强的政策法规性，在相关因素没有变更的情况下无须修订标准，具有很好的稳定性。

（2）工具设备标准化

这里工具设备标准化强调两个方面：一是工具、设备等的操作标准化，让员工清楚如何使用这些设备与工具，所以，企业机电管理专业部门必须编制出让基层操作者很快就明白的设备、工具的操作手册，并且按照精益管理可视化的要求让员工能随时了解与把握。当然这里需要企业培训部门的配合，通过培训让员工简单了解设备、工具的结构、原理以及操作的基本要求、注意事项等。二是按照精益管理的要求对设备、工具等进行有效养护、保养等，确保设备、工具、材料的最佳状态，所以需要制定关于设备、工具、材料的整理、清扫、清洁的标准。

（3）岗位工作标准化

岗位工作标准化强调的是岗位上岗的基本规定、要求，以及岗位工作做到什么程度的问题。岗位说明书强调的是岗位责任，但岗位说明书的功能不仅仅是责任，更强调的是工作标准与工作绩效：一个岗位应该做什么工作，以及把这项工做做到什么程度，有什么标准要求，都必须在岗位说明书中明确列出来，以便指导员工的工作。岗位说明编制需要进行工作分析，就像泰勒拿着钟表去测量劳动者每一步骤所花费的时间一样，对工作岗位的工作进行时间测定、步骤写实等，然后明确列出两项内容：岗位工作内容，也就是岗位职责；岗位工作效果，也就是岗位工作标准，或绩效要求。

（4）操作过程标准化

任何一个操作过程都是由一定的要素在一定的空间和时间里交替作用的结果，因此操作过程标准化首先体现在操作程序的标准化，这种程序标准包括宏观方面和微观方面。宏观方面如工序衔接的标准、作业人员轮班（交接班）的标准等；微观方面主要是某个操作的程序，如起吊作业中对某个物件起吊过程应包括：准备、开动行车、开到吊物位置、落钩挂吊、起吊、运行、指定位置、落钩、升钩等程序。操作方法标准比操作程序标准更为综合，它主要是指完成某项任务过程中各要素的配置情况如人员、手段、器具、材料、运作方式、作业组织等的配置。

（5）现场环境标准化

精益管理推进方法中一个重要的方法是现场5S管理，对现场进行整理、整顿、清扫、清洁、素养方面的活动，尤其是前3S，是现场标准化管理的基本活动，确保生产现场保持清洁、整齐、有序，无与生产无关的杂物、材料、工装、夹具等均定置，整齐存放，生产环境中有相关安全环保设备和措施，职工健康安全符合法律法规要求，有生产现场环境卫生方面的管理制度，地面与井下的环境因素如温度、湿度、粉尘、光线等符合生产技术文件要求，相关环境记录能有效填报或取得。现场标准化管理是通过对现场的科学定置和清理整顿使现场人流、物流、信息流等清楚流畅，为员工创造一个安全、文明、整洁、高效、温馨、明快的工作环境，激发员工的士气和责任感。

（6）操作管理标准化

操作管理标准化包括管理制度标准化、安全信息标准化、安全业务活动标准化等。管理制度标准化就是使安全管理各项制度的执行标准化，包括安全检查制度、安全教育制度、事故调查制度、事故分析制度、隐患处理制度、紧急事故处理程序、职工安全准则、班组安全工作制度等。这些制度要求内容齐全、职责分明、具体可行，形成事故预测预防体系。

源于丰田生产方式的精益管理认为，企业以标准化的作业方法衡量生产中的浪费，从而实现有效的改善。"无标准作业无改善"，这是丰田生产方式中的一个基本理念，意思是没有一个基准，是很难判定改善结果的，只有设定了基准，才能有依据去不断地实施改善、不断地提高。基于这种理念，在丰田生产方式中系统制定了标准作业的方法,目的是消除生产中的7大浪费、不均衡点,通过对浪费、不均衡点的改善实现生产周期的缩短、人机效率的提高等,最终实现利润的最大化。标准操作(作业)在丰田生产方式中是实现高效生产的主要基础方法之一,是现场管理者现场作业正常或异常的标准,更是改善的基础工具。

对于制造业来说,操作标准与标准操作(作业)是生产现场加工产品时的基准,是以人的动作为中心将人、物料、设备、环境等诸多因素进行最有效的组合,按照毫无浪费的作业顺序、标准作业节拍时间、标准手持数量,高效加工生产的方法。在标准操作中,可以顺利地实现高效生产,有效地运用诸多生产要素,把必要数量的物料与制造产品的设备、人、场地等要素经济有效组合起来,这个组合的过程叫作"作业组合"。这种组合即人、机、物料、环境科学组合的产物就是标准操作或作业。

一般来说,标准操作(作业)是以人的动作为中心,强调的是人的动作,由三个基本要素组成:节拍时间、作业顺序、标准手持(持有量)。操作(作业)标准是对操作者的操作要求,强调的是作业操作的过程和结果,是根据工艺图纸、安全规则、环境要求等制定的必要操作内容、使用什么工具和要达到的目标。操作标准是每个操作者进行操作的基本行动准则,标准作业应满足操作标准的要求。对于煤炭企业来说,更强调前者,也就是操作标准。

【阅读材料4-6】 采煤机作业标准

(1)作业前的准备

正、副司机必须持证上岗,各自进入工作地点,正司机站在电控箱前面,两名副司机站在左、右截割部附近,开机割煤(安全要点:副司机站在距离滚筒5m以外的人行道)。

(2)正常作业

① 启动开机预报警器,发出声光或人工喊话吹哨信号,过3s后,打开供水控制阀,喷水1min,按下启动按钮,主、副电机正常运转后,操作机头、尾调高手把,升平前后滚筒,然后按下电机停止按钮,在电机即将停转时,分别合上左右截割部离合器。再次启动电机。

② 给工作溜司机发出开溜信号,升前滚筒到规定采高,落后滚筒到合适位置(安全要点:前后滚筒不准割顶割底)。

③ 工作溜正常运转后,根据实际牵引方向,转动调速手把,调整牵引速度时,要由低到高,缓慢进行。

④ 主司机应站在机组牵引部处,身体距机身0.3~0.5m左右,随机身而前移,根据副司机指挥信号,随时调整采高。根据截割负荷的大小,及时调整牵引

速度，一般控制在 0~5m/min 的范围内，保证机身运行平稳，割煤时必须严格按作业规程循环图表规定进行。

⑤ 观察工作溜运转情况，注意牵引链吞吐及电缆拖移装置是否正常，倾听机组各部运转有无异常声响，手感各运转部位有无超温现象（安全要点：预防牵引链挤手）。

⑥ 坚守岗位，追机作业，随时注意停机信号，防止大块煤矸、木料拉入底托架下面，观察压力表、真空表、温度表是否指示在规定范围内。

⑦ 前滚筒副司机指挥正司机调整好滚筒高度，并在支架人行道中行走。超前机组行走时距滚筒的距离不少于 5m（安全要点：严防滚筒甩出煤矸伤人）。

⑧ 随时注意前滚筒的运转情况，根据工作面顶板变化及时调整前滚筒高度，达到不割顶及顶网，不留顶煤，保证顶板平直（安全要点：严禁割碰支架前梁，严禁割顶）。

⑨ 发现电缆槽中有大块煤矸或其他物料及时搬出，发现机组前面金属网吊挂影响机组运行时，要及时停机处理（安全要点：注意牵引链弹起伤人）。

⑩ 后滚筒司机的操作行走位置同前滚筒司机。在机组后面行走时，要距后滚筒 5m 以外。

⑪ 随时注意后滚筒的运转情况，根据工作面底板变化情况，及时调整后滚筒的高度，保证割出底板平直，一次采全高时，保证不留底煤。

⑫ 随时注意电缆履带，工作溜的运行情况，发现挤卡履带，工作溜卡堵涌煤或出现特殊情况，立即向主司机发出紧急停机信号，及时闭锁工作溜或停止采煤机，以防事故发生或扩大。

⑬ 端头割煤的操作要求：

a. 割通机头、尾时，机组运行距端头 5 架前要降低牵引速度到 2m/min 以下，副司机站在端头架间观察指挥，当前滚筒伸入巷道内半个滚筒时，停止牵引。并注意滚筒割碰巷道支架、锚杆托盘或单体柱造成危险。

b. 斜切进刀。割通机头（尾）后，调整前后滚筒上下位置，反向牵引，沿弯曲段斜切进刀，运行到机组全部进入直线段为止。

c. 割三角煤。工作溜弯曲段推直，工作溜机头、尾迁移后，机组调整前后滚筒位置，正（反）向牵引割三角煤割通煤壁半个滚筒伸入巷道为止。

d. 反向割煤。割通机头（尾）后，落下前滚筒，升起后滚筒，反向牵引割煤。

⑭ 采煤机在铺设顶网的上层工作面割煤时，司机要密切注意顶网吊挂是否有利于机组的运行，有问题时应及时处理，保证机组正常通过时不撕挂顶网（安全要点：处理顶网时要闭锁采煤机工作溜）。

⑮ 采煤机在下层工作面割煤时，遇顶网破烂、过地质构造带时，机组司机要和支架工密切配合，掌握好机组牵引速度，使新暴露的顶板能及时有效地支护，防止捕顶事故的发生。

(3) 特殊问题的处理

① 顶板破碎时，要降低牵引速度。条件许可时，可落前滚筒割底煤，升后滚筒割顶煤。采用及时支护的工作面，可以由支架工滞后前滚筒 2~3m，采煤机割一架煤就拉一架支架支护顶板。支架有伸缩梁的工作面，由后滚筒司机滞后前滚筒 2~3m 伸出伸缩梁支护顶板。机组通过有伸出伸缩梁的地段，由前滚筒司机超前滚筒五架收回伸缩梁（安全要点：时刻注意顶板冒落、掉矸、片帮伤人）。拉架、伸梁要提前通知周围人员。拉架时架下不能有人（支架工除外）。

② 煤层中出现顶压、底鼓，大范围坚硬夹石影响割煤时，不准强行切割。应采取放震动炮措施后，再缓慢通过。放炮时，放炮点与采煤机要有 10m 的安全距离，并按要求遮掩有关设备（安全要点：放炮必须有专项措施，并严格执行放炮撤人等有关规定）。

③ 机组前方出现大块煤矸时，停机并闭锁工作溜，人工把煤矸打碎，然后解除闭锁，重新开机作业。

④ 顶板出现比较完整的网包时，可事先通知支架工和班组长，协助配合停机处理，可用单体柱把网包顶起（安全要点：注意倒柱伤人）。

⑤ 网包小且不完整时，先把顶板维护好后，用断线钳把裸露下来的网剪掉，机组再缓慢通过。

⑥ 处理网包时，要停止、闭锁采煤机、工作溜，且有专人看管开关，跟班队长现场指挥，没有开机信号，不准擅自开机作业。

⑦ 如遇工作溜不平直区段时，应超前进行处理，或事先通知顶溜工把煤溜顺直，或通知班组长停机吊溜，或起底处理不平处。及时调整滚筒卧底量，保证工作溜平、直度。

⑧ 电机超负荷时，要降低牵引速度，牵引部油温不超过规定。发现机组吞吐链困难时，及时停机，以防断链伤人。

2. 标准作业程序（SOP）与作业指导书

(1) 标准操作的目的与标准要求

精益管理认为，标准操作（作业）是提升效率、降低成本的最佳方法，基本原因如下：

① 标准操作是一种最佳操作模式。标准文件是将最好的经验和方法用文件形式固定下来，形成成文的标准，标准操作就是遵循该标准进行作业，防止盲目

探索、各自为政的作业方法所带来的混乱和波动,保证作业的高效率,统一作业方法保证过程输入变量的稳定性和过程输出的较小波动,从而比非标准化作业产生更少的缺陷和更高的品质。

② 标准操作是一种最灵活的操作模式。标准操作并未排斥变化和改善,相反,标准操作模式把过程改善的要求和改善过程方法也标准化,改善成了日常作业的一部分,改善的结果经验证有效后也予以标准化。换句话说,标准操作控制的只是过程变量的非正常波动,而主动地改善(使过程向好的方向变化)是标准操作不加限制的,且因为文件化,作业者可灵活调配而不影响生产。

③ 标准操作是一种最简单的操作模式。质量管理具有经济性原则,越是简单的过程消耗的资源越少,产生缺陷的机会越小,效率也越高。标准操作之前首先是一个改善和优化的步骤,即标准的方法和程序是经过认定为现阶段最优的方法和程序;此外,标准化操作意味着统一性重复作业,这样随着作业的进行,操作者熟练程度会大大提高。

标准操作的基本目的在于,以规定的成本、规定的工时生产出品质均匀、符合规格的产品。要达到上述目的,如果制造现场的作业如工序的前后次序随意变更,或作业方法或作业条件随人而异有所改变的话,一定无法生产出符合上述目的的产品。因此,必须对作业流程、作业方法、作业条件加以规定并贯彻执行,使之标准化。

一个好的标准的制定是有要求的,主要是以下六点:

① 目标指向。标准必须是面对目标的,即遵循标准总是能保持生产出相同品质的产品。因此,与目标无关的词语、内容请勿出现。

② 显示原因和结果。比如"安全地上紧螺丝",这是一个结果,应该描述如何上紧螺丝;又比如"焊接厚度应是 $3\mu m$",这是一个结果,应该描述为:"焊接工用 3.0A 电流 20min 来获得 $3.0\mu m$ 的厚度"。

③ 准确。要避免抽象,如"上紧螺丝时要小心",什么是要小心?这样模糊的词语是不宜出现的。

④ 数量化与具体。每个看标准的人必须能以相同的方式解释标准。为了达到这一点,标准中应该多使用图和数字,例如,使用一个更量化的表达方式,"使用离心机 A 以 $100\pm50r/min$ 转动 5~6min 的脱水材料"来代替"脱水材料"的表达。

⑤ 现实。标准必须是现实的,即可操作的。

⑥ 修订。标准在需要时必须修订。优秀的工作是按标准进行的,因此标准必须是最新的,是当时正确的操作情况的反映。永远不会有十全十美的标准。

(2) 标准操作程序（SOP）

有了标准，比如煤炭企业的作业定额、作业成本等，就可以形成标准作业程序。标准作业程序是将某一事件的标准操作步骤和要求以统一的格式描述出来，用于指导和规范日常的工作，将细节进行量化，对某一程序中的关键控制点进行细化和量化。

标准操作程序（SOP）具有以下内在特征：

① SOP 是一种程序。SOP 是对一个过程的描述，不是一个结果的描述。同时，SOP 又不是制度，也不是表单，是流程下面某个程序中关键控制点如何标准的程序。

② SOP 是一种作业程序。SOP 是一种操作层面的程序，是实实在在的，具体可操作的，不是理念层次上的东西。如果结合 ISO 9000 体系的标准，SOP 是属于三阶文件，即作业性文件。

③ SOP 是一种标准的作业程序。这里的标准有最优化的含义，即不是随便写出来的操作程序都可以称作 SOP，而一定是经过不断实践总结出来的在当前条件下可以实现的最优化的操作程序设计。尽可能地将相关操作步骤进行细化、量化和优化。

④ SOP 不是单个的，是一个体系。虽然可以单独定义每一个 SOP，但真正从企业管理来看，SOP 不可能只是单个的，必然是一个整体和体系，也是企业不可或缺的。余世维在他的讲座中提到：一个企业要有两本书，一本书是红皮书，是公司的策略，即作战指导纲领；另一本书是蓝皮书，即 SOP，标准作业程序，而且这个标准作业程序一定是要做到细化和量化。

一般来说，企业的标准作业程序的形成有以下几个步骤：

① 先做流程和程序。按照企业对标准作业程序（SOP）的分类，各相关职能部门应首先将相应的主流程图做出来，然后根据主流程图做出相应的子流程图，并依据每一子流程做出相应的程序。在每一程序中，确定有哪些控制点，哪些控制点应当需要做 SOP（标准作业程序），哪些控制点不需要做 SOP，哪些控制点是可以合起来做一个 SOP 的，包括每一个分类，都应当考虑清楚，并制定出来。

② 确定每一个需要做标准作业程序（SOP）的工作的执行步骤。对于在程序中确定需要做 SOP 的控制点，应先将相应的执行步骤列出来。执行步骤的划分应有统一的标准，如按时间的先后顺序来划分。如果对执行步骤没有把握，要及时和更专业的人员去交流和沟通，先把这些障碍扫除掉。

③ 套用企业模板，制定标准作业程序（SOP）。按照企业统一的模板，不要改动模板上的设置；对于一些 SOP，可能除了一些文字描述外，还可以增加一些图片或其他图例，目的就是能将步骤中某些细节进行形象化和量化。

④ 用心去做，才能把标准作业程序（SOP）做好。由于编写 SOP 本身是一个比较繁杂的工作，往往很容易让人产生枯燥的感觉，但 SOP 这项工作对于企业来说又非常重要，企业在这方面也准备进行必要的投入，有企业标准作业程序（SOP）需要 2~3 年的时间来保证，必然用心去做，否则不会取得好的效果，甚至走到形式主义的负面。

SOP 的基本格式如下：

① 明确职责：包括负责者、制定者、审定者、批准者。

② 格式：

- 每页 SOP 页眉处注明"标准操作规程"字样。
- 制定 SOP 单位全称。
- 反映该份 SOP 属性的编码、总页数、所在页码。
- 准确反映该项目 SOP 业务的具体题目。
- 反映该项 SOP 主题的关键词，以利电脑检索。
- 简述该份 SOP 的目的、背景知识和原理等。
- 主体内容：具体内容简单明确，可操作性强，以能使具备专业知识和受过培训的工作人员理解和掌握为原则。
- 列出制定该份 SOP 的主要参考文献。
- 每份 SOP 的脚注处有负责者、制定者、审定者、批准者签名和签署日期。
- 标明该份 SOP 的生效日期。

（3）作业指导书

作业指导书是用以指导某个具体过程、事物形成的技术性细节描述的可操作性文件。作业指导书是针对某个部门内部或某个岗位的作业活动的文件，侧重描述如何进行操作，是对程序文件的补充或具体化。对这类文件有不同的具体名称，如工艺规程、工作指令、操作规程等。

作业指导书的作用包括：

第一，作业指导书是指导保证过程质量的最基础的文件和为开展纯技术性质活动提供指导；

第二，作业指导书是质量体系程序文件的支持性文件。

作业指导书包括两类：

① 按发布形式可分为：书面作业指导书、口头作业指导书。

② 按内容可分为：

- 用于施工、操作、检验、安装等具体过程的作业指导书；
- 用于指导具体管理工作的各种工作细则、计划和规章制度等；
- 用于指导自动化程度高而操作相对独立的标准操作规范。

编制企业作业指导书时，必须按照国家标准的要求进行。

第一，如果没有作业指导书就不能保证质量时，则应对生产和安装方法制订作业指导书。

第二，生产作业可按照作业指导书中的规定，确定工序。整个生产中使用工艺规定也应写成书面文件，各个作业指导书中均应引用。作业指导书中应明确规定圆满完成工作以及符合技术规范和技术标准的准则。

第三，应按照质量体系的规定对作业指导书，规范和图样进行编制。

一般来说，企业编制的作业指导书的基本要求与编制步骤如下：

① 内容应满足：

第一，5W1H 原则。任何作业指导书都需用不同的方式表述：

- Where：在哪里使用此作业指导书；
- Who：什么样的人使用该作业指导书；
- What：此项作业的名称和内容是什么；
- Why：此项作业的目的是干什么；
- When：什么时候使用该作业指导书；
- How：如何按步骤完成作业。

第二，"最好，最实际"原则：

- 最科学、最有效的方法；
- 良好的可操作性和良好的综合效果。

② 数量应满足：

第一，不一定每一个工位、每一项工作都需要成文的作业指导书；

第二，"没有作业指导书就不能保证质量时"采用；

第三，描述质量体系的质量手册中究竟要引用多少个程序文件和作业指导书，根据各组织的要求来确定；

第四，培训充分有效时，作业指导书可适量减少。

为了让企业现场操作人员遵守操作（作业）标准，管理者必须检查操作人员是否遵守作业标准，此时，要有计划、有意识地去生产作业现场观察。如发现操作人员不遵守作业标准，应询问其为何不遵守操作标准，对所述说的理由要能够把握，这点非常重要。

操作标准的内容是经过制订且被认可的，操作人员必须依照规定的条件及顺序操作。如对内容产生疑问，或对一些细节有不明了之处时，向相关人员询问，彻底地了解。管理人员不能仅把作业指导书交给操作人员去执行，基层管理人员应负责操作标准的教导，这应该是基层管理人员最重要的职责之一，其对操作人员教导作业指导书的方式有以下三个步骤：

① 召集操作人员讲解；

② 实施操作人员现场作业的指导；

③ 与操作人员举行讨论会，并查看他们是否做得对，且对操作人员的教导是有计划地进行，而不是随兴所至的教导。

【阅读材料 4-7】 某企业电工岗位作业指导书

（1）岗位职责

① 严格执行各项规章制度，技术操作规程，保证安全生产，按时完成上级交给的各项任务。

② 坚守工作岗位，遵守劳动纪律，数量足、质量高地完成作业内容。

③ 爱护机械设备和工具备品，做到会修、会用、会保养、会排除故障。

④ 树立节约观念，做好修旧利废工作。

⑤ 负责完成上级领导安排的临时任务。

（2）作业内容、标准及要求

① 严格遵守各项规章制度，服从上级安排，完成好本职工作后，配合好其他工种工作。

② 努力学习专业技术，熟悉掌握电气设备的原理及实做技能。

③ 工作时间不嬉戏打闹，不擅离岗位。

④ 进行电气设备检修时严格按照电气安全操作规程操作。

⑤ 配合工长制订电气设备检修计划，按时按质量完成并做好检修记录。

⑥ 积极协调配合好工区工作，电气设备出现故障时无条件到达事故现场，听从现场工作指挥人员操作，在确认断电安全后方可进行电气检修。

⑦ 每班至少一次对所有用电设备进行一次全面巡视检查。

⑧ 搞好配电间、配电柜及操作台的清洁工作。

⑨ 节假日、夜间设备发生故障时随叫随到，不能以任何理由推诿拖延。

⑩ 电气设备检修时必须穿绝缘鞋，所用工具必须保证绝缘良好，绝缘损坏的工具不能使用，检修时必须悬挂"禁止合闸，有人工作"的警示牌。对电机、配电柜、电器元件、电气仪表全面检修。检查有无线头松动脱落，仪表有无误差，显示是否正常，不合格的及时更换。不能有丝毫麻痹大意。

⑪ 对配电盘每班巡视检查一次，检查内容：

a. 配电盘上表示"合""断"等信号灯和其他信号指示应完好；

b. 熔断器的熔丝是否熔断；

c. 刀闸、开关及熔断器的接点处是否过热变色。

3. 精益标准管理与体系建设

国内很多企业着手进行本企业的标准管理，着力标准化体系建设，例如中国石化早在2011年就开始遵循"统一、规范、实效、继承和创新",编制与实施中国石化标准化制度体系建设方案。进行标准管理、建构符合企业实际的标准化管理体系,这是精益管理的基本要求。

(1) 标准管理与体系建设的内容

企业标准管理与体系建设的内容构成如下:

① 技术标准。技术标准是标准化管理体系的核心,是实现产品质量的重要前提,其他标准都要围绕技术标准进行,并为技术标准服务。具体来说,技术标准是对生产相关的各种技术条件,包括生产对象、生产条件、生产方式等所做的规定。如产品标准、半成品标准、原材料标准、设备标准、工艺标准、计量检验标准、包装标准、安全技术标准、环保卫生标准、设备维修标准、设计标准、能源标准等。

企业技术标准的形式可以是标准、规范、规程、守则、操作卡、作业指导书等。任何企业都应首先以其高质量的产品(包括有形产品和无形产品)标准为中心,建立完善的企业技术标准体系。

② 管理标准。管理标准是生产经营活动和实现技术标准的重要措施,它把企业管理的各个方面以及各个单位、部门岗位有机地结合起来,统一到产品质量的管理上,以获得最大的经济效益。管理标准是对有关生产、技术、经营管理各个环节运用标准化原理所作的规定,它涉及各个管理方面,包括企业经营决策管理、生产管理、技术管理、质量管理、计划管理、人事管理、财务管理、设备管理、物资供运销管理、经济实体管理以及标准化管理等。

企业管理标准的种类主要包括:

第一,图样、技术文件、标准资料、信息、档案的管理标准;

第二,为进行科研、设计、工艺等技术管理工作而制订的有关设计管理、工艺管理标准;

第三,计量管理标准;

第四,质量检验,审核及质量记录的管理标准;

第五,经济合同管理标准;

第六,半成品、协作件管理标准;

第七,生产运输管理标准;

第八,定额管理标准;

第九,成本管理标准;

第十,设备管理标准;

第十一,物料管理标准;

第十二,生产活动原始记录及台账及信息管理标准。

此外还有能源管理标准、会议管理标准、计算机辅助企业管理标准等。

③ 工作标准。工作标准是生产高质量产品、提高生产经营效率、实现各项技术标准的重要保证。具体来说，工作标准是对各部门、单位的各类人员的基本职责、工作要求、考核办法所做的规定，包括职责权利、工作程序、办事细则、考核标准和相互关系准则等。按工作岗位，在岗位责任制的基础上制定企业工作标准。

【阅读材料 4-8】 某企业管理标准三分法

按照企业管理功能模型，把管理标准分为 5 类，分别是企业上层建筑类、资源投入类、运营管理类、产出类、人力资源与企业文化类。在企业管理标准建设的实践过程中，可以将上述管理标准转化为三大类：即目标管理标准、资源与要素管理标准、业务管理标准。

① 目标管理标准主要是指国家及集团公司确定的目标类管理标准，包括业务发展、QHSE、内部控制等方面管理标准。

② 业务管理标准主要是保证油田主营业务价值链顺畅运营的各类管理标准，如勘探、开发、评价、基本建设、油气生产等业务方面的管理标准。

③ 资源与要素管理标准是指为保证油田目标管理标准的实现，以及有力保障业务管理标准的有效执行，对企业内部各类资源与要素进行规范和要求类的管理标准。如财务管理、信息管理、人力资源管理、企业文化管理等方面的管理标准（图 4-3）。

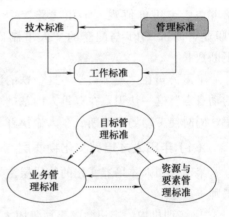

图 4-3 某企业管理标准三分法

（2）标准管理与体系建设的步骤

建立企业标准体系主要目的是对生产、经营和管理的技术要求、管理要求和岗位操作要求的精细化、定量化、标准化，以敦促便捷掌握、实施和检查企业长远目标的可持续发展性。

建立企业标准体系主要有以下步骤：
① 建立企业标准化机构和配备人员；
② 企业标准化培训；
③ 建立企业标准化管理标准；
④ 企业标准化工作的规划和计划；
⑤ 企业标准的制定；
⑥ 标准的实施；
⑦ 标准实施的监督检查。

三、现场人员素养全面提升

人是推行精益管理的重要环节,企业员工成为精益人之后,精益管理的推行就会产生期望的效果,需要持续不断地进行训练,以提升员工的综合素养。

1. 丰田人才的培养方式

丰田公司的人才培养不是"拿来主义",而是广招无任何经历的应届毕业生,花大价钱投资培养,这种人才培养其实是一种文化,它不仅仅是人事部的责任,也不仅仅是董事长、总经理的责任,而是每一个员工的责任,甚至可以说是义务。这种文化普及企业每一个角落,每一位新员工,不仅自己很明显感受到这种文化,同时也清楚自己今后肩负的培养后代的责任和义务。丰田人才培养源于丰田价值观"丰田之路"中"尊重",丰田人才培养的根底是OJT(职业培训),OJT与配套的"人事制度"和"系统教育"相结合,促进人才不断成长。

丰田公司在"边干边学"这一铁的法则指导下,本着"生产现场是一切工作的动身点"这一认识,在尊重人的基础上开展TWI(督导人员训练),提升生产率,同时使劳动场所明朗、令人愉快舒心,以符合生产活动的要求。

(1) 丰田人才培养文化物质层

丰田公司人才培养文化的物质层主要表现在培训机构、设施、道具、教材、教师等。

① 培训机构。丰田学院隶属集团人事部,负责人才培养,"丰田之路"宣传推广,人才培养政策的制定,管理培训教材的编写完善,培训教师培养;丰田员工技能培训由各个部门开展培训。随着海外市场不断拓展,海外事业对各类人才的需求不断增加,仅仅靠丰田公司培养人才并对外输出远远不够,为适应这种变化,2000年后在丰田本部成立一个名为丰田全球生产力推进中心,负责帮助海外事业部进行人才培养。

② 培训教师选拔和培养。人才培养是每一个丰田人的职责和义务,一个管理者是否优秀,人才培养是必备条件之一。在丰田,多数教师都是兼职,在工作之余备课、授课,没有一分钱报酬,但没有人抱怨。教师的培养和选拔非常严格,能做教师的人,不仅业绩优良,能力出众,而且是公司重点培养的对象,因此许多人把为人师当作一种荣耀、一种信任和受领导重视。

(2) 丰田人才培养文化制度层

人才培养制度层就是关于人才培养的制度、体系。

在一汽丰田，人才培养体系大致由三大块组成：新人教育体系、事技员培训体系和技能员培训体系（事技员即管理人员，技能员即一线、二线工人）。三大教育培训体系目的都是同一个，即通过教育培训，提高业务能力，逐步缩小差距，促进个人与公司全方位开展。

一个新入职员工，不管其是否有工作经历，也不管是管理人员还是工人，其培训大致要经过六个阶段，承受三级教育（即公司级、部门级和岗位级），耗时6个月～2年，涉及公司文化、工作方法、平安环境、职业卫生、丰田生产方式以及岗位技能多个方面的培训。事技员和技能员教育培训体系一样，分为晋级培训、专门培训和OJT，也称为晋级前培训和晋级后培训，主要包括丰田工作方式培训、TPS培训、管理技能培训、领导力培训、业务提高培训、操作技能培训、新工艺新技术新设备培训、信息技术培训、平安培训、OJT培训、岗位轮换、5S培训、现场管理、QC与改善培训、汽车知识培训、出国研修、特殊工种培训、外语培训、ISO培训、职业卫生培训等。

在一汽丰田，员工培训分为三种：推荐培训、强制培训和选择培训。

推荐培训工程，如晋级培训、操作技能等级培训，必须上司推荐，公司育人委员会审批通过；

强制培训工程，如新人入职三级教育、平安培训、特殊工种上岗培训等，员工上岗前或转岗、轮岗后必须承受培训，并取得相应的上岗；

选择培训工程，如外语培训，所有员工，只要有兴趣均可免费参加。

培训结果利用与培训工程相关，有的与职务和资格晋升挂钩，如晋级培训，有的是上岗的必备条件，如特殊工种上岗培训，有的只作为员工绩效考评、职务资格晋升的参考，如外语培训。

（3）丰田人才培养文化行动层

人才培养文化行动层也称人才培养行动文化，是企业展开人才培养活动产生的文化现象，也是企业精神、价值观的折射。换言之，丰田的人才培养文化表现在系统成熟的培训教育活动中，同时，各个层次、各个类型的大量培训教育活动又成就了其独特的人才培养文化。丰田员工培训大致分为两大类：晋级培训和专门培训，包括两种方式：一是能力培养与知识培训相结合，以能力培养为主；二是集中培训与OJT相结合，以OJT为主。

两大培训方式已经成为丰田人才培养的核心理念。

2. 精益现场人才培训——TWI

TWI（training within industry）即为督导人员训练，或一线主管技能培训，是在二战时期美国的技术员发明并普及的一种训练方式，由生产主管当老师在车间里教育、培训一线员工。二战后，美国重建日本经济时，发现日本技术劳动力潜力极为雄厚，但稀缺有效的督导人员，故引进 TWI 训练，培训了大量的督导人员，日本政府认识到此培训的重要性，为此组织企业成立日本产业训练协会，并由日本劳动省大力推行，对二战后日本经济腾飞起到了极大的促进作用。TWI 培训在日本被重新启用并由此确定了丰田的标准化作业的基础，丰田并进一步将 TWI 衍生并与丰田生产系统结合。TWI 是推行精益生产、丰田生产方式、TPM、5S 等各项工具和系统的基础。TWI 以其能快速为企业带来降低成本、提高品质、改善现状、提高效益等显著功效，深受企业欢迎。TWI 培训结构如图 4-4 所示。

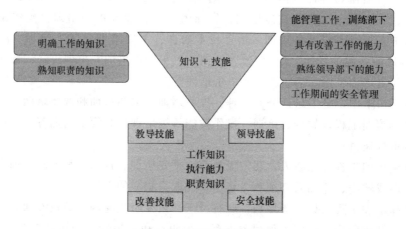

图 4-4　TWI 培训结构图

TWI 是一套成熟、简单、合用、有效的课程，可协助企业建立工序、落实管理并牢固成长。基本特色是：

① 是针对一线班组长培训的基础课程，为完整掌握基础原理与原则，高度定型化、标准化的课程，拥有很强的可复制性。

② 把现场的问题和实习素材带入教室，经过讨论和实际操作，更加详尽，实践性强。

③ 比起知识更重视技术，比起"应知"，更重视"应会"。

④ 讲义平实易懂，有速效性，把"四阶段法"简短简要地总结为一张卡片，易于履行。

TWI 通过高度定型化、标准化、模块化训练课程，以讲授和演练相结合的方式，对一线员工进行系统训练，并跟踪指导他们应用于日常工作中，通过他们教导下属，挖掘下属的潜力，与下属一起持续改善现有作业，消除生产过程的人财物浪费及不均衡、不合理现状，降低成本，提高团队的产出和效益。

TWI 主要内容包括四大板块、六大训练体系，如图 4-5 所示。

图 4-5 TWI 的板块与功能

(1) 教导的技能 (TWI-JI)

工作教导模块通过两个核心训练来提升的指导技能:一个是教导前的准备,包括制订训练预定计划表和工作分解表;另一个是教导下属工作的四阶段法。通过这种科学有效、简单实用的训练方法,去指导下属的工作,可大大缩短新员工、新方法的培训时间,并且能够做到一次教会,一次教对,减少人财物的浪费和不良品及返修品的产生,减少灾害的发生和工具设备的损坏,保证产品质量的一致性和稳定性。该模块使基层主管能够用有效的程序,清楚地教下属工作的方法。

【阅读材料 4-9】 丰田教导技能的四阶段法

按照"准备的方法"在教育前进行准备,接下来就按照卡片正面的"教育方法四阶段"来对员工进行指导。按照这种方法,就可以正确、安全、毫不欺瞒且快速地进行教育。

第一阶段:让员工做好学习的准备

如果想让工作顺利开展,准备工作是非常重要的。人们常说好的开始是成功的一半,其实在有的时候甚至要占到 80% 以上。进行教育也是同样的道理,准备是非常重要的。而且由于在进行教育时,学员(被训练者)才是主角,所以在一开始就有必要让学员做好学习的准备。

① 让人放松。如果过分紧张,则无法充分发挥自己的能力,在学习上也是一样的。特别是在从上司或前辈那里学习时,无论谁都容易紧张起来,所以说要想办法使大家保持在一个正常的状态。但是,如果过分放松也不行,人就会犯懒了。

② 介绍一下将进行什么作业。来学习的人一般都会因为不知道学习的内容而感到不安,为了解决这种不安,教育者需要在事前进行提醒,以便使其有所准备。所以,可以通过介绍作业名称,或是观察实物等方式先对其进行简单的介绍。

③ 确认受讲者对作业的了解程度。如果对方对即将介绍的内容非常了解,那再进行教育就完全属于浪费时间。相反,如果一厢情愿地认为这些内容大家都

了解而将其省略，就会发生因理解不到位而强迫作业的情况。

④ 让大家自发地产生想学习的愿望。如果对方没有学习的愿望，也只能是左耳朵进，右耳朵出，听完就忘。为了避免这种情况的发生，要在讲课之前先向大家介绍一下学习内容的重要性，以唤起大家学习的愿望。

⑤ 在正确的地方就位。没有视觉死角，也便于观察，没有危险，不会引起误会，不会为周围的人带来麻烦，寻找符合以上这些条件的地方进行授课。另外，讲师也要选择一个容易进行指导的位置就位。

第二阶段：说明作业

由于受讲者都是因为对作业一无所知所以才需要进行教育，因此在教育开始的时候，指导者要首先从介绍说明今天要讲的作业入手。

① 将主要作业步骤依次说明、实际操演，并写出来。将主要的步骤按照工作的实际顺序，同时利用动作和语言进行说明。一边让员工观察动作，一边以有序、毫无疏漏及容易理解的方式逐步进行说明，对方便会容易记住。所谓"逐步"就是指：一次说明一件事；将顺序区分清楚；顺序无误。

② 强调重点。如果受讲者牢牢记住了工作的顺序，则在自己作业时就会正确地按其实行。所以，要将需要注意的要点，即事关作业成功与否的地方，事关安全问题的地方，可以让工作变得简单的诀窍进行说明。为了使其留下强烈印象，也要将这些成为重点的原因说明清楚。在说明要点时，要一边实际操演，一边用简洁的语言，按照顺序，反复进行说明。

③ 清楚的，毫无疏漏的，有耐心的。之所以把这三个词单独列为一个项目，是因为这是在整个阶段中都要注意的问题。用清晰清楚的语言，干净利落的动作，毫无疏漏地、耐心地反复进行说明和实际操演。

在实际讲解时，如果能把重点之所以成为重点的根据和存在原因进行说明的话，就可以有效防止实际作业中出现的疏漏、自创流派和疏忽大意。有时也有可能会因为工作繁忙而导致没有耐心进行多次教育，简单学习后就让员工上岗作业。但这样的结果往往会因为员工的错误操作而导致异常发生，之后不但要进行事后处理，而且还要再次进行教育。所以，越忙，就越要使用确实有效的教育方法，耐心地反复教育。

④ 不强迫进行超过理解能力的教育。本项目也是对第二阶段全体都有效的项目。如果强迫受讲者接受其理解能力以上的知识，则反而会带来障碍。

如何判断教育的内容是否超过受讲者的理解范围了呢？可以通过提问题，并观察其表情和态度来进行判断。

第三阶段：确认实际操作

绝大部分作业只用头脑记忆是不够的，这是因为了解和实际做是两回事，所以有必要对已经接受过说明的对象，进行实际操作的练习。

① 让其实际操作——改正错误。首先让其实际操作，如果有错误立即指出并让其改正，以保证其不会染上操作方面的坏习惯。

② 让其一边实操，一边对作业进行说明。通过语言对动作进行描述，一边实际做动作，一边对动作进行说明。通过让员工边做边说，就可以对实际操作顺序进行再确认，最终牢牢地印在脑子里。

③ 再让其一边实操，一边说明作业的要点。接下来，再让其一边进行实际操作，一边在头脑里整理重点，以确认员工的记忆情况。即便动作中体现出了作业的重点，也并不等于实际意识到"这地方是重点"。

④ 理解和到理解为止的确认。这就是第三阶段的结论了。就是说要让学习的人真正理解作业，同时指导者要不断地进行确认，直到其已经真正理解。具体的方法就是通过让其不断地做、不断地说。确认以下四个方面能否正确做出、说出。这四点就是：动作是否正确；顺序说明是否正确；说明时是否漏掉关键点；对于关键点设置理由的说明是否有疏漏。

以上四方面内容，只要有一处表达有模糊不清的地方，就需要继续进行指导。所以，在对各项目的动作、顺序，重点进行确认的同时，让员工说出重点的原因并进行确认。

第四阶段：确认教育后的效果

① 工作就位。第三阶段中通过教育使员工理解了作业，同时对员工到理解为止进行了确认，如果没有问题的话，就可以开始独立工作了。就可以摆脱对其他人的依赖，有责任感地独立开始工作。

② 确定不懂的时候该问谁。要为刚刚开始工作的员工确定不懂的时候进行指导的老师。这样新员工就可以毫不迟疑地发问，就可以从经验丰富的人身上学习到正确的作业（首先是自己，自己不方便的时候找可以信赖的人）。

③ 偶尔进行确认。在刚刚开始工作时，总会容易发生如忘记步骤、搞错内容、作业失败等各种各样的事情。或者在不良品大量发生以前确认其作业方法，在其养成坏习惯之前将其改正。

④ 让员工愿意提问题。学习了新知识的员工总会因为各种各样的原因产生新的问题，但往往会因为对指导者的敬畏，或是不愿意让人知道自己已经忘记等原因而不愿意提问。所以，身为指导者要着重培养起一个便于发问的气氛，让员工能够自发、主动地提问题。

⑤ 逐渐将指导减少。由于指导只是针对那些不知道或不熟练的项目，对那些已经了解得很透彻的项目就没有指导的必要了，所以指导的次数会逐渐减少，指导内容也会逐渐简单。通过这样，不但让学习的人逐渐独立，而且也不会浪费多余的时间。最后，在员工能够独立作业前，不断地进行指导。

只要按步骤经过这四个阶段的教育，就一定可以让受讲者牢牢记住作业方法。

（2）待人的技能（TWI-JR）

一线主管必须通过部属来完成任务，他们必须能够积极有效地处理工作中的人际关系，特别是主管与部属及部属之间的人际关系，使部属乐于追随主管并同心协力地工作，提高整个团队的效能。TWI-JR模块通过"建立良好人际关系的要诀"和"处理人际关系问题的四段法"训练主管如何事先预防问题的发生，以及问题发生后如何快速有效地处理问题的技能。该模块使基层主管能用合理的程序，思考现场工作上的问题与缺失，并提出改进方案，提升工作的效率与效能。

（3）改善的技能（TWI-JM）

这是一种对日常工作的细节加以研究、分析，通过去除、简化、合并、重组等手段，使作业变得更加简单、省力、舒适、有序、有效的技能。工作改善不是大范围地对机械、设备的更新和变动，而是通过消灭人力和资财浪费，实现现有的人力、机械、材料有效利用。该模块使基层主管平时与下属建立优异人际关系，下属发生人际或心理上的问题时，能沉稳地解析，知书达理地解决。

TWI-JM模块是通过对一项工作现有做法按动作进行详细分解，然后对分解后的每个细目进行5W1H"六个自问"：为什么是必要的？其目的是什么？由谁？什么时间？什么地点？用什么方法做会更好？并结合材料、机械、设备、工具、设计、配置、动作、安全、整理整顿九项进行追问思考，在追问思考中实现去除、合并、重组、简化，梳理出改善点和新方法，且持续进行，永无止境。

（4）安全的技能（TWI-JS）

这是对员工进公司、进部门、进岗位或换部门、换岗位的基本培训，必须开展安全培训，安全培训档案紧随员工流动。安全培训内容包括：新员工三级教育、现场安全教育（KYT危险预知训练、异常处理、岗位安全点检、作业要领书、应急处理、安全消防演练、防护用品使用等）、现场监视者安全教育（安全生产方针、班组安全生产管理、安全政策、法律法规、现场安全管理等）、特殊作业人员安全教育、施工安全教育、复工教育、换岗教育、安全员教育、安全生产管理者教育、四新（新工艺、新产品、新设备、新材料）安全教育等。

TWI的六大训练体系如下：

① 工作养成：从学校、部队、乡村走向企业，做事之前先要学会做人。踏踏实实做人，是我们融入未来企业的之本。怎样做人，做一个什么样的人，是进入未来企业的第一课。

② 工作方法：工作方法是集体智慧的财富。做事，就要掌握工作的方法，以使我们少走弯路，顺利地开展自己的工作。怎样做事，应该做什么事，是履行工作职责的前提。

③ 工作关系：现代企业强调的是"品质、成本、交货期"必须兼得，仅靠一己之力是做不好自己的工作的，这需要从事其他工作的人员相互支援与协调。与其他人员保持良好的信赖关系，冷静地分析和处理人际纠纷问题，调和相互之间的分歧与误解，这需要我们能站在对方的立场上去思考问题。

④ 工作改善：改善为所有员工实现自我价值搭建了一个简易平台，是所有人都能看得见和摸得着，可以充分展示才华的舞台。企业无大事，任何大事都是细小事情汇集起来的。从发现和解决身边的小事做起，提升工作效率与效能，我们都可以成为专家明星，这就是改善的魅力。

⑤ 工作指导：工作有自己的程序和标准，指导别人正确地理解这些程序与标准，就可以尽快地接受正确的工作方法和工作指令，使工作更加有成效。这不是在帮助别人，而是在帮助你自己。

⑥ 工作安全：工作就不可避免地会出现错误。但是，不能因为怕出错误，就可以不做工作了。只要我们掌握了规避错误的对策和方法，错误就不可能成为灾难。其实，错误也是一种学习。允许犯错误，但不允许重复犯同样的错误，这就是工作安全的底线和真谛。

TWI的四大板块、六大训练体系的课程内容，企业可以结合行业特征、企业实际来编写对应教材，但总体框架、结构需要借鉴丰田公司，或者是丰田在我国的合资企业（如一汽丰田、广汽丰田等）的经验。

第五章
煤矿推行精益管理的落脚点在于持续改善

精益管理的本质在于持续改善，不断提升企业价值创造的能力。持续改善的关键在于员工必须具有问题意识，持续发现现场的问题，进而解决问题；持续改善的落脚点就是精益改善项目。

一、问题解决与持续改善

1. 问题意识与问题解决

一个企业的生存与发展主要在于两个方面，一是企业要有一个好的思路，否则便在激烈的市场竞争中难有发展；二是这个思路的贯彻落实。这两个方面均取决于企业领导和员工发现问题和解决问题的能力，企业的问题意识越强就越有可能成为赢家。在激烈的市场竞争中，哪个企业的问题意识越强，哪个企业就可能较早地发现问题，就可能占据主动，就可能创新，就可能较早地解决问题，也就可能成为赢家，而那些问题意识薄弱的企业就会成为市场竞争中的输家。但更为重要的是，企业不仅需要具有问题意识，还需要分析问题，需要问题解决的能力与方法。

（1）分析问题是关键

企业以及企业中的员工现场管理与操作工作中，经常遇到各种各样的问题，需要学会进行问题的梳理，从中筛选出制约企业或团队发展、企业现场运营的重要问题，将其作为工作的突破口。企业或员工都需要提升分析问题能力，最根本的是强化科学方法论的学习，用科学方法论武装头脑。很多企业推行精益管理，要求员工学会用精益思想分析解决问题，学会从规章制度、流程和自身进行深入查找问题，要学会多问几个为什么，最终把握问题的根本。但所有的问题都要结合本单位、现场的工作实际进行深入思考。

（2）解决问题是目标

企业现场管理中的要素效率提升与成本、安全、质量等问题的解决，需要要素状态最佳，不允许员工在解决问题上有丝毫的懒惰，企业员工要有一种解决问题等不得、拖不得的紧迫感和责任感，员工要担当起自身的重要职责使命，就要有不解决问题不撒手的韧劲，有盯着现场突出问题抓落实的狠劲，及时发现解决新问题的干劲，努力在履职尽责中有所作为，否则现场价值创造过程就有可能因为要素状态问题而停止，影响企业整体价值创造。

（3）解决问题靠方法

一个问题的解决有很多种方法，掌握问题解决的科学方法会起到事半功倍的效果。丰田 TWI 培训（一线主管技能培训）中一个重要环节就是通过训练来提升一线督导者的问题解决能力。一般来说，问题解决有特定方法，例如问题解决六步法，作为解决现场问题的基本方法，要解决的就不只是单个问题，而是如何去解决成百上千问题的思路，其中蕴含的是一种有效的思维逻辑和技巧。

什么时候有问题？

① 理想与实际差距太大。问题就是当现状与标准或期望产生了差距，有差距就是遇到了问题，也就是现在的表现跟想要的不一样。如图5-1所示。

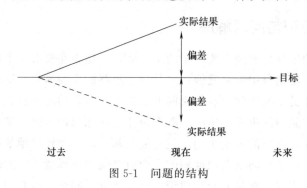

图5-1　问题的结构

② 未能达到进度。例如一件工作的作业流程最少需要三天完成，加上一天的弹性时间，总共是四天的标准范围。有一次，同样的工作却花了六天，这种进度严重落后的现象，就是一种问题。

③ 事情到了无法控制的状况。例如一对即将结婚的新人，因为对结婚的各种礼仪、习俗有不同看法，且各自坚持己见，僵持不下，结果使"问题"持续扩大到无法控制的状况，最后爱人变"仇人"，婚也结不成了。

下面对问题解决六步法的步骤进行简要分析。

第一步：识别问题，设定目标。把通过各种方式观测、分析到的表面、笼统的问题进行识别分析，作出具体说明，将问题转化为规范、专业的"技术"问题，同时还要对问题进行量化说明；然后设定目标，说明何时达到怎样的水平或标准。设定具有挑战性的目标并不是为了考核，而是避免较低目标完成掩盖未来可能发生的问题。

第二步：到现场去，因果追溯。用数据来客观地反映问题，避免依靠人的主观去处理问题。回到现场，了解事件的来龙去脉，进行归纳总结，充分掌握工作的流程与内容，针对问题制作数据统计表，对出现异常的加以观察和记录，收集符合客观事实的资料，最后对数据进行整理分析，层层分类。

第三步：关键少数，改善聚焦。根据上一步的数据台账进行归纳分析，选择出少数的改善点，集中资源与力量进行解决。在如此众多的问题原因中，需要去掉非关键问题，需要找出问题的重点原因，需要进行严密的逻辑推理思考。

第四步：探求真因，彻底改善。原因分析是通过对现状把握中分析出的主要因素进行深入分析，找出问题关键所在。针对原因分析中确定的原因，采用相对应的办法提出改善对策。一般要制订出两套解决方案：应急处理措施、彻底解决问题的方案，然后将解决方案纳入PDCA循环实施。

第五步：保证行动，有效落实。实施对策通常先明确重点，明确责任分工，制订出进度甘特图进行管理。在实施对策的过程中，通常需要注意定期对所实施的项目进行点检，对有异常的事项及时与相关人员沟通，确保项目能够顺利进行。改善对策实施结束后，要进行效果验证，评价对策成效，评价的方法应尽可能量化，并与制定的目标相比较。

第六步：沉淀机制，自动预警。取得预期效果只是开始，因为一旦效果不能持久，很快就得重新开始。必须有意识地采取巩固效果的措施，把改善的成果纳入日常管理之中。最常用的方法就是将改善成果标准化，形成制度，纳入日常管理，并做好相关人员的培训教育。

企业的员工需要具有问题意识，并且善于分析问题、解决问题，核心在于能力的提升。《丰田思考法——丰田的问题解决之道》一书中提到大野耐一的一个观点：没有问题就是最大的问题，有问题是一种常态，而没有问题则是一种病态。进一步可以理解为，问题的提出和解决是促进个人和组织进步的一种动力，关键就在于提升员工、企业的能力。

① 发现问题的能力。不会发现问题，企业的发展就永远只能原地踏步，不会有任何提高。要善于发现问题，首先要培养对待问题的心态：有自我否定的意识，有持续改进的观念，确立没有解决不了的问题的理念。其次要善于思考，爱因斯坦说过，提出一个问题往往比解决一个问题更重要。

② 分析和研究问题能力。发现问题是基础与前提，分析和研究问题才能为解决问题奠定良好的基础。分析和研究问题要抓住难点、关键问题，追查问题发生的根源，探寻问题背后的潜在因素。换个角度分析和研究问题，换个位置分析和研究问题，以开阔视野探索新途径，以创新方法解决新问题。

③ 解决问题的能力。发现问题、分析问题的目的是解决问题，只有把握解决问题的方法，才能达到提升解决问题的能力。

2. 丰田问题解决方法

丰田公司精益生产方式之所以成为全世界都学习的模式，原因就在于丰田公司创造出一套问题解决的方法（丰田工作法），并通过 TWI 培训系统训练每一个督导者，以此带动现场员工发现问题、分析问题与解决问题，做到持续改善。在丰田，每一名员工都要经过针对这一内容的培训，在实际工作中反复运用，并得到上级领导和前辈的指导和帮助。丰田的所有员工（包括社长、会长等各级领导在内）所有人都必须掌握和运用这一工作方法。能否正确运用这一方法，或者说这一方法的运用程度如何也是衡量员工（包括领导）能力的基本条件。这里所说的"丰田工作方法"，是指人人都带着"Toyota way（丰田之道）"的价值观和行为规范去工作。在实践这一方法的过程中，会不断促进对"Toyota way"更深刻的理解；对"Toyota way"理解越深，越会提高对这一方法运用的能力。因此，要真正地掌握这一方法，还必须加深理解"Toyota way"的内在含义，并不断地实践。

在有问题解决思路之前，丰田首先对问题进行界定，明确什么是问题，如图5-2所示。在丰田看来，问题解释差距，是现实与理想的差距。丰田的问题包括两类：一类是发生型问题，这是现实与现实基础上的理想状态之间的差距，属于当下需要尽力解决的实际问题；另一类是设定型问题，是在当下现实基础上的理想与设定型目标之间的差距，设定型目标是重新定义的更高的目标。如图5-3所示。

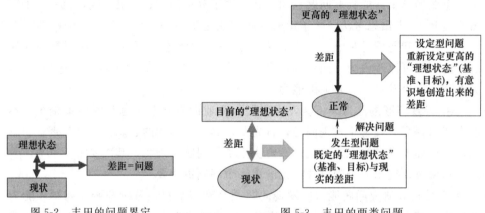

图 5-2　丰田的问题界定　　　　　图 5-3　丰田的两类问题

丰田精益生产模式的创始人之一大野耐一说过，"没有比完全意识不到问题的人更有问题（没有问题才是最大的问题）"。有了问题，企业才能提升管理水平，有了问题，企业的员工才能提升现场工作能力与业务水平。

（1）丰田解决问题的思路

精益改善常用的方法论是"丰田八步法"，也叫"SDA 八步法"。丰田八步法在推行过程中，需要遵循以下四个基本思路：重视事实与数据；有效运用"分层"方法；着眼于"偏差"；着眼于"因果关系"。

① 重视事实与数据。丰田解决问题的基础在于事实与数据，这些事实与数据必须来源于问题发生的现场。在这个方面，丰田提出了一种被称为"五现主义"（也称为"三现两原则"）的方法，这就是：现场、现实、现物、原理、原则。企业的管理者要经常走进第一现场，观察现物，了解现实，掌握原理，把握原则去处理事情。

现场：事物发生的场所。

现物：变化的或有问题的实物。

现实：发生问题的环境、背景、要素。

原理：被普遍认同的，能说明大多数事情的根本性道理。

原则：日新月异的，每天都在变化进步的科学技术（也可认为是基础知识或专业技术）。

"五现主义"的核心是态度：服务现场的态度、支持现场的态度、培训现场的态度。"五现主义"是指一种体系、一种思想。热衷现场，在现场解决问题，而不是坐在办公室对现场发号施令，这是优秀企业管理者的优良作风，也是必须倡导和坚持的原则。但"五现主义"并不否认这样一个管理现实：职位越高接触"一线"现场的机会越少，接触"一线"现场的机会少，并不意味着高层管理者可以在态度上远离现场，在行动上脱离现场。优秀日资企业里，如果一个管理者每天在现场走动 10000 步以上，才认为是一个"五现主义"者，如果每天走动 7000 步，认为是有待改进的"五现主义"者，如果每天走动小于 5000 步，则被认为是一个官僚主义者，所以，某些企业就给每一位管理者佩戴一个计步器，体现"五现主义"的运营方法。

【阅读材料 5-1】 动物园里的袋鼠笼

一天动物园管理员发现袋鼠从笼子里跑出来了，于是开会讨论，一致认为是笼子的高度过低。所以他们决定将笼子的高度由原来的 10m 加高到 20m。结果第二天他们发现袋鼠还是跑到外面来，所以他们又决定再将高度加高到 30m。没想到隔天居然又看到袋鼠全跑到外面，于是管理员们大为紧张，决定将笼子的高度加高到 100m。

一天长颈鹿和几只袋鼠们在闲聊。"你们看，这些人会不会再继续加高你们的笼子？"长颈鹿问。"很难说。"袋鼠说，"如果他们再继续忘记关门的话！"

② 有效运用"分层"方法，将问题分层次、具体化。将大而模糊、笼统的问题分层次、具体化之后，有利于明确问题的核心和关键，找到解决问题的突破口，但需要注意的是，寻找解决问题切入点时，必须考虑三个方面：最关键的是要尽量多地找出不同的切入点；将 What、Where、When、Who 作为思考问题的切入点；针对各个切入点，思考"如果这样分解会得到什么样的结果"，试着寻找"合适的切入点"。例如，为什么矿山柴油消耗高，这是一个问题，需要"剥皮式"逐步找到问题发生的原因，需要分析，最后找到解决问题的办法，如图 5-4 所示。图 5-5 是一个问题分层的例子。

③ 着眼于"偏差"。现状与基准进行比较时所产生差距的状态，定义为"问题"，时间偏差与空间偏差分析适用于某类特殊产品，例如水泥生产、销售这种日常反复进行的日常性业务，强调由于时空差异造成的偏差，煤炭生产也是如此，如图 5-6、图 5-7 所示。一是空间上的偏差：不同单位、不同线条、不同

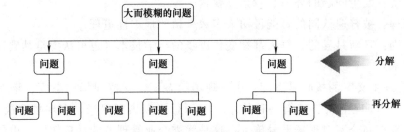

图 5-4 丰田问题的分解细化

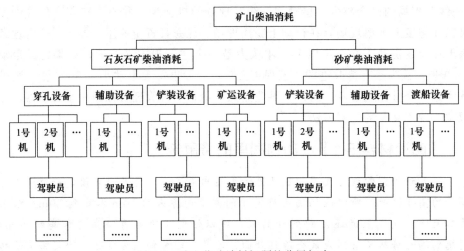

图 5-5 矿山柴油消耗问题的分层解决

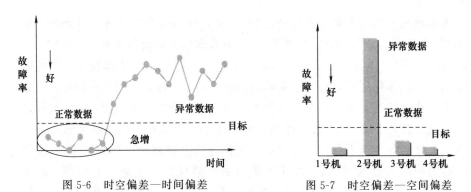

图 5-6 时空偏差—时间偏差　　　　图 5-7 时空偏差—空间偏差

设备、不同地点、不同操作者、不同班组等，如图 5-8 所示。二是时间上的偏差：不同年度、不同季度、不同月度、不同周、不同时间段等（时间尽量分细），如图 5-9 所示。

④ 着眼于"因果关系"，采用因果分析对偏差存在的原因进行分析，如图 5-10 所示。

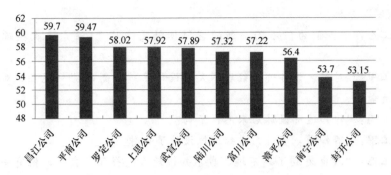

图 5-8　2019 年某企业各分公司综合电耗对比

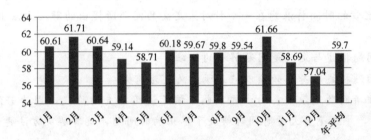

图 5-9　某企业各时间段综合电耗对比

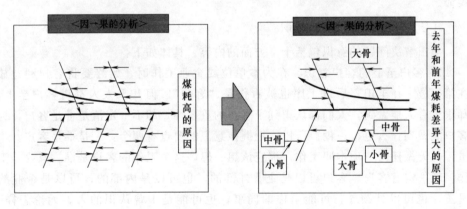

图 5-10　因果分析图

【阅读材料 5-2】　丰田八步法的例子

以下是一种可能发生的经典对话，先是过早跳进解决阶段的陷阱：

经理："我们最近经常遭遇到故障停窑的问题。"

员工甲："有许多次停窑是源于窑筒体轴瓦温度高造成。"（注意这句话里的

"根本原因"分析。)

员工乙:"我们为何不购买新的窑筒体轴瓦呢?"(注意他直接跳进解决方法。)

员工甲:"对啊,设备部牛经理不久前设计了一种新的。"(现在,对话已经偏离轨道啦。)

员工丙:"你知道那设计后来怎样了吗?"

员工甲:"不知道,不过,我知道他设计了一种。"

员工乙:"我也看到了,不过,我不知道后来怎样了。我想,他有告诉工程师,但不了了之。"

经理:"麻烦你请牛经理找出他的设计,看他是否还保存着设计图,好吗?"(现在,宝贵的时间将浪费在一个针对未定义的问题所提出的解决方法上。)

启示:

① 问题描述与定义是问题解决的基础。

② 问题描述本身,必须以"五现主义"为前提。

③ 理清问题是最重要的步骤,也应该是最花功夫的阶段,因为若没有彻底搞清问题,导致花费大量时间却解决了不正确的问题,就算解决方法再好,也不会产生长期成效。

④ 例子中肤浅草率定义问题,然后就立刻研究解决问题的方法,这是错误的。

(2) 丰田解决问题的意识

丰田解决问题的意识包括十个方面的内容,具体如下:

① 客户至上的客户意识。在为本单位或企业工作时,始终要将客户利益放在第一位。在丰田,后道工序也被看作是"客户"。但几乎人人都讲客户至上,却很少有人能做到,人们都认识到了客户的重要性,却不一定清楚谁是客户,为客户能做到什么也很模糊。所以,把握该意识的要点有两个:一是谁是客户?当员工每天做任何一项本职工作,都应该想一想,这个工作的客户是谁。只要是工作,就一定有客户,客户可以是企业外部的,也可以是内部的;可以是企业的员工,也可以是领导;可能是你的同事,也可能是未曾认识的人。无论怎样,一定有客户存在,员工要考虑清楚:谁是客户。二是能为客户做到什么?客户清楚了,接下来要考虑的是要为客户做到什么。这不是做了什么或做过什么。客户的利益和需求是第一位的,要真正体现第一,就要全心全意,为客户着想,一心一意地做能做到的一切事情,使客户满意。客户不满意就说明客户意识没有做到。

② 目的意识。注意不要将当前的手段混淆为目的。为此要经常自问自答:"真正的目的是什么?"就是说员工在做任何一项工作前,都要想一想:为什么要

做这件事？目的是什么？有什么意义？想不清楚就暂时不做。在策划一项工作时，如果不清楚为什么做这个工作，其确定的方案实施后也不能达到目的。如果是领导指示的工作，也要弄清楚领导要达到什么目的，否则，即使你很辛苦，工作完成后领导也不一定满意。在工作实施的过程中还要经常想一想，当初要做这件事的目的是什么（回原点的思考）。经常出现将手段当目的的情况。例如：招聘员工，目的是要招聘到有能力的人，学历可以证明一个人的能力，所以，规定必须具备什么样的学历。学历是证明能力的一个手段，不是目的。学历不能充分证明一个人的能力，仅凭学历招人，就不会实现招到有能力的人的目的。目的有三种：直接目的、间接目的与最终目的。

③ 当事者意识。在充分理解自己的当事者地位的同时，还要理解自己工作的使命和价值，拥有自豪感。并常常告诉自己："想要做什么？""一定要做成这个！"当事者本质上强调的是员工的责任，或是推进某项工作的责任；当事者意识是当事者的想法，例如要彻底解决这个问题；一定要把这个工作做得最好；实现个人的价值和提升能力，体现对企业的贡献。

④ 可视化与显现问题的意识。将问题转化为任何人都可以看见的形式，且使之在相关人士之间共享，促进新的发现。此外，对如信息、计划、状况评价、意见等也需要共享的要素，也应当进行可视化处理。

⑤ 根据现场和事实判断，避免臆测的意识。以无拘无束之心，看待事物的真实方面，不将臆测和事实相混淆。首先是把握事实，亲临现场，自己现地现物去看、去听、去感受并确认事实；其次摒弃先入为主，不将臆测和事实混淆。

⑥ 思考和执行，永不放弃的意识。怀着"决不放弃"的强大意志和坚韧不拔的精神，将工作进行到最后。深入思考，想不清楚，暂不实施；彻底地执行，"不到最后决不放弃"，将工作进行到最后。

⑦ 速度与时机。满足客户的要求，将工作迅速贯彻。不过，在对策实施还需要一定时间的时候，需要先做出适当处理，总之绝不要错失做事的良机。

⑧ 用正确方法做正确的事。坚定地执行每一道工序。虚心听取别人的意见。对自己的行为负起责任。诚实地做事，按规则做事，不是敷衍他人；诚意地依赖，为完成使命，诚心诚意请教、依赖他人；正直地做人，对自己的行为负起责任。

⑨ 实现彻底的沟通。全心全意，努力做好客户或相关人士的工作，直至他们给予理解或主动积极提供协助。

⑩ 全员参与。动员一切可以动员的力量，引领团队以及相关人士，集思广益，以达到效果和效率的最大化。问题、方法、信息、成果等都属于全员的；每个人都可以参与任何事；每件事都需要全员参与。

（3）丰田解决问题的步骤

丰田八步法就是说的解决问题的八个步骤。

第一步：明确问题，把握整体的状况。

基本要求有三点：思考工作的"真正目的"；把握现状，思考工作的"理想状态"；将差距"可视化"。如图 5-11 所示。

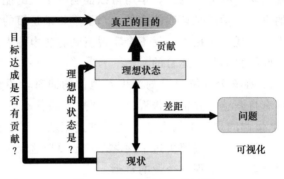

图 5-11　明确要解决的问题

① 思考工作真正的目的，如图 5-12 所示。

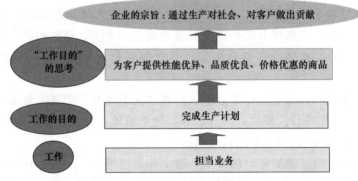

图 5-12　工作目的的思考

② 把握现状，思考工作的"理想状态"，如图 5-13 所示。

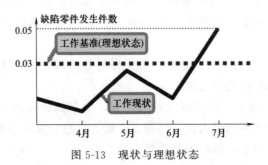

图 5-13　现状与理想状态

③ 将差距可视化，如图 5-14 所示。

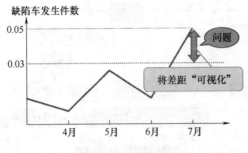

图 5-14　差距可视化

现状把握阶段的目的有三个方面：
① 准确充分的基础数据是前提：以事实为依据，用数据说话；
② 有效分层：将大问题分解成小问题，只谈问题不谈原因；
③ 偏差研究：从空间和时间上结合分层，锁定主要偏差，用好 80/20。

第二步：分解问题，把握存在的问题点。

包括三个要点：将问题分层次、具体化；选定要优先着手解决的问题；"现地现物"地观察流程，明确问题点。

① 将问题分层次、具体化，如图 5-15 所示。

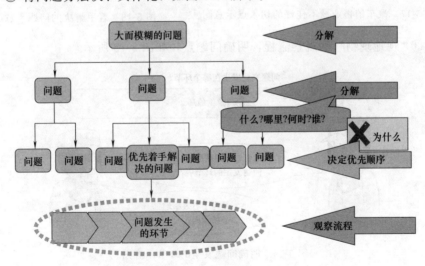

图 5-15　问题分层、具体化

本阶段需要考虑的问题是：思考问题的切入点。如果问题是汽车销售业绩不佳，未达到成本目标，那么将问题分层次、具体化，如图 5-16、图 5-17 所示。
② 确定自身着手要解决的问题，如图 5-18 所示。

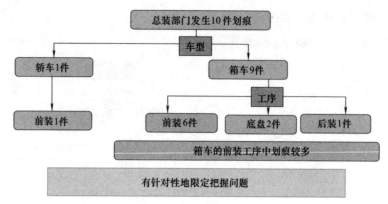

图 5-16　汽车销售业绩不佳的分层次、具体化

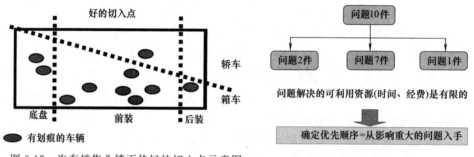

图 5-17　汽车销售业绩不佳好的切入点示意图　　图 5-18　着手解决的问题示意图

③"现地现物"的观察流程，明确问题点，如图 5-19 所示。

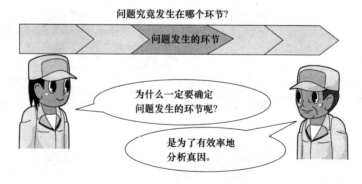

图 5-19　明确问题发生的环节示意图

如果问题分解不充分，也就难以判断哪个对策最有效，以至于无法制定必要的对策，导致无法解决所有的问题。

第三步：设定目标，最好是具有挑战性的目标。

包括：下定自己解决问题的决心；制订定量、具体且富有挑战性的目标。

① 下定自己解决问题的决心。这个问题要自己解决！不是别人，而是自己需要负责的事，如图 5-20 所示。

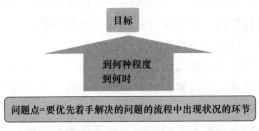

图 5-20　目标设定示意图

② 制订定量、具体且富有挑战性的目标。需要注意两点：不要将"行动（实施内容）"作为目标；不要将"手段"作为目标。尽可能通过确立指标、使定性目标定量化。

第四步：把握真因，这是彻底解决问题的关键。

包括：分析问题点，摒弃先入为主的观念，多方面思考原因；现地、现物的确认事实，反复追问"为什么"。如图 5-21 所示。

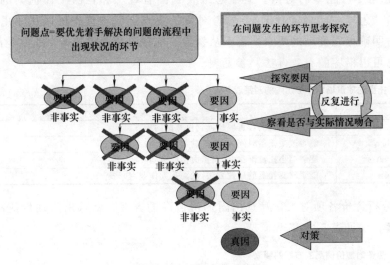

图 5-21　把握真因示意图

① 调查问题点，摒弃先入为主的观念，多方面思考原因。

• 调查问题点：为了更有效地确定要因，需要确认问题是怎样发生的。发生的问题数量、状况、相关因素有哪些？问题是什么时间发生的，在什么地方发生，问题是连续发生、间歇性发生还是周期性发生。

• 摒弃先入为主的观念，例如小组员工技术比较好，这个工序不会有问题。

- 以"4M1E"为切入点分析要因,也就是以人(man)、设备(machine)、材料(material)、方法(method)、环境(environment)为切入点。

② 现地、现物的确认事实,反复追问"为什么"。确认事实,以便:
- 遵循现地现物原则,在现场确认构成要因的事实;
- 如事实成立,追问"为什么";
- 继续思考要因,以事实确认,追问下一个"为什么";
- 因果关系不能成立的时候,就停止继续追问"为什么"。

③ 探究特定真因。
- 探究真因。要基于事实,避免问题变得更加发散地探究真因。
- 检验真因。针对要因采取对策,是否能够解决问题并达到持续性的成果,从这个要因到问题点,是否能够按照"因为……所以……"基于事实逆推因果关系,如果再追问一次"为什么"是否就造成了问题的扩散。

第五步:制定对策。

包括:思考尽可能多的对策;筛选出附加价值高的对策;寻求共识;制定明确具体的实施计划。

① 思考尽可能多的对策。避免思维受到固有观念和自己工作框架的限制;彻底思考"怎样才能消除真因"。思考对策的要点:以"首先可以从哪里着手"的观点,明确可以变动的要素;善于从领导、前辈以及业界其他企业的类似情况寻找自己可以借鉴的有效方法。参见表 5-1。

◈ 表 5-1 托盘的放置场地不够宽敞的对策思考表

视角	对策
Where	能否将托盘的放置场地换到更宽敞的地方?
When	能否改变搬运时间,减少托盘数量?
What	能够缩小托盘形状,从而扩大作业空间?
How	能否改变托盘的放置方法,从而扩大作业空间?

② 分析评价各项对策,筛选出附加价值高的方案,筛选出附加价值高的方案的要素。参见表 5-2。

◈ 表 5-2 筛选附加价值高的方案的要素

效果	能否消除真因?能否达到目标?
成本、工时	需要多少费用、时间?需要多少人才能赶上交货期?
风险	实施对策后,会带来怎样的风险?会不会有安全问题,会不会发生质量问题,会不会发生作业困难问题?

③ 寻求共识。为了更加顺利切实地采取对策,需要取得相关人员及部门的共识,将对策的目的、目标、对策制定的背景等必要信息进行说明。

④ 制定明确具体的实施计划。制定具体的实施计划时，要明确对策的 5W2H（谁、做什么、何地、何时、为何、如何、费用）。制定实施计划见图 5-22。

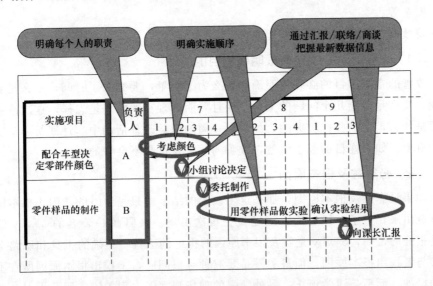

图 5-22　制定实施计划

第六步：贯彻实施对策。

包括：齐心协力，迅速贯彻；通过及时的汇报、联络、商谈共享进展信息；决不放弃，迅速实施下一步对策。

第七步：评价结果和过程。

包括：对目标的达成结果和过程进行评价，并同相关人员共享信息；站在客户、企业、自身的立场重新审视整个过程；学习成功和失败的经验。

第八步：巩固成果。

包括：将成果制度化并巩固（标准化）；推广促成成功的机制；着手下一步的改善。

3. 解决问题在于持续改善

分析问题，解决问题，其目的在于持续改善。

持续改善（Kaizen）方法最初是一个日本管理概念，指逐渐、连续地增加改善，是日本持续改进之父今井正明在《改善——日本企业成功的关键》一书中提出的，Kaizen 意味着改进，涉及每一个人、每一环节的连续不断地改进：从最高的管理部门、管理人员到工人，持续改善的策略是日本管理部门中最重要的理念，是日本人竞争成功的关键。持续改善的关键因素是：质量、所有员工的努力、介入、自愿改变和沟通。

持续改善活动随着许多全球企业学习和实施精益管理正开展得如火如荼。改善主要是指通过持续不断的全员参与的改善活动，不断提高生产效率、质量、交期、安全等。

持续改善有三个基本的前提条件。

（1）改善活动必须要有很明确的目的

改善的主题和目的必须很明确，要么为了质量，要么为了时间，要么是安全问题，要么是以上几个问题的集合。而且要明确现在的状态是怎样，这次改善的目标是什么，在一些比较大的，如为期一周的精益改善活动中，计划与准备工作非常重要。如果连目的都不清楚，改善的效果肯定是不会好的。

（2）必须触及根本原因

如果没有触及根本原因，那么这个改善的结果就只是暂时的。因为根本原因没有揪出来，过了一段时间，问题就会再次出现。大野耐一著名的5-why的案例是很好的说明，5-why是触及根本原因的很好的工具。正确的工具和思路会帮助参与者找出根本原因，但最关键的是要有种寻根问底，不挖出根本原因所在不罢休的精神，而不是浅尝辄止。另外，强的现场观察能力很关键，因此平时就要养成仔细观察的习惯，细节部分往往是暴露主要和根本原因的绳索。

【阅读材料5-3】 大野耐一的5-why方法

所谓5-why分析，就是对一个问题点连续以5个"为什么"来自问，追究其真正原因。但使用时不限定只做"5次为什么的探讨"，主要是必须找到真正原因为止，有时可能只要3次，有时也许要10次。

丰田精益生产模式创始人之一大野耐一曾举了一个例子来找出停机的真正原因：

（1-why）问："为什么机器停了？"答："因为超过了负荷，保险丝就断了。"
（2-why）问："为什么超负荷呢？"答："因为轴承的润滑不够。"
（3-why）问："为什么润滑不够？"答："因为润滑泵吸不上油来。"
（4-why）问："为什么吸不上油来？"答："因为油泵轴磨损、松动了。"
（5-why）问："为什么磨损了呢？"答："因为没有安装过滤器，混进了铁屑等杂质。"

经过连续五次不停地问"为什么"，找到问题的真正原因（润滑油里面混进了杂质）和真正的解决方案（在油泵轴上安装过滤器）。由现象推其本质，因此找到永久性解决问题的方案，这就是5-why。

如果员工没有以这种追根究底的精神来发掘问题，他们很可能只是换根保险丝草草了事，真正的问题还是没有解决。

【阅读材料 5-4】 杰弗逊纪念馆的 5-why 分析法

20 世纪 80 年代，美国政府发现杰弗逊纪念馆受酸雨影响损坏严重，于是请了家咨询公司来调查。下面是顾问公司与大楼管理人员的一段对话：

问：为什么杰弗逊纪念馆受酸雨影响比别的建筑物更严重？
答：因为清洁工经常使用清洗剂进行全面清洗。
问：为什么要经常清洗？
答：因为有许多鸟在此拉屎。
问：为什么会有许多鸟在此拉屎？
答：因为这里非常适宜虫子繁殖，这些虫子是鸟的美餐。
问：为什么这里非常适宜虫子繁殖？
答：因为里面的人常年把窗帘关上，阳光照射不到室内，阳台和窗台上的尘埃形成了适宜虫子繁殖的环境。

拉开窗帘，杰弗逊纪念馆的问题就这么轻易解决了。

（3）必须要标准化

在改善活动以后，要把这个改善成果固定下来，把标准化的工作做好。某些改善的解决方案很好，大家也很认可，但过了一段时间再看，却发现效果没有达到预定目标，甚至相差甚远。解决方案本身没有问题，问题在于执行的很差，这主要是由于没有把标准化工作做好，包括没有制定新的标准操作程序，没有给一线员工进行新的培训，没有进行定期的审计和纠正，没有可视化的管理。没有把改善的成果标准化，就如一个人在雪地里走路，往前走三步，却往后退了两步。改善不是活动完了就结束了，还有许多后续的成果要固定。只有把成果标准化、固定下来，才能成为下一次持续提高的坚实基础。

企业通过发现问题、解决问题，以达到持续改善的目的，必须理解持续改善的本质。

① 持续改善要求最终目标和实现目标方式保持一致，持续改善是"为了更好而改变"，而并非仅仅是为了改变而改变。一定要确保持续改善所带来的效益能够弥补实现这一目标所付出的成本。持续改善需要认真进行成本效益分析。

② 持续改善应关注做事方法的改变。与改变产品和设备设计相比，改变方法会更容易一些。通常改变产品设计或设备设计需要专门的审批和测试，花费的时间很长。此外，成本也是决定选择对做事方法进行改善的一个重要原因。

③ 持续改善计划都应该包括正确分析，以确保安全和质量不受影响。作为持续改善计划的一部分，需要确保安全和质量保持原有水平，理想状况是，在使用新的做事方法后，安全和质量水平都得到很大提高。

一般来说，企业持续改善的内容包括三个方面。

① 针对企业经营资源进行改善。企业经营资源主要是指人、财、物（厂房、设备、工具、能源等）、信息。在这方面，精益管理的重点就是要提升资源效率或提升单位资源产出能力水平。

② 针对企业经营结果进行改善。根据相关企业运行的经验，建议用 SQCDM 等来定义企业经营结果，其中 S 是安全，Q 是品质，C 是成本，D 是交付，M 是员工士气（积极性）。

③ 针对企业经营流程进行改善。流程再造专家把企业内流程分为"关键流程"（研发、销售和生产为关键流程）和"辅助流程"（人事、行政和财务等为辅助流程）两大类进行认知，然后分析流程的问题，重新构建流程。流程改善的方向是在保障资源效率和各相关职能部门目标的前提下，缩短周期，加快流动。

持续改善以标准化、5S 和消除"浪费"为手段来达到企业的 QCD（质量、成本和交货期）目标。

① 标准化。标准是持续改善的固定组成部分，它为进一步完善提供基础。工作领域标准化的含义就是指将工艺或设计要求（或国家、省市、集团等上位标准）转换成为现场员工每天必须遵守的工作指导书。

② 现场 5S 管理。如果是一个负责任的生产商并且想成为世界一流的企业，那么现场 5S 作为基础是应该必须实施的，对每个岗位和个人都必须单独确定 5S 规则，制定有关 5S 标准并使之遵守。

③ 消除"浪费"。工作是由一系列的过程或步骤组成的，从原材料或信息开始，到产成品或服务结束，在每个过程中都应增值，然后进入下一过程，在每个过程中作为资源的人和设备要么使产品增值，要么是没有使产品增值的活动或过程，这些不增值的过程与活动是应该消除的。

④ 遵循持续改善的五条"黄金"法则：
- 如果发生问题，首先去现场；
- 检查发生问题的对象；
- 立刻采取暂时性措施；
- 查找问题产生的真正原因；
- 使应对措施标准化，避免类似问题再次发生。

二、持续改善的载体——精益改善项目

1. 精益改善项目的来源与入口

企业员工需要具有问题意识，处处能发现问题，时时能发现问题，进一步把问题转化为项目,通过一些解决问题的方法来完成项目,达到目标。精益改善项目指的是在履行本职工作、完成工作任务的过程中,针对与战略目标的差距、与标杆的差距、与期望的差距以及工作流程中存在的等待、重复、空白、风险等"问题",在深入分析根本原因和可控因素的基础上,在一定的周期和一定的范围内,由相关的组织和人员采用精益管理方法提出的具体改进措施和付诸实践的精益改善行动。必须把握现状,明白企业、现场问题之所在,可以从以下三个方面来把握现状。

(1)从习惯找"问题"到习惯找"问题点"

例如:

问题:零件摆放混乱。

问题点:待检、合格、不良等不同状态的零件未明确区分。

问题:工作台脏乱差。

问题点:边角料和工具配件随手扔,灰尘污垢未清扫。

问题:工人效率低。

问题点:搬运作业时间长,所占作业比重过大。

(2)从习惯"统述问题"到习惯"分述问题(现象+影响)"

例如:

统述问题:每天出入库都有木踏板被损坏,严重点的通常都丢掉,浪费了不少钱,不利于节约资源,不利于环保,破损轻点的弃之可惜,有几次随产品出货还被海外客户投诉。

分述问题(现象+影响):

① 有部分损坏的木踏板全部废弃,耗费资源;

② 每天约废弃 18 块,成为环境污染源,不利于环保;

③ 整个木踏板大部分完好未再利用,浪费公司资金;

④ 木踏板有少部分损坏弃之可惜,出货至海外后引起投诉。

(3)从习惯"抽象"谈问题到习惯"量化"谈问题

例如:

抽象:①操作时行程较远;

②生产效率低。

量化:①操作时单程平均距离 1m(1PCS)。生产数:1800PCS/d。员工每日来回行程:$1800 \times 1 \times 2 = 3600m$。

②生产 1PCS 行走约 5s。每天生产 1800PCS。花在行走的时间:$1800 \times 5 \times 264$(年工作日)$=660h$。

把握现状方法的根本是针对选择的基准进行比较。有时候员工找不出问题,往往是因为自身要求的基准偏低，或者不知有更好的状况。越来越多单位进行对标比较，这是提高比较基准的有效方法。寻找企业目前最需要改善的问题点，可以通过以下几种方法：

① 为了完成 KPI（关键绩效指标）比重最高的指标所需要进行的工作；
② 以开展工作的"期待值"为基准；
③ 以好的样板或高水准的标杆为基准；
④ 与以前最佳表现或理论最佳值相差过大的项目比较；
⑤ 以各种检查标准为基准，逐条对照找出问题点（如表 5-3 检查简表）；
⑥ 运用统计数据、报告分析，以是否超出正常范围为基准；
⑦ 根据客户或相关工序的反馈信息，以消除不满意为基准；
⑧ 领导经常提及或经常关注的问题。

◇ 表 5-3　现场 4M 检查简表

4M	问题点
设备（machine）	设备经常停机吗？ 对精度的控制有效吗？ 有无确实开展维修和点检？ 设备使用方便、安全吗？ 生产能力是否合适？ 设备配置和布置好不好？
人员（man）	是否遵守作业标准？ 是否经常出现失误、差错？ 工作技能足够吗？全面吗？ 工作干劲高不高？ 作业条件、作业环境如何？
材料（material）	材料品质状况如何？ 材料库存数量是否合适？ 物料存放、搬运方式好不好？ 材料成本如何？能否更便宜？
方法（method）	作业标准内容是否合适？ 作业前后的准备工作是否经济高效？ 前后工序的衔接好吗？ 作业安全性如何？

课题选定后，提交立项审批，如表 5-4、表 5-5 所示。项目发起人要针对发现的问题，要广泛收集问题的严重程度和特征方面的信息并分类统计，收集的数据要能说明以下两个问题：

① 要说明该问题是何时开始发生，最近三个月或更长时间里该问题的表现状态（可以考虑使用折线图或柱状图表示过去的趋势，取每月或每周甚至每天的平均值展示）。

② 要以定量的方式说明选择理由，还要说明该问题造成的后果有多严重，或者说不实施该课题会有什么严重后果。

◇ 表5-4 持续改进立项审批表

编号：

项目名称：		申请人/日期：	
现状分析：			
改进目标：		计划开始日期：	实际开始日期：
		计划完成日期：	实际完成日期：
可行性方案：			
可行性分析：			
工作结构分解（WBS）与实际计划			
经费概算：			
管理层审批意见：通过对可行性分析及了解目前生产情况，同意此方案立项，尽快实施。 授权项目负责人： 持续改进项目小组成员： 批准人：			

◇ 表5-5 精益改善项目变更（注销） 申请表

日期： 年 月 日　　　　　　　　　　　　　　编号：

项目名称	
变更(注销)内容	
项目组长意见	
精益改善办公室意见	
精益改善领导小组意见	

一般来说，企业精益改善项目的来源主要在现场，现场精益改善项目活动是操作者以生产现场为中心，以过程（产品）质量改善，生产效率进步，成本降低，工装具改良，作业方法的改进、改善等方面为内容的活动。现场精益改善项

目活动必须立足于本职工作，从完善本职工作做起，从改善小题目做起，对本工序、本班组不完善的内容提出改善建议，从操作动作、操作场地、工具、搬运、搬运工具、机械设备、材料、工作环境等方面入手，开展全方位的改善运动。标题大小、范围不限，不必有显著的效果，只要是能够比现况进步即可。哪怕是能节约一分钱、收缩一秒钟的作业时间都是现场改善的目的。进步效率（少用人员和工时），保证和提升过程（产品）质量，改善工作环境（5S），降低成本（削减场地、经费、节约能源、降低材料使用率）等多方面都是改善的内容。设备如何布局才能减少搬运量？工具如何摆放，避免需要多余的动作去拿？不做好这点点滴滴的小事，就不会有快捷的生产速度，不会有对需求的迅速反应。操作者应该有按标准作业＋改善的思维。

企业的精益现场改善项目运动广泛、持久地开展，可以提升现场的自我改善能力，养成改善习惯，员工的改善项目意识和改善提升意识增强，使持续改善独立自主化、全员化。现场人员在共同生产、共同参与持续改善项目的过程中会产生成就感，加强归属感及被尊敬感，提升其改善、创新积极性。企业的现场改善应以员工为导向，要能够在现场发现问题，抓住改善的机会，形成改善项目，奖励改善项目的管理机制，其关键是要有一支好的员工队伍，关键是让员工自觉成为能够持续改善项目的主体。

丰田的经验值得借鉴：

① 在企业中，充分尊重员工。尊重他人，可以建立互信，达成彼此责任（出了问题并非个人责任，而是人与人之间的责任），形成团队合作，使1+1大于2。

② 要激励员工。丰田的理念是造车育人，因为有了好的员工才有好的产品。通过建立"人财"机制，激励员工多为企业贡献金点子，消除浪费，降低成本。

③ 要关注员工的成长。注意把握好员工的职业发展方向和个人强项，让部下做"有难度、有干劲、有成就感"的工作，即布置一些"能力＋提升"的工作。具体实施过程中，帮助员工分析问题产生的原因，并指导他如何应对，让员工及时反馈，及时评价员工的工作，认可和赞赏员工。这样员工会感受到关注，会建立起解决下一个问题的信心。

2. 精益改善项目的管理与出口

精益改善项目的管理可以从两个角度进行分析：一个是企业宏观层面，对所有精益改善项目进行过程管理与结果评审管理、输出管理；另一个是精益改善项目的运行管理，也就是如何把项目做得最好，达成项目的目标。

（1）精益改善项目的微观运行管理

微观运行管理就是怎么整合资源，以最有效的方式把已经立项的精益改善项目做好，达成项目目标。

① 成立精益改善项目小组。项目立项之后，就需要成立改善小组来开始行动。小组最少 3 人，最多不超过 15 人，一般 8 人左右为宜。小组成员一般来自发生问题的部门、流出问题的部门以及解决问题所需资源的保障部门。必须要明确小组组长、小组各成员的职责、工作量，必要时还可以制定小组章程。在小组成立后，正式开始前，小组内需就问题进行一次详细的沟通，确保小组成员能够对课题达成共识。

② 确定目标，制订计划。小组成立后，首先需要明确目标。对于一个精益改善的立项项目，一定是有目的性，即改善问题的着眼点，以及要改成什么样子合适。项目目标的设定，要与单位、企业的关键指标密切相关，还需要阐述项目目标对这些关键指标的贡献度。目标数值的设定一般先收集项目开始前该目标 6 个月到 12 个月的平均水平，整理出现在的基线值，然后再根据行业标杆水平、历史最佳分析、改善空间的分析等因素，确定目标需要达到的水平。有些时候，为了能够更大的激发团队的斗志，还会设定一个更高的挑战目标。当明确了目标之后，就开始制订计划。其中需要拆解项目所需要执行的任务（可采用工作结构分解方法），明确项目各项任务所需的时间和责任人（可采用甘特图的形式），必要时还需制定课题预算。

③ 现状调查和分析原因。当所有工作准备就绪，就要正式进入项目的具体实施环节。先要对问题点现在的状态进行彻底调查，重点要放在结果上。可通过分析过往的不良样品，必要时可开展理化试验，以便对问题本身进行深入的了解。还可以通过分析现在生产及工作流程的方法，对流程的每个环节及其要素的现状进行重新识别、调查和分析。现状调查一定不能省略，现状调查必须要给出真实、详细且充分的数据支持。现状调查连同原因分析，是整个精益改善活动中非常重要的一环。原因分析是否正确，将直接影响到活动的成败。

原因分析需要对可以使结果更接近应有状态的要因进行探索，常采用的方法有 FTA（故障树分析法）图（如图 5-23 所示）、鱼骨图等，有些时候，为了能够找到最根本的问题点以及最关键的影响因素，还可以借助因果矩阵（如图 5-24 所示）等工具。

在列出问题可能的影响特性后，就要分析哪些特性是影响目标的关键特性。这就需要明确特性的计算公式、数据来源，必要时还应明确测量或评价的方法和频率。然后通过分析最近 1~2 个月里每日数据的变化趋势，分析其过程能力水平，判断是否随着问题的发生，这些特性水平也随之恶化。对于选定的关键特性，必要时，除了需要从原理上说明是如何导致问题发生的，还需要再使用假设检验来验证。

④ 制定对策。原因分析过后，确定可以使结果更加接近应有状态的对策，

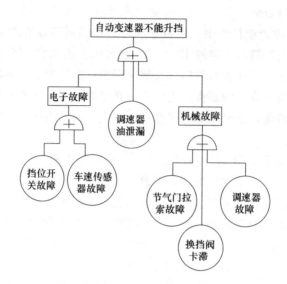

图 5-23　FTA（故障树分析法）图

	对客户重要概权(1~10等级)	10	8	6	5	9	6	7	6	9	4	8	10	
		1	2	3	4	5	6	7	8	9	10	11	12	
	主要输出值	气密性	焊接强度	焊接深度	焊接位置	氧化皮	焊缝外观	二次焊接	焊缝偏移	焊穿	飞溅物	粘附	玻璃体裂 异物进入	
	所有流程步骤 / 所有输入值						相关系数							合计
1	部品清洗 脱脂浓度	9	1	1	0	1	1	0	0	0	1	0	1	133
2	脱脂温度	9	0	1	0	1	0	0	0	0	1	0	1	119
3	脱脂压力	9	1	1	0	1	1	0	0	0	1	0	1	133
4	热水洗温度	9	1	1	0	0	0	0	0	0	1	0	1	118
5	热水洗压力	9	0	0	0	1	0	0	0	0	1	0	1	113
6	防锈浓度	3	1	1	0	1	0	0	0	0	1	0	1	67
7	防锈温度	3	1	1	0	1	0	0	0	0	1	0	0	57
8	防锈压力	3	1	1	0	1	0	0	0	0	0	0	0	53
9	干燥温度	9	1	1	0	1	0	0	0	0	1	0	0	108
10	传送带速度	9	1	1	0	1	0	0	0	0	1	0	1	127
11	喷嘴清扫频度	9	1	1	0	1	0	0	0	0	1	0	1	118
12	换水频度	9	1	1	0	1	0	0	0	0	1	0	1	118
13	上盖	3	1	0	0	3	1	0	0	0	0	0	0	90
14	下盖	3	1	0	0	3	1	0	0	0	1	0	0	90
15	壳体	3	1	0	0	3	1	0	0	0	0	0	0	90
16	脱脂剂类型	9	1	1	0	0	1	0	0	0	1	0	0	110
17	防锈剂类型	9	1	1	0	0	0	0	0	0	1	0	0	108
18	圆周焊接 焊接电流	9	9	9	9	9	9	9	9	9	9	0	1	502
19	焊接电压	9	9	9	9	9	9	9	9	9	9	3	1	502
20	焊接时间	9	9	9	9	9	9	9	9	9	9	3	1	502
21	焊口电流	9	9	9	9	9	9	9	9	9	9	3	1	486
22	焊口电压	9	9	9	9	9	9	9	9	9	3	1	1	462
23	Ar流量	9	9	9	9	9	9	9	0	0	9	3	1	0	462

图 5-24　因果矩阵图

这就需要将行业的专业知识和统计分析的方法进行有效结合。要针对每一条会导致问题发生的原因，分别制定对策。制定对策可以参考使用的方法有头脑风暴法等。每一条对策都必须是具体的，可实施的，都必须明确责任人和完成时间。对于制定的每一条对策，都要先进行评估，评估其风险、可行性、可操作性、投入产出等方面，然后再确定最终的方案并实施。

⑤ 对策实施及效果确认、总结。对策的实施务必要严格遵守计划，按时完成。需定期（一般为每周或每天）确认实施进展，对未完成的内容要分析原因，及时调整。各项措施得到落实以后，还要对照之前制定的各项对策，收集相应的改善后数据，并判断对策效果。若未达到预期的效果，必须要分析原因，调整对策并重新落实。活动指标的完成情况不仅要描述改善后，原先的问题点又产生了哪些变化，还需要列出数据并以图表的形式展现出来，如用折线图、柱状图等来表示趋势，要在图中明确标出改善前、改善中及改善后的区域（如图 5-25），数据的对比要有改善各阶段的数据，还要明确标出目标值和标准值（如图 5-26）。如果可行，可以根据项目达成情况核算当年并估计未来一年的财务收益，这必须要经过财务的确认。

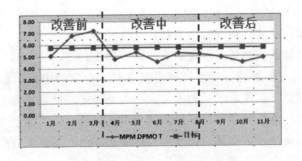

图 5-25　改善各阶段的区分

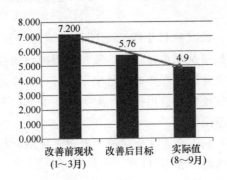

图 5-26　改善结果与目标对比

最后，项目团队需要对整个项目运行过程进行必要的总结。

（2）精益改善项目的宏观运行管理

精益改善项目的宏观运行管理的内容是企业对整个精益改善项目的全过程管理。企业需要成立精益项目管理小组，对精益改善项目从申报立项、过程监督与运行推进管理、结项评价、结果输出等进行全过程管理,以期达到持续改善的目的。

精益项目管理小组的基本职责如下:

① 负责审定企业精益改善工作实施方案和项目计划;

② 负责评定企业改善项目的奖励;

③ 负责选定精益改善项目在本企业范围内的推广。

精益项目管理小组下面成立精益项目管理办公室,负责精益改善项目的日常具体管理工作:

① 负责企业精益改善工作实施方案和项目计划制定、落实等具体工作;

② 负责企业精益改善方面的知识宣传及培训;

③ 负责企业管理的改善项目实施过程的跟进及督导;

④ 负责组织项目评审会议,对获奖的项目和人员提出初步意见供领导小组研究,对项目和人员奖励情况行文表彰。

精益改善项目的宏观运行管理的具体内容如下:

① 项目申报立项管理。项目管理小组对整个企业的申报项目进行分类,然后进行分类管理。一般项目包括两大类:一类是企业层面,主要是与企业年度工作指导方针、工作纲要和工作目标提出的相关改善项目,并能产生较大经济效益的;通过流程优化能带来明显对比效果,能固化并纳入体系文件中,具有企业内推广价值的;在全企业范围内,具有推广和应用先进管理工具、管理方法的。另一类是依据现场而产生的改善项目,包括班组创新活动、自主改善提案、QC活动、5S管理、现场精益提案等改善项目。在此基础上对拟申报的精益项目进行有效的立项审核。

在确定改善项目、成立项目小组后,项目组填写"精益改善项目立项表",并需附项目推进计划报精益改善办公室。项目申报前须加强对项目现状的调研分析和数据收集,纳入企业层面管理的项目申报要有可行性论证报告,以备项目过程评定,项目确定的软硬性效益指标须经财务或相关部门审核。一般来说,企业精益改善项目的受理范围如下:

一是管理体制,有利于企业文化建设,有利于现场、行政、财务等管理,提高管理能力和效益的精益改善项目;

二是过程质量改善、提高客户满意度等精益改善项目;

三是降低成本之类的精益改善项目,包括现场效率提升、作业方法改善、工艺流程改善、工具或设备改善、企业物流改善、现场布局改善、降低消耗品使用量等项目;

四是生产或服务技术类的精益改善项目,包括生产管理方式改善、生产技术改善、产品营销精益服务等项目;

五是有关安全生产、环境保护、社会责任、办公及作业现场5S改善等项目。

原则上，企业精益改善项目不受理范围包括：

一是意见、希望、批评等无具体可行的事项；

二是和已有精益改善项目内容相似的项目；

三是不切实际的改善项目；

四是正在实施或已经实施的精益改善项目；

五是与已上报科技项目或QC项目内容重复的改善事项；

六是其他未通过审批的项目。

企业精益改善项目对精益改善项目申报受理程序是：精益项目管理办公室将企业各下属单位、各部门提报的"精益改善项目立项表"分类汇总，提交精益改善领导小组审定。企业各下属单位管理项目受理程序为：本单位精益改善办公室将本单位各部门提报的"精益改善项目立项表"分类汇总，提交本单位精益改善领导小组审定。

② 项目过程监督管理。精益改善项目经过受理立项之后，就是精益改善项目的正式运行与实施阶段。经企业精益改善领导小组评审同意实施的精益改善项目，要编制具体的项目实施计划，按时间节点和进度要求组织实施。精益改善办公室负责对项目实施进度情况进行检查，督促项目进度；企业下属各单位精益管理推进人员按月对本单位的精益项目实施进展情况进行检查并做详细记录。另外，部分精益改善项目随着环境、工作过程变化可能会出现需要变更与注销的情况。如表5-6所示。

◇ 表5-6 精益改善项目实时跟踪表

持续改善项目名称		持续改善项目来源（指领导要求或自行提高或合理化建议等）	
改善负责人		改善配合人	
项目责任部门		起始时间	
改善前状态		改善后效果	
持续改善主要措施与进度			
跟踪验证及项目未成功下一步措施			
	验证人：		年 月 日

一是项目实施过程中,需要变更项目组人员、项目目标和项目完成日期的,由项目组填写"精益改善项目变更(注销)申请表",报精益改善领导小组审定批准后方可变更。

二是因客观因素发生较大变化导致已登记注册的项目组解散或课题不再适用,由项目组填写"精益改善项目变更(注销)申请表",报精益改善领导小组审定批准后方可注销。

③ 项目结项评价管理。精益改善项目完成后,需要报请精益项目管理办公室组织验收评审。由项目组填写"精益改善项目结案申请表"报精益改善办公室。精益改善办公室组织人员查验,如通过,则下发结案通知书;如不通过,则退回项目组,责令整改。精益改善办公室邀请相关领导、专家组成评审小组,对通过验收的项目进行集中评审,依据评审结果初步确定奖项等级,报精益改善领导小组批准。企业精益改善项目办公室需要制定《精益管理激励办法》。参见表5-7、表5-8。

◇ 表 5-7 精益改善项目结果评审表

日期: 年 月 日　　　　　　　　　编号:

项目名称			
项目单位(部门)		项目组长	
项目实施及效果综述			
评审综合得分			
评审组长意见	(是否达到预期目标、同意结案)		年　月　日
精益改善领导小组意见	(是否同意评审组意见)		年　月　日

附评审组成员

序号	姓名	职务	评审组内职务	签名	评审得分
1			组长		
2			组员		
3			组员		
4			组员		
5			组员		

◈ 表 5-8 精益改善项目结案申请表

日期： 年 月 日　　　　　　　　编号：

项目名称			
项目单位(部门)		项目组长	
项目实施情况综述			
项目改善效果			
项目组长	(是否申请结案)		年　月　日
精益改善办公室意见	(是否同意结案)		年　月　日

④ 精益改善项目的输出管理。精益项目管理办公室要对已经结项并经过评审后的项目进行结果输出汇总，如果属于可推广的、属于标准与流程等改善的，应该与企业标准化管理办公室联系，转入固化、标准化程序中。实际上，精益改善项目获得改善成果之后，为了巩固改善成果，需要将验证的切实有效的对策，通过培训落实到具体的生产作业当中，并标准化且持续管理，最终要将所有的对策都落实到对应的标准文件当中。要确保设计、工艺、检验和管理这四大方面的规范文件都得到了及时的更新，而且内容没有遗漏，使成功的经验能够永久地流传下去。需要提醒的是，任何企业文件的更新务必要经过相应的审批。

在进行活动报告的编写时，这一部分可以从生产作业有没有增加自动化，管理方式有没有进一步数字化，项目改进是否带动人员专业化和能力提升，检测机制、检测手段、检测能力和检测有效性是否加强，相关改善内容的培训和宣导等方面进行描述。

【阅读材料 5-5】　某企业持续改善管理办法

第 1 章　总则

① 为进一步调动全体员工的积极性和创造性，提高公司经营效益和运营质量，降低成本费用，消除浪费，全面提高精益管理水平，营造全员参与的持续改善工作氛围，特制定本管理办法。

② 本办法适用于公司所有员工。

③ 本办法持续改善项目是指对公司生产经营过程中改进、改善和创新的想法和建议，包括但不限于技术改进与创新、品质稳固与提升、生产效率提高、物流物料改善、节能降耗、设备修旧利废、安全健康环保、组织与人员改善、管理

制度与流程优化、提高销售扩大市场、党团建设和工会活动等降低成本，提高经营绩效的范围。

第 2 章　职责和权限

① 各部门负责持续改善项目的征集、论证及申报工作，每季上报数量不少于部门人数的 5%（不足的按 1 条计算），不允许重复申报、多头申报，对于积极上报的部门进行月度考核激励。

② 公司成立持续改善项目评审小组，划分为技术质量类、生产类、营销服务类、管理类、人资党群类，由分管副总经理（总工程师）担任评审小组组长，相应的牵头部门和覆盖部门如表 5-9 所示，负责申报项目和实施项目的评审，评审专家由评审小组牵头部门根据需要全厂选择，不局限于所属部门。

◇ 表 5-9　持续改善项目评审小组

评审类别	负责人	牵头部门	所属部门
技术质量类	总工程师	技管部门	设计部门、工艺部门、品保部门
生产类	生产副总	生产部门	四大车间、试验中心、设动部门
营销服务类	营销副总	营管部门	销售部门、外贸部门、服务部门
人资党群类	党委书记	人资部门	党工部门、人资部门、工会
管理类	行政副总	企管部门	经理办公室、财务部门、信管部门、供应部门、库管中心、保卫部门

③ 精益管理推进办公室（以下简称精益推进办）是公司持续改善项目的归口管理部门，负责持续改善项目的组织和协调，以及工作跟催、奖励、评价和考核等工作。

第 3 章　工作流程

3.1　持续改善项目的申报与评审流程

① 建议人填写"某公司持续改善项目（合理化建议）申报表"；

② 部门负责人对建议进行了解及辅导，组织部门内部评审，并于每月 5 日前发至精益推进办；

③ 精益推进办在每季度首月的 10 日前，组织持续改善项目评审小组依据"持续改善项目评审细则"，从经济效益、创造创新性、质量品质、建议成熟度、固化与推广应用五个方面打分，如表 5-10 所示。计算评审得分，拟定实施部门、奖励等级和计划完成日期，评审工作的整理、分类和下达需在一周内完成。

3.2　持续改善申报项目的分级管理和跟催流程

① 对于 75 分及以上的一类建议，精益推进办专题提交经理办公会讨论，确定奖励等级、实施部门和计划完成日期，纳入公司重点工作计划并下发实施，并纳入承担部门的年度经营业绩考核中；

◎ 表 5-10　评审细则

项目	评审细则		评分标准
(1)经济效益(30分)	年净效益	①1万元以下	0~5
		②1万~5万元	6~10
		③5万~10万元	11~15
		④10万~20万元	16~20
		⑤20万~50万元	21~25
		⑥50万元以上	26~30
(2)创造创新性(20分)	①纯属模仿现有工艺、生产或工作方法		1~5
	②将现有工艺、生产或工作方法加以修改应用		6~10
	③属于创造性,尚需加以研究和论证后才能应用		11~15
	④属于创造性,且确定能予以应用		16~20
(3)质量品质(20分)	①不影响产品品质、作业时间及负荷		1~10
	②使产品品质提高、减少作业时间及负荷		11~20
(4)建议成熟度(15分)	①需修改补充方可实施		1~8
	②内容完整正确,无须补充修改即可实施		9~15
(5)固化与推广应用(15分)	①通过工作联系单、专题会议纪要、通知等临时的形式在实际工作中应用		1~8
	②纳入正式图纸、工艺文件、技术规范、管理制度等,并通过信息化方式进行固化,在实际工作中得到广泛应用		9~15

② 对于26~75分的二类建议,经评审小组确认后总经理审批,精益推进办下发至责任部门或人员实施,由精益推进办跟踪推进,并纳入计划完成月份的部门月度考核中;

③ 对于26分及以下的三类建议,由工会进行管理和跟催落实,其中对于提出的意见、不现实等无法纳入持续改善序列的内容不列入三类建议,但需对提出部门和人员进行反馈,跟催情况纳入工会月度考核中。

3.3 持续改善项目的实施和评审流程。

① 一类和二类建议在实施完成后5日内,填写"持续改善项目实施报告表",经部门审核后提交精益推进办,每半年组织评审小组对实施情况进行审查并拟定奖励标准;

② 二类建议实施评审意见经总经理批准后兑现,一类建议审查情况需提交经理办公会批准后兑现,项目实施评审之后的整理、分类和审批需在1周内完成;

③ 对具有推广价值的建议,由相关部门从管理制度(流程)、程序文件、技

术文件上予以固化改善，并进行推广实施。

3.4 持续改善项目的异议处理和核销流程

① 实施部门在实施过程中根据实际情况可提出实施建议，包括改进想法、实施需要的额外资源和支持等，实施建议纳入每季度开展的申报评审，一类建议需提交经理办公会讨论，二类建议由评审小组拟定总经理批准实施；

② 持续改善项目实施完成后，经审查和批准后，由精益推进办在一周内进行归档整理并核销关闭。

第4章 奖励标准

4.1 持续改善项目申报的奖励标准

如表 5-11 所示。

◈ 表5-11 持续改善项目申报的奖励标准

申报项目评审等级	得分	奖励金额/元
一等	96～100	3000
二等	91～95	2000
三等	86～90	1500
四等	81～85	1000
五等	76～80	800
六等	66～75	500
七等	56～65	200
八等	46～55	100
九等	36～45	80
十等	26～35	50

4.2 持续改善项目实施的奖励标准

① 对于产生效益的按照净效益的 1％～5％ 核发奖金；

② 经济效益的核算和评审，由评审小组初审，财务部门需参加每个小组的评审；

③ 实施奖励的兑现比例和兑现时间由评审小组拟定，总经理批准，一类建议提交经理办公会审批。

4.3 持续改善项目的奖励形式

① 一类和二类改善项目的现金奖励，个人奖金由各部门造册提交人力资源处直接发放到个人账户，部门奖金由精益推进办纳入部门月度奖金中，由项目负责人进行二次分配提交人力资源处发放到相关人员个人账户；原则上，中层干部提交的持续改善项目奖金归入部门奖金中；

② 对于 26 分及以下的三类持续改善项目，由评审小组根据建议内容及实施效果进行评定和奖励；

③ 对于所有持续改善项目，精益推进办整理汇总，根据情况进行张榜公示，并由公司领导在相关会议上予以通报表彰；

④ 精益推进办对提出和实施持续改善项目的优秀人员、班组或部门，根据项目数量、效益和贡献等进行专题表彰，并作为年终评选"先进个人""先进班组"及"先进集体"的依据，评优程序和要求另行规定。

第5章 附则

① 本办法由精益推进办（企业管理部门）负责解释，精益管理推进过程中由精益推进办具体承接，自下发之日起实施。

② 原《合理化建议和技术改进奖励实施细则》相应废止。

【阅读材料 5-6】 精益改善项目评定及奖励管理办法

1. 目的

为激发全体员工的创造力，提出有利于生产改善的建议，以便达到降低成本、提升效率与质量、激励员工士气、提高经营绩效，特制定本制度。

2. 适用范围

本制度适用于本公司所有精益改善项目。

3. 术语定义

精益改善类项目指为提高工作效率或降低成本，对生产现场以及制造全流程进行精益化改进的项目（包括生产效率、在制、物流、区域空间、库存、费用、过程进行的优化改善和节约）。

4. 相关职责

① 精益改善部是精益改善项目的归口管理部门，职责如下：负责精益改善项目的申报审核和报批；组织精益改善项目评定小组对精益改善项目成果进行评定，并及时对管理项目进行奖励；负责精益改善项目评定资料的归档工作。

② 各部门负责本部门项目管理，职责如下：负责落实本部门管理项目申报、实施和汇总；负责本部门项目申报资料符合性的确认工作。

③ 项目负责人负责项目小组的建立、项目的立项申报、实施，以及日常协调、跟踪等工作；负责项目成果的申报，相应证明资料的提交（财务数据经财务部确认，工作效率提高方面的数据应经使用部门确认）。

④ 财务部负责财务数据的确认工作。

⑤ 精益改善项目评定小组负责精益改善项目成果的评定。

⑥ 总经理负责精益改善项目成果奖励的最终审批。

5. 项目评审小组

组成成员由相关部门、财务部、生产部、现场改善科、精益改善部、制造总监、常务副总等负责任人组成（若项目需要，可由精益改善部根据项目加入其他部门负责人)。

6. 管理规定

6.1 申报及流程

① 每一季度项目责任人均可自行提报一次，分别第一季度为1~3月份，第二季度4~6月份，第三季度7~9月份，第四季度10~12月份，提报时间为每季度的第一个月的月初到月中截止。

② 项目责任人填写"精益改善项目申报表"和"精益改善项目推进计划"，经部门责任人确认项目可行性后提交到精益改善部审核。

③ 精益改善部组织评定小组进行项目立项审核，并确定评判给予立项。

6.2 项目实施

① 项目评定小组审批后下发各部门，由项目负责人严格按照"项目推进计划表"主导实施。

② 项目负责人每月对项目实施进度进行总结并填写"项目总结反馈表"。

③ 如项目实施过程中出现项目升级、降级、终止、项目组成员变更等情况的，可向精益改善部提交"项目变更申请表"，如有必要，还需附变更后的"项目推进计划表"，经项目评定小组审批后，可按照新的变更计划执行。

6.3 项目成果评定

6.3.1 评定时间

精益改善项目成果原则上每季度评审一次，评定时间为每季度最后一个月。

6.3.2 项目成果评定流程

(1) 项目成果申报初评

① 项目负责人填写"项目成果申报与评定表"进行自评并与项目总结报告一并提交至精益改善部；

② 精益改善部召集项目相关评定小组成员讨论并筛选出可进入评审环节的项目。

(2) 项目成果申报复评

① 进入评审环节的项目负责人将自评完的"项目成果申报与评定表"提交至相关部门复核；

② 项目负责人将复核后的评定表及有关证明材料一并提交至精益改善部。

(3) 项目成果确认

项目成果确认按以下规定：

① 精益改善部负责对相关证明材料的符合性进行审核；

② 财务部对项目成果的财务数据进行确认；

③ 使用部门及精益改善部对项目成果的工作效率或使用情况进行确认。

(4) 项目成果评定

精益改善部组织项目评定小组对项目成果的奖励等级进行评定,并根据评定小组讨论结果,汇总、制定"项目成果奖励汇总审批表"。

(5) 项目成果审批

总经理对精益改善项目成果奖励进行最终审批。

6.4 项目成果奖励

① 根据项目得分评定特等奖、一等奖、二等奖、三等奖、四等奖、鼓励奖;奖励等级、奖励金额标准按规定实行。

② 项目奖金发放原则:

项目负责人(第一完成人)的奖励原则上不超过40%(除1~2人项目外),项目负责人编制"项目成果奖金分配表",经项目组成员签字确认后提交人力资源部审核发放。

③ 对于已离职的项目小组成员,不享受项目成果奖金分配。

④ 奖励不能同公司内其他奖励项目重复享受,效率的改善激励实施后定额需要同步调整。

7. 其他

① 本办法自发文之日起正式执行。

② 以往相关规定与本制度不一致的,以本制度为准。

③ 本制度解释权在精益改善部。

第六章
煤矿实行精益运营必须搞好体系建设

精益管理体系化的目的在于持续改善，体系化建设的内容包括精益管理体系的内容、精益管理的流动与拉动的驱动机制、精益管理的评价制度。

一、丰田精益生产屋与精益体系

1. 丰田精益生产屋

精益生产体系来源于丰田的精益生产屋，精益管理体系又是来源于精益生产体系，了解丰田的精益生产屋，才能了解丰田精益生产体系。精益生产屋就代表了丰田的精益生产体系的具体要求与内容。丰田精益生产屋是由大野耐一和丰田英二发展而成的，用来向员工和供应商解释不断演进的丰田系统。该生产系统的目的是消除运营中所有的 3M［muri（过载），mura（不均衡），muda（浪费）］。这是一种让每位员工参与进来，通过采用 PDCA（计划、执行、检查、纠止）的方法解决问题，改善质量、成本、交货期、安全和员工士气。如图 6-1 所示。

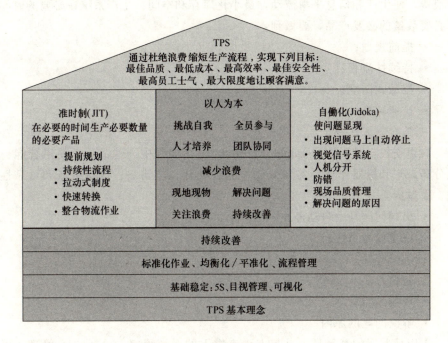

图 6-1　丰田精益生产屋

丰田精益生产屋就是丰田生产系统，而且这个系统还在不断地发展，丰田人开始称丰田生产系统为"员工思考的系统"来代替原有名称。目前世界上大多数成功实施精益的组织都采用丰田生产系统作为他们的运营蓝图，学习并理解该系统，重新命名使其结合自身情况为其所用，同时尽可能采用纯粹的丰田方式：

- 只按照顾客所需的产品、所需的时间和正确的数量制造；

- 最少的库存；
- 机器作业从人工作业中分开，并充分利用两者；
- 在流程中内置品质，在源头防止缺陷发生；
- 降低交货期时间，使其能进行快速、灵活的生产排程；
- 有效地进行多品质、小批量的生产；
- 丰田精益生产屋显示通过消除浪费、持续改善达到世界级的生产系统。

丰田精益生产屋是采用房屋结构解释丰田生产系统的，原因在于，房顶、柱子和地基代表一种类似该系统的稳定结构。

丰田精益屋的目标是：最佳品质、最低成本、最高效率、最佳安全性、最高员工士气、最大限度地让顾客满意。

丰田精益屋的两大支柱：自働化（Jidoka）与准时制（JIT），其中：

左边支柱：准时制（JIT）——节拍时间、流动、下游拉动，消除生产中的7种浪费，使生产和信息平滑流动，最小化库存和空间。生产系统在必要的时间生产必要数量的必要产品，要做到：

- 提前规划；
- 持续性流程；
- 拉动式制度；
- 快速转换；
- 整合物流作业。

右边支柱：品质内置 Jidoka（自働化），在流程中内建品质，使用智能自动化分离人工和机器作业，实施低成本的自动化、防错法、设备更新和可靠性改进。需做到：

- 出现问题马上自动停止；
- 视觉信号系统；
- 人机分开；
- 防错；
- 现场品质管理；
- 解决问题的原因。

丰田精益屋的基础是工具与方法支撑下的系统稳定，包括：5S管理、可视化、目视管理、平准化与均衡化、多能工、标准作业、流程管理等。稳定生产排程中的变动，降低整个交货期时间，协调销售、生产安排和顾客需求。丰田生产方式的运作体系如图6-2。

丰田精益生产屋是把整个丰田生产方式看作一个高楼大厦，而其地基是足以支撑起整个大厦的最根本的基础。

丰田精益生产的实质是管理过程，包括人事组织管理的优化，大力精减中间

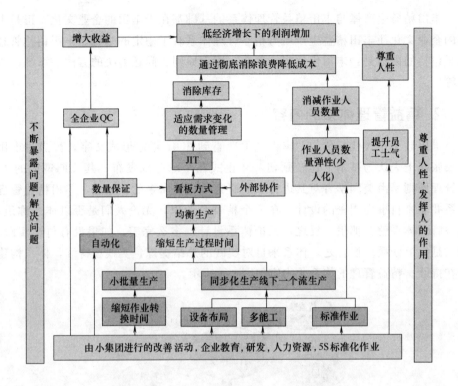

图 6-2 丰田生产方式的运作体系

管理层，进行组织扁平化改革，减少非直接生产人员；进行生产均衡化同步化，实现零库存与柔性生产；推行全生产过程（包括整个供应链）的质量保证体系，实现零不良；减少和降低任何环节上的浪费，实现零浪费；最终实现拉动式准时化生产方式。丰田精益管理体系如图 6-3 所示。

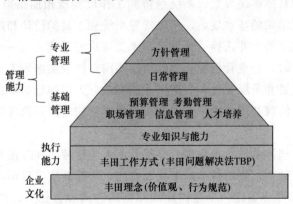

图 6-3 丰田精益管理体系

丰田精益生产屋与丰田精益管理体系的基础都在于丰田的企业文化，正是丰田的企业文化使丰田精益生产屋与精益管理体系有了稳定的基础。丰田精益管理体系包括的内容是：丰田价值观、理念、原理原则、问题解决的方法、系统、工具等。

2. 精益管理体系的内容

丰田数十年代代相传的"丰田之道"直到2001年才形成文字，被当时丰田社长张富士夫认为基本上比较贴切，才正式在全球范围发布，其长期遵循的14项管理原则是由美国学者对其进行长期研究后提炼出来的。显然，丰田精益管理体系并非来自事先周密的设计。在一个精益企业里，无论人们是否以体系称道，精益管理体系就在那里；反之，无论体系设计得多么完美，如果没有付诸实践，就只是纸上谈兵。换言之，体系来自对实践的总结提炼，实践在持续，体系构建也在持续。精益管理的体系化内容如图6-4所示。

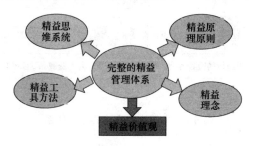

图6-4　精益管理体系化内容

精益管理体系包含工具、系统、原理原则、理念和价值观五个层面。工具是执行特定任务的具体解决方案。系统是协同工作以实现预期结果的工具的集合。原理原则是支配结果的基本规则，用以指导系统和工具的设计和选择，组织设计系统以实现特定结果，并选择或开发工具来支持这些系统。当一个系统或工具没有达到目标结果时，企业管理层会尝试修改当前系统或实施新工具，以期达成组织的目标。但工具和系统要为人们所用才能奏效，人们的行为模式极大地影响着组织的结果。价值观和理念决定人们的行为模式，同时启发原理原则。理念是价值观的体现。

丰田精益管理体系显然是在用科学服务于人类智慧，在遵循其价值观、理念和原理原则的基础上，使用科学的工具和方法，帮助其实现目标，例如投资回报率（ROI）。丰田是在确定一个遵循原理原则的方向和目标后，使用科学计算的投资回报率来选择一个实现目标的最佳方案，而不是像其他企业仅用投资回报率来决策做与不做。大多数企业是从工具层面开始导入精益管理或精益生产模式，部分企业可以有效推进系统层面，它们很快收获短期利益。任何企业要想取得长期成功，就必须不懈地寻求改善，未能将持续改善作为优先事项将不可避免地导致企业衰落。对完美的追求，即使知道它根本不可能实现，也会激发每个人的最佳状态，可持续的结果需要一种每个人每天都参与改进的企业文化，还取决于企业文化与精益价值观和理念相一致的程度。人们的行为模式及其背后的价值观和理念构成了企业文化。

（1）精益管理体系的第一层：精益价值观

丰田的精益价值观的内容与其相邻的理念有时难以明确区分，大体内容是：丰田的纲领、尊重人性、共存共荣等较为抽象的东西，是丰田企业文化最基础的内容。

（2）精益管理体系的第二层：精益理念

最初的精益生产的核心理念是在外部视角、系统思考的前提下，将生产聚焦于价值创造，一方面集中于价值流的再造，另一方面从消除浪费开始，不断提高精益生产能力，通过持续改善，不断提高效益。丰田公司得益于精益生产，最终获得巨大成功。

精益生产获得成功后，进一步深化为精益思想，精益思想的理念主要包含三部分：系统思维、价值驱动、流程速度。

① 系统思维：大处着眼，小处入手。

② 价值驱动：增值意义，拉动。

③ 流程速度：增值百分比，效率。

（3）精益管理体系的第三层：精益思想体系（原理原则）

精益管理的思想体系可以分为三层，分别是：

① 中心层：以客户为中心。

② 圈层一：快速、准时、高效满足客户需求。

③ 圈层二：精益生产的五大原则。

精益生产的五大基本原则的内容如下：

① 定义价值；

② 识别价值流；

③ 让价值持续流动；

④ 用户价值拉动；

⑤ 精益求精。

（4）精益管理体系的第四层：系统解决问题，问题的解决方式（TBP）

① 明确目标；

② 定义问题；

③ 重视事实与数据；

④ 着眼偏差；

⑤ 现地现物；

⑥ 因果分析，寻找真因；

⑦ 客户意识；

⑧ 问题意识；

⑨ 当事者意识；

⑩ 可视化行动；

⑪ 全员参与。

通过系统的问题分析、问题解决，消除六大负面清单，消除八大浪费。

（5）精益管理体系的第五层：精益改善手法与工具

① 准时制。在需要的时候，按需要的量生产所需的产品。

第一，看板管理。看板管理指为了达到及时生产（JIT）方式控制现场生产流程的工具。准时生产方式中的拉式生产系统可以使信息的流程缩短，并配合定量、固定装货容器等方式，使生产过程中的物料流动顺畅。看板旨在传达信息："何物，何时，生产多少数量，以何方式生产、搬运"。看板的信息包括：零件号码、品名、制造编号、容器形式、容器容量、发出看板编号、移往地点、零件外观等。

第二，标准作业。标准作业是将作业人员、作业顺序、工序设备的布置、物流过程等做最适当的组合，达到生产目标而设立的作业方法，是以人的动作为中心，按没有浪费的操作顺序进行生产的方法。

第三，少人化。精益生产提高效率的目标之一是少人化，少人化就是根据产量的多少来增减人工，这样的生产线也叫作少人化生产线，从而达到用最少的人员满足顾客的生产需求。实现少人化，必须满足以下三个条件：采用一个流生产；要经常审核、修改作业标准和作业标准组合；有具备能操作多种工序能力的训练有素的作业人员。

第四，快速换产（模）。即 SMED，是一种能有效缩短产品切换时间的理论和方法。切换时间是指从前一种产品加工结束转换到能生产出后一种产品的合格时所需要的时间。

第五，柔性化。是通过系统结构、人员组织、运作方式和市场营销等方面的改革，使生产系统能对市场需求变化作出快速的适应，同时消除冗余无用的损耗，力求企业获得更大的效益。计算机及自动化技术是柔性生产的物质技术基础。柔性生产不仅是设备的柔性，还包括管理、人员和软件的综合柔性，与柔性生产相适应，当前国际上柔性管理也开始出现。

第六，U 形线。脱离原有生产线设计思想，使物流路线形成 U 形，进料和出料由一个人承担,这样可避免由于投入的人看不到出货情况而造成中间在制品增加,中间在制品增加的最大弊端会使品质难以保证,先入先出不能得以实施,使系统的灵敏度严重下降。U形线的真正含义是在加工过程中物流的过程是U形,而不是设备排布像U形。

第七,多能工。多能工是具有操作多种机器设备能力的作业人员,多能工与设备的单元式布置紧密联系。在U形生产线上,多种机器紧凑地组合在一起,这就要求作业人员具有能够应对循环时间和标准作业组合的变化以及在多数情况下能应对一个个作业内容变化的能力。作业人员必须是多能工,能够进行多种设备的操作,负责多道工序。为此必须通过工作岗位轮换把作业人员训练成对所有工序的所有岗位都是熟练的作业人员,也就是多能工。

第八,平准化。生产平准化是多品种混合流水生产中一个概念。平准就是要求生产平稳地、均衡地进行。平准化不仅要达到产量上的均衡,而且还要保证品种、工时和生产负荷的均衡,它实际上是均衡生产的高级阶段,企业在进行多品种生产时,需要考虑如何科学地编排投产顺序,实行有节奏、按比例混合连续流水生产。而编排多品种混流生产投产顺序的基本原理是生产平准化问题。生产平准化是指在多品种生产条件下,科学地组织和管理可变流水线上若干品种产品投产顺序的一种最优化方法。

第九,一个流。又称一件流生产,是指将作业场地、人员、设备合理配置,按照一定的作业顺序,零件一个一个地依次经过各工序设备进行加工、移动。一个流生产的优点:一是最短生产周期;二是发现问题及时,质量成本低;三是搬运最小化,创造安全的生产条件;四是减少存货和在制品。

② 自働化。当品质或设备异常发生时,设备或生产线具有自动停止或作业员主动使之停止的能力。在这里强调的自働化带人字旁,是指异常时可停止的机器或生产线。

第一,零缺陷管理。企业发挥人的主观能动性进行经营管理,生产者、工作者要努力使自己的产品、业务没有缺点,并向着高质量标准的目标而奋斗,是以抛弃"缺点难免论",树立"无缺点"的哲学观念为指导,要求全体工作人员"从开始就正确地进行工作",以完全消除工作缺点为目标的质量管理活动。零缺点并不是说绝对没有缺点,或缺点绝对要等于零,而是指要以"缺点等于零为最终目标,每个人都要在自己工作职责范围内努力做到无缺点"。它要求生产工作者从一开始就本着严肃认真的态度把工作做得准确无误,在生产中从产品的质量、成本与消耗、交货期等方面的要求进行合理安排,而不是依靠事后的检验来纠正。零缺陷特别强调预防系统控制和过程控制,要求第一次就把事情做正确,使产品符合对顾客的承诺要求。开展零缺陷运动可以提高全员对产品质量和业务质量的责任感,从而保证产品质量和工作质量。

第二，防错功能与再发生防止。防错是指通过究源性检查找出产生缺陷的根本原因，设计装置或方法对此差错实现100％检验，避免缺陷再次出现的方法。再发防止是指已经发生过的问题不允许第二次发生。

第三，目视化管理。通过三现主义（现场、现实、现物）来开展管理的方法。目视化管理是一种直接的管理方法，是使生产管理业务顺利开展下去的非常有效的手段。

第四，QC小组。QC小组是指在生产或工作岗位上从事各种劳动的职工，围绕企业的经营战略、方针目标和现场存在的问题，以改进质量，降低消耗，提高人的素质和经济效益为目的组织起来，运用质量管理的理论和方法开展活动的小组。QC小组是企业中群众性质量管理活动的一种有效组织形式，是职工参加企业民主管理的经验同现代科学管理方法相结合的产物。

③ 5S活动。5S就是整理、整顿、清洁、规范、素养。

④ 全员参与的改善提案活动。改善提案活动是指企业通过一定的制度化的奖励措施，引导和鼓励员工积极主动地提出并实施任何有利于改善企业经营活动的革新建议、改善意见、发明创造等。改善提案活动要求提出者自主实施；改善提案有规范的工作流程和制度，追求全员参与，追求提案质量，奖励面广；改善提案活动强调的是循环观念，每一件工作，都有很大的改善余地，改善是无止境的，要通过"改善—维持—进一步改善"的循环，把事情做得越来越好。改善是指通过手段或方法的变更，使工作或结果朝着好的方向发展的过程。

增加企业文化，强化价值观与理念的功能，这是新乡模型（来源于新乡奖❶）对于精益管理体系的改进。新乡模型是基于新乡重夫博士所倡导的精益管理体系，阐述了一个传统的企业向精益型企业转变过程中，包含了工具使用、系统驱动和本质改变三个层次的转变和运用。新乡模型包括四个方面，共同构建起一个完整的精益管理体系，如图6-5所示。

第一，企业文化基础，是新乡模型考量的第一个方面。良好企业文化基础使

---

❶ "新乡奖"（The Shingo Prize）创立于1988年，是为纪念丰田生产方式创造者之一新乡重夫（Shigeo Shingo）而设立的生产品质奖，被誉为"制造业的诺贝尔奖"。它是运营管理领域最主要的国际性奖项，也是全球范围内唯一致力于精益制造和削减浪费的奖项，仅在美国、英国、墨西哥颁奖。设立"新乡奖"的愿景是鼓励企业将精益原则、系统和工具、精益管理思想全面应用到企业的每个环节，并从简单的模仿套用到真正的理解实践，最终到达卓越的运营绩效，其目标是希望众多企业通过对奖项的挑战，建立不断改进的企业文化，进而为企业进步提供原动力。"新乡奖"的评审以严谨著称。评审委员会集中了世界范围内优秀的精益制造的领军人物，以严格的评审制度审核每一份申请报告（100页），并通过两到三天的实地考察评估，最后颁发铜奖、银奖或是新乡最高奖。"新乡奖"评审是对企业精益思想应用的一次全面的评估，评审标准集合了客户满意度、企业盈利性、产品品质、成本控制、服务的传递、精益在作业管理的应用、领导能力的体现及公司员工的发展等。因此，对"新乡奖"的挑战往往成为企业精益变革的引擎。"新乡奖"获得者主要包括波音、Lockheed Martin（洛克希德·马丁）、Raytheon（美国雷神公司）、Baxter（百特国际）等世界一流公司。

第六章
煤矿实行精益运营必须搞好体系建设

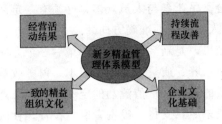

图6-5　新乡精益管理体系模型

组织开始精益转变之旅有个良好的开始，并最终形成精益文化。文化基础包括领导力、员工成长、授权、环境和安全体系四个方面。领导力指组织中要有一支眼光长远的精英团队愿意在转变的过程中一直坚持和倡导精益理念；员工成长揭示了转变过程是一个员工学习、能力提高的过程；在给予员工足够的培训和教育后，充分授权组织内的员工开展改善的项目，让员工通过改善活动，使精益思想有更深层次的理解和运用，逐渐成为组织中一部分；安全健康的工作环境和人与人或团体之间的相互尊重是组织文化基础上所必需的部分，才能推动组织完成精益组织的转变。

第二，持续流程改善（CPI），是新乡模型中考量的第二个方面。组织在这个阶段通过对一系列精益工具、技术及理念的理解、开发和运用，来推动持续的改善。在持续改善中，关注流程的输入输出；融合其他质量提升的理念和流程，如TQM的PDCA，六西格玛中的DMAIC；强调用数据对浪费进行确定、量化和消除；用统计的科学方法来提升改善速度，通过持续改善达到完美的效果。流程持续改善中涉及组织运营的方方面面，包括供应链、生产运营、产品及服务开发、客户关系和企业管理5个范畴，38个流程。持续改善过程必须是交叉实施于组织中的价值流和管理流程；管理流程从纯精益角度看虽然属于非增值，但却是必需的流程，这些流程是组织实现其功能不可缺失的部分，以保证增值流程有效地进行。在管理流程中运用精益管理，是为了确保用最少的资源、最快的速度、最简便的方法来达到目标。

第三，一致的精益组织文化，是新乡模型考量的第三个方面。一个精益型组织的实现，依赖于组织中的每个层次各个职能部门领导者、管理者、员工都拥有共同一致的精益文化。组织中所有的准则、规范都需要运用整体、动态、闭环的系统思考方式进行整合，系统思考是所有精益准则统一协调，使组织按一致的目标来推动持续改善的过程。一致的精益组织文化还依赖于政策制定，政策制定是一个基于科学思考、全员参与和个人尊重的计划和执行的系统。从战略层面上看，政策制定为领导提供必要的准则、系统和技术，使逐层分解关键的目标和战略执行得以有效的结合。由于参与人员众多，必须有一定和清晰的报告形式，如A3形式，来保证每个人在相同的准确方向。

第四，经营活动结果，是新乡模型考量的最后一个方面。组织的经营结果分为六个大的方面：人员培养、质量、交期、成本、财务收益和竞争力提高。组织的经营是一个价值创造的过程，价值流动的定义为客户愿意为此而支付费用的过程，或者说是组织中股东愿意支付，投资者愿意投资，社区愿意支持，员工愿意投入他们的信任、信心和承诺的过程。精益企业的经营实现价值流向股东、提高客户满意度和股东价值，同时维持一个安全健康的环境。

二、精益管理的驱动机制

精益管理体系中有流动、拉动两条精益原则，这两条原则就是精益管理的驱动机制：由市场来拉动整个价值创造系统的创造，类似于第一推动力，然后内部各个板块、要素响应后一道工序的要求，流动起来，这就是精益管理的推进机制与持续改善机制。

1. 精益管理的推进机制

精益管理的推进始终要围绕目标来展开，也就是要围绕消除浪费来展开所有的企业生产与管理活动。即使推行目标明确，国内很多企业推行精益管理过程中存在很多不足，例如：标准模糊或过于专业，看不懂辨不明，每个人解读的结果差异大；推动困难，管理者苦口婆心，执行者消极应对；问题反复缺乏持续性等。需要建立精益管理的推进机制，解决推进过程中的一系列问题，确保精益管理的有效、有序推进。

企业精益管理推行的体系就是企业各层次需要明确自己的职责：企业高层管理者树立精益思想，把精益理念、精益思想融汇于企业发展过程中，从方向上引导企业向精益转变；企业中层管理者需要搭建起精益管理运行的标准化系统，进行制度、流程优化，设计精益推行的路径，指导企业基层员工进行精益的系统思考，解决精益管理推行过程中的问题；企业基层员工需要应用精益工具，严格按照标准进行价值创造活动。以上是企业推行精益管理的体系框架，把高层、中层与基层结合起来，相互关联，相互制约，形成自上而下的思想传播，自下而上的工作改善。精益管理推进体系与机制如图6-6所示。

点、线、面的结合，形成推进精益管理的机制，动力来源于市场的拉动，机制与外部拉动保证企业内部的流动。

① 标准化。高层的价值观与理念标准化强调的是规范、通俗易懂。企业中层管理者需要制定基层可操作的各类标准，完善企业标准化系统，标准必须简

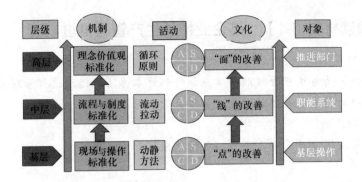

图 6-6 精益管理推进体系与机制

明、通俗、易懂、易操作等。基层严格执行标准，按照标准的要求进行操作作业。

企业各层级所明确要求的标准定制内容需要全面化、系统化、合理化。企业定制企业标准之后，生产加工等技术都需要按照标准化来执行，同时企业的服务也需要按照标准化来执行，企业标准是一个完整的管理体系，因此企业的管理也需要按照标准化来执行。

企业精益管理推进过程中需要做好标准化工作，这是推进精益管理的最基础性工作。

② 持续改善。持续改善是一种理念、思想，也是一种行为，企业员工需要具有持续改进的理念与思想，具有问题意识，持续解决生产经营活动中的问题，达到改善、提升的目的。

③ 工具方法。企业的基层、操作层员工必须熟练把握精益管理的操作工具与方法，在严格按照标准进行作业时，选择合适的操作工具与方法来消除浪费、提升效率、降低成本等。常用的工具见表 6-1。

◇ 表 6-1 常用精益改善工具

"点"改善工具	"线"改善工具	"面"改善工具
PDCA、SDCA	时间分析	5S、TPM
防呆法、防错法	多能培训	价值流
合理化提案	TWI、5S、TPM	改善提案法
大野耐一圈	看板管理	标杆管理
5-why 分析法	可视化	方针管理
5S、TQC、TPM	安灯系统	课题管理
自主改善法	均衡生产、一个流	标准管理
突破改善周	标准管理	
	标杆管理	
	A3 报告	

【阅读材料 6-1】 某企业精益生产管理推进制度

1. 目的

为使公司精益生产管理顺利实施,特制订本办法,通过过程管理方式保证精益生产管理的开展,并使精益生产管理成为公司日常管理。

2. 适用范围

公司精益化生产管理办公室、各生产分厂和一线员工。

3. 职责

3.1 各生产分厂

① 负责对生产现状进行调研分析并编制调研报告;

② 负责制定具体的改善方案并组织实施。

3.2 精益生产管理办公室

精益生产管理办公室负责对各分厂精益生产改善项目提供支持(具体包括精益生产管理制度、精益生产管理培训、技术支持、精益生产改善项目方案评审和推进过程管控)。

4. 流程

① 各分厂在对生产现状充分调研的基础上编制相应的改善方案和具体的项目推进计划并组织内部评审(此过程可邀请精益生产办公室成员参与协作);

② 改善方案内部评审通过后经精益生产管理办公室审核及公司领导批准后,由各分厂负责各自项目的具体落实和实施;

③ 推进过程中,根据各分厂改善项目推进的需要,由精益生产管理办公室组织实施精益生产管理培训并提供技术支持;

④ 项目实施完毕后,由各生产分厂向精益生产管理办公室提出验收申请,精益生产管理办公室组织相关人员对各阶段项目进行评审和验收(如评审验收时发现项目未达标,由各生产分厂提出整改方案并限期整改)。

5. 机制保障

5.1 会议机制

5.1.1 周例会

会议组织:由各分厂负责组织相应人员参加会议。

常规出席人员:各生产分厂精益生产改善项目团队和精益生产办公室人员(必要时可邀请品管部、开发部和公司领导等参与会议)。

会议内容:对精益生产推进过程中实施方案进行研讨并审定下周精益生产改善计划。

5.1.2 月例会

会议组织:由精益生产管理办公室组织相应人员参加会议。

常规出席人员：各分厂精益生产改善项目团队、精益生产办公室人员和公司领导。

会议内容：精益生产办公室介绍公司精益生产整体推进情况，各生产分厂介绍其改善项目进度、改善实施效果和下月改善计划。

5.1.3 临时讨论会

根据精益生产推进过程中实际需要临时性召开讨论会，对实施过程中遇到的瓶颈和难题进行研讨。

5.1.4 项目验收会议

会议组织：由精益生产管理办公室组织相应人员参加会议。

常规出席人员：各分厂精益生产改善项目团队、精益生产办公室人员和公司领导。

会议内容：精益生产改善项目团队总结汇报改善实施成果。精益生产办公室和公司领导对项目进行评审和验收，确定项目是否达标。

5.1.5 培训会议

根据精益生产过程中实际需要由精益生产办公室组织改善团队或一线作业人员参加培训。

5.2 激励机制

① 绩效考核。每月对各分厂精益生产推进实施情况进行评价，评价结果与各分厂领导及相应管理人员当月绩效挂钩。

② 正激励。设立：精益生产推进奖——分厂领导；精益生产实施奖——管理人员；精益生产参与奖——一线员工。

通过奖项对分厂领导、管理人员和一线员工以正激励，鼓励引导精益生产改善推进。每月对各分厂精益生产改善推进情况进行评比，根据推进实绩确定获奖人员，月度例会时公布。

③ 负激励。故意推延精益生产改善项目、不支持、不配合精益生产推进的人员给予负激励。根据其对项目影响的严重程度给予警告、记过和记大过处理。

6. 制度由精益生产办公室负责监督执行和解释。

【阅读材料6-2】 某企业精益管理推进工作目标制定、展开与考评办法

1. 总则

① 根据公司推进精益管理的要求，确保对推进工作进行及时、有效、公正的评价考核，助推××成果落地，努力打造具有××特色的战略精益管理体系，特制定本办法。

② 本办法适用于公司各单位。

2. 方针目标的制定与展开

(1) 每年末由公司精益办联合各专责组制定下一年度公司推进精益管理方针目标、工作要点及主体推进计划，报公司领导小组审批后执行。

(2) 各专责组依据××达级评估要求和本模块达级目标，以及公司精益管理推进工作要点及主体计划，制定模块年度推进计划、月度推进计划，提交精益办审查后报公司分管领导审批后执行，并将 SQDCME（安全、质量、交期、成本、士气、环境）指标分解到各生产单位。

(3) 各生产单位依据公司年度和月度推进计划，分别制定本单位年度推进计划和月度实施计划，并将计划和 SQDCME 指标分解到班组层面。

(4) 计划督导、检查

① 公司总体推进工作由精益办与各专责组共同进行督导、检查和考评，每月形成精益管理推进工作考评通报。

② 由各单位实施组对本单位的推进情况进行督导、点检和评价，每月形成月度推进工作总结报精益办；各专责组对牵头模块的推进工作进行督导、点检和评价，每月形成月度推进工作总结报精益办。

3. 考评对象和考评内容

3.1 考评对象

各专责组、生产单位及相关单位。

3.2 考评周期

按月考评。

3.3 考评内容

(1) 对生产单位的主要考评内容

① 计划监控；

② SQDCME 指标管控；

③ 常态化推进工作机制。

(2) 对专责组的主要考评内容

① 计划监控；

② 常态化推进工作机制。

(3) 对各相关单位的主要考评内容

各相关单位应大力配合精益办和专责组开展精益管理推进工作，对于不配合推进工作、不执行推进计划的相关单位，精益办和专责组向考评委员会提交证据和考评意见，经考评委员会确认后，提交公司考评办纳入责任单位的月度绩效考评。

4. 考评管理程序

4.1 考评组织机构及职责

(1) 考评委员组成（略）

(2) 考评委员会的主要职责

① 负责研究制定公司精益管理推进工作考评办法。

② 负责组织考评并出具考评意见。

③ 负责对推进工作评价考核中的重大问题提出处理意见。

(3) 考评委员会组织纪律

① 考评委员会成员对本模块评分的真实性负责。

② 考评委员会成员须按时参加月度考评，原则上不能缺席。

4.2 考评工作流程

(1) 评价标准

① 各生产单位自评价、专责组对生产单位评价标准（评价标准略）。

② 各专责组自评价、精益办对专责组评价标准（评价标准略）。

(2) 考评工作要求

① 各专责组于当月 20 日之前提交本模块的下一月度工作计划给精益办；精益办汇总形成公司月度推进计划经公司领导审批后，在 25 日前统一下发执行。生产单位按公司月度推进计划内容和要求，于接到通知后 2 个工作日内制定本单位的月度实施计划。

② 生产单位须每月对推进工作情况进行自评价（表略）和总结。

③ 各专责组须每月对责任模块推进工作进行自评价（评价表略）和总结；同时，须对各生产单位进行评价（评价表略）。

④ 精益办负责对各专责组进行评价（评价表略），并汇总评价结果提交考评委员会审议。

⑤ 精益办负责组织召开综合考评会，形成统一的考评意见。

4.3 评价得分

生产单位最终评价得分由两部分组成：自评价得分占 20% 权重；专责组和精益办评价得分占 80% 权重。各专责组最终得分由两部分组成：自评价得分占 20% 权重；精益办评价得分占 80% 权重。各专责组和生产单位的自评价必须实事求是，对于自评价得分与外部评价得分偏差较大的专责组、生产单位，考评委员会按"偏差分值大于等于 5 分以上，按每 5 分扣减总分 2 分"给予处罚。

4.4 考评工作的主要支持证据

① 被考评单位和专责组的月度推进计划（计划表略）。

② 被考评单位和专责组的月度工作总结（总结表略）。

③ 专责组对生产单位的督导、支持的证据（证据表略）。

④ 生产单位自点检记录（记录表略）。

⑤ 专责组和生产单位定期召开精益会议的记录（记录表略）。

⑥ 专责组和生产单位开展精益培训的相关记录（记录表略）。

⑦ 其他可以证明专责组和生产单位开展精益工作的证据、材料。
⑧ 支持单位不配合推进工作的证据由专责组提供。

4.5 考评结果

分为"优秀、合格、需改善提高"三个等级，每个层次相应得分范围，具体见表6-2。

◆ 表6-2 等级分数对应表

考核等级	得分范围
优秀	得分＞95分
合格	95分≥得分≥90分
需改善提高	得分＜90分

4.6 考评结果审批

考评委员会形成统一的考评意见后报公司精益管理推进领导小组审批。

5. 评价结果应用

精益办依据公司考评委员会考评结果在公司范围内通报，并对相关单位进行奖励或处罚。

① 对月度评价评分为优秀（≥95分）的单位，给予单位行政主要领导、分管领导和其他领导人民币200元、200元和100元奖励。

② 对月度精益管理评价得分为需改善提高（＜90分）的单位进行全公司通报批评，对单位行政主要领导、分管领导和其他领导分别扣款人民币200元、200元和100元。

③ 对影响专责组推进工作的支持单位，进行全公司通报，并对单位行政主要领导、分管领导和其他领导分别扣款人民币300元、300元和200元。

④ 考评结果交综合管理部汇总，纳入公司每月绩效考核中。

6. 附则

① 本办法由精益办负责解释。
② 本办法自下发之日起施行。

2. 精益管理的评价体系

企业在推行精益管理过程中，企业应该统一各单位对精益管理的认识，扎实推进管理的改进和创新，并且建立统一的精益评价准则与评价指标体系。企业精益管理评价体系把彻底消除一切浪费的思想贯彻到企业整个经营管理中，注重从系统整合的高度，以最优为目标，以国际最先进为样板，正视影响企业竞争力的关键弱点，全方位、持续地推进精益改进，使精益思想在整个管理领域中得到应用和拓展。

企业建立精益管理评价体系并对企业开展精益管理评价的主要目的是提出便于实施的先进管理理念和方法，规范整个经营运作过程，使企业真正向标杆靠拢；为企业领导提供科学、客观、全面评价企业精益管理的尺度；建立企业经营预警机制，以事前诊断、过程分析来防止由于未及时察觉问题而带来的经营风险。

精益管理评价体系的指标内容设计遵循先进性、实用性、过程考核与结果考核相统一的指导原则。其中的先进性，即精益管理评价体系的评价指标要体现精益管理的各项基本要素，要体现标杆企业的管理做法和水平。实用性，即精益管理评价体系必须适应企业自身的特点，指标体系的设计必须使评价结果能够真正说明企业竞争力的状况和管理上存在的问题；同时，必须使用方便，尽可能降低评价的成本。实用性使过程考核与结果考核相统一，即精益管理评价体系应当考核必要的经营管理结果指标，但更应当强调对于经营管理过程、方式和程序的考核，引导企业经营者从单纯注重经营结果转向注重经营过程的科学化。

任何生产方式都是由人、机、料、法、环、信息组成的一个系统，只是不同的生产方式侧重点不同。可以从两个角度进行评价：一是投入要素的状态；二是要素的结合状态。前者是单一投入要素是否符合生产经营的需要；后者强调要素结合，也就是运营过程的效率、安全等。

（1）投入要素的状态

对精益管理下的各项活动进行分析，建立精益管理评价指标体系必须从六个投入要素展开。

①"人"的指标。丰田精益生产的核心价值观是尊重人性，在生产经营活动中，企业需要为员工提供岗位培训，实施岗位轮换，使员工成为多能工，还积极鼓励员工参加团队活动，改善提案活动，为员工积极主动工作创造条件。"人"的要素指标需要从员工能力素质提升、工作积极性、创造性等维度展开。

②"机"的指标。精益生产方式采用以产品为中心的单元式设备布局方式，最典型的是布局紧凑的U形生产线，解决了小批量生产和传递的物流费用问题，缩短了生产过程时间。设备的快速转换，对于缩短生产过程时间、缩小生产批量，降低成品和半成品的库存有着非常重要的意义。"机"的要素主要指标需要从设备布局、设备运行效率、设备自动化程度、设备完好率、设备各类时间等角度综合考量。

③"料"的指标。拉动式生产要求后工序在需要的时候到前工序领取所需数量的物料，物料被领取后，记录物料相关信息的就是看板，从看板管理实施的效果可以评价物料的情况。看板不仅用来进行内部的物料控制，还用来对供应商的管理。"料"的指标主要从供应及时性、物料品质、物料数量满足等角度综合考量。

④"法"的指标。为了实现精益生产目标,丰田公司使用了很多方法。主要包括:全面质量管理、标准化作业管理、均衡生产、目视管理等,这些方法为精益管理的顺利导入提供工具基础,使精益管理的推进更能达成目标。"法"的指标可以从方法的有效性、方法的适应性、方法的熟练程度、方法的多样性等角度综合考量。如果需要针对某种特定方法强化使用,例如全面质量管理,可以从全员性、全面性、全过程角度来评价。

⑤"环"的指标。环境主要是现场工作环境的整洁、有序,通过现场5S管理,对投入要素与产出要素开展相应的整理、整顿、清扫、清洁、素养等活动,通过规范现场、现地、现物,为全体员工创造干净、整洁、舒适、合理的工作场所和空间环境,养成良好的工作习惯。"环"的指标可以环境是否有与价值创造无关的要素、要素是否取用方便、要素的状态是否最佳、可视化程度、标准化管理、习惯养成等角度综合考量。

⑥"信息"的指标。现代经济社会运行过程中强调信息传递的有效性、效率等,企业更强调上传下达、下请上传过程中的非失真问题,信息必须及时、准确,便于企业管理效能的提升。"信息"的指标可以从信息传递的效率、信息传递的损失、信息传递的准确性等角度来综合考量。

(2)要素的结合状态

要素只有在运动中才能结合去创造效率,各个要素按照精益管理的要求,通过市场拉动而流动起来,流动起来的要素进行有效结合,才能创造价值,例如人与设备的结合,人操作机器设备是否处于最佳的结合状态,这就涉及作业流程、运营流程等。只有各个要素处于最佳结合状态,才能够确保生产运营过程中的SQCD(安全、质量、成本、效率)。要素结合的指标主要涉及流程的效能、流程的成本,以及要素结合的安全性、效率、过程质量等。

【阅读材料6-3】 某集团精益管理评价的指标内容

集团精益管理体系"评价体系"包含7部分内容,每部分又由若干个基本评价指标项构成。各部分内容及其在总评价中所占比重为:

① 领导/组织/员工,15%;
② 战略/市场/用户,15%;
③ 产品开发/质保能力,15%;
④ 供应商/采购管理,10%;
⑤ 制造过程/现场管理,15%;
⑥ 信息管理,10%;
⑦ 经营结果评价,20%。

对每一基本指标项,在进行评价时根据企业实际实施的情况划分为4个等级：0级，未得到实施；1级，得到部分实施；2级，得到较好实施并取得一定成效；3级，得到全面有效的实施并取得显著成效。

1. 领导/组织/员工

各企业领导必须充分重视、亲自参与评价，并成立相应的领导组织机构，制定改进的目标、规划。以充分发挥员工主动精神和聪明才智为目标的企业文化建设和组织变革，全员参与的持续改进活动，以及卓有成效的员工培训活动，这些都是先进企业、先进管理的基本特征和条件。在"评价体系"中反映这方面要求的指标内容有：

① 对推进精益管理的领导机构、管理及计划工作的要求；
② 对于改进活动的组织推进和支持，参与改进活动的广泛性以及成效；
③ 团队工作法的实施和成效；
④ 企业文化建设和管理创新；
⑤ 员工培训的计划、实施，效果的评定及改进。

2. 战略/市场/用户

集团公司要求各子公司在集团战略的统一指导下，进行自己以用户需求为出发点的战略管理，以国际标准要求自己的产品和服务，积极开拓国内外市场，培育自己的核心竞争能力，在全体员工中建立起"一切为了满足用户"的价值观。在"评价体系"中围绕这方面主题的指标内容涉及：

① 企业战略分析和战略规划制定的程序；
② 战略规划实施的管理；
③ 市场及竞争力分析的程序；
④ 国内外市场开拓的计划及管理；
⑤ 用户满意度管理；
⑥ 针对用户意见的快速反应及改进机制。

3. 产品开发/质保能力

产品开发是企业增值活动的开端。在产品开发中贯彻精益思想，可以消除开发过程中的浪费，缩短开发周期。同时，质量保证能力又是企业赖以生存的主要手段，也是提高用户满意度的重要保证。有关产品开发和质保能力的评价指标包括：

① 产品开发团队的组织方式和工作的协调性；
② 产品开发中先进设计思想和方法的运用；
③ 企业对产品开发的投资保障；
④ 企业自主开发能力及新产品的比例；
⑤ 质量保证体系运作的有效性；
⑥ 过程质量审核和管理评审的实施及有效性；

⑦ 对用户抱怨和质量反馈信息的处理程序。

4. 供应商/采购管理

供应商提供产品和服务的质量、成本、交货期及其产品开发和改进中的协作能力，对企业的市场竞争有直接影响。采购成本在整个产品成本中占有很大比重，因此，实施先进的供应链管理，提高采购管理水平，建立科学的供应商关系，是当前管理改进的重要方面。在"评价体系"中，有关这方面的指标内容涉及：

① 供应商关系建立和管理的程序及管理机构；
② 供应商及其产品的信息管理；
③ 有关管理和业务人员的组织和岗位责任；
④ 采购价格监督机制和采购委员会；
⑤ 采购成本目标和考核。

5. 制造过程/现场管理

制造过程是制造企业增值的基本过程。这个过程的精益化是精益管理制造系统特色的体现。有关制造过程、物流和现场管理方面的评价指标包括：

① 拉动系统的建立和运作；
② 企业内部准时供货制度的建立和改进；
③ 与拉动系统相适应的生产计划体系及其灵活性；
④ 标准化作业与改进；
⑤ 物流的标准化、优化及在制品控制；
⑥ 作业负担的均衡、一人多岗作业及人工作业率的提高；
⑦ TPM 体制的建立和有效运作；
⑧ 现场 5S 管理及目视化管理。

6. 信息管理

网络时代的管理要求以企业信息的集成化作为基础，即要求在设计技术领域、制造领域和经营管理领域中，信息的采集、存储、加工和使用具有完备性、规范性、经济性和高度共享。在"评价体系"中有关信息系统以及信息作用的评价指标包括：

① 企业信息化工作的规划和实施；
② 信息集成的硬件、软件条件；
③ 信息管理工作程序；
④ 信息在经营管理、设计、制造过程中作用的发挥。

7. 经营结果评价

企业经营的结果反映了企业对增值过程管理的效果。其内容包括：

① 销售收入计划完成和增长的情况；

② 出口销售的比重及增长情况；
③ 市场占有率和覆盖率；
④ 产品自主开发比率和新产品产值率；
⑤ 反映产品和服务质量状况的成品符合率和批量退货、重大抱怨事项；
⑥ 反映财务状况的可比产品成本下降率、三项费用下降率、应收账款周转率和存货周转率；
⑦ 反映集团对各企业综合评价的月度综合指标状况；
⑧ 安全和环保状况。

【阅读材料 6-4】 某企业精益生产管理考核办法

1. 目的

为了确保精益生产管理年度计划的有效贯彻及目标的达成，监督考核各生产经营单位精益生产管理工作的推进情况，特制定本办法。

2. 范围

适用于质量精益管理部对各生产经营单位的考评。

3. 管理职责

基本要求，按分级管理原则执行：
① 股份公司各部按业务归口于质量精益管理部的精益管理办公室；
② 各生产经营单位按业务归口与下设的精益管理督导小组或督导办公室。

4. 考核管理要求

4.1 考核总项及得分权重

考核总项及得分权重见表 6-3。

◇ 表 6-3 考核总项及得分权重

序号	考评项目	权重分	总分
①	年度计划分解方案的实施及目标完成情况	60分	
②	二级组织的运行情况	30分	100分
③	各类管理制度、文件的制定和执行情况	10分	

4.2 考核周期

以月度评分为基础，考核周期分为季度考核、年度总评。

月度评分：围绕上述考核总项具体的执行情况，形成月度检查得分。

季度考核：以月度得分形成的季度算术平均分为基准，对各单位进行季度考核，并纳入质量精益管理部对各经营单位的年度总评项目。

年度总评：依据各季度考核得分和各经营单位提交的精益生产管理年度总结自评得分形成的算术平均分为基准，对各经营单位进行精益生产管理年度总评。

4.3 考核对象及分配

① 季度、年度总评考核：以各经营单位为对象。

② 考核分配原则：各经营单位第一负责人占考核比例的20%，各分管领导占考核比例的40%，各级执行层占考核比例的40%。

4.4 考核执行

① 由质量精益管理部下级单位精益管理办公室（以下简称精益办）组织执行，具体各周期检查评分成员说明见表6-4。

◇ 表6-4　各周期检查评分成员说明

周期	检查评分成员	备注
月度	由精益办组织实施	各周期的评分将形成正式文件下发
季度	由精益办组织安全环境管理科、设备动力科、质管科以及各二级单位的相关成员参与实施	
年度	由精益办组织，公司主管生产的副总裁带队以及各二级单位的主要负责人参与实施	

② 季度考核及年度总评，经质量精益管理部审核，报公司总裁批准后执行，同时提交企业管理总部备案。

4.5 具体考评项目说明

（1）依据精益管理办公室制定的年度工作计划，要求各经营单位制定各自的年度分解计划、目标并贯彻实施，精益管理办公室将按各考核总项和周期对各经营单位进行评价打分。

（2）各考核项目的考核评分周期均以月度为单位，以月度评价得分汇总形成季度算术平均分作为考核基准分，从而对各经营单位实施季度、年度考核。

（3）为了便于考核实施，对各考核总项均设置了一定的目标分值，各考核总项的算术平均分乘以权重为最终得分。

1）年度计划分解方案的实施及目标完成情况（权重60分）

① 年度计划分解方案指：6S管理、培训管理、TPM管理、改善管理、QC活动管理、提案管理。

② 考核分类：按分解方案分为六个工作项；每个工作项目标分值100分，六项共计600分。

2）二级组织运行情况（权重30分）

① 二级组织主要是指各经营单位的精益管理领导小组（督导小组）和下设的管理办公室。

② 考核分类：分为日常运行管理方面，权重20分，精益生产管理年度计划贯彻方面，权重10分。

③ 考核要求：该总项分为两个管理方面，每个管理方面目标分值均为100分。日常运行方面主要针对各二级组织日常工作的管理策划及年度计划贯彻，对其工作进度、效果进行考核评分。在精益生产管理年度计划贯彻方面，依据年度计划各分解方案的计划管理，实施过程监督管理，月度、季度、年度进行工作总结，从而对其实施考核评分。

3）各类管理制度、文件的制定和执行情况（10分）。以规范、引导和约束二级组织的日常运行及年度计划分解方案有效贯彻的管理制度和文件为对象，评价其建立、健全以及执行的情况。该总项目标分值100分。

4.6 考核处罚及奖励说明

① 考核处罚实施标准见表6-5。

◎ 表6-5 考核处罚实施标准

序号	最终考核得分	推进情况	目标分值	考核分数	处罚标准	备注
1	80分以上	管理积极配合，有主动改善意识	100分	不予处罚	无	各周期内的考核处罚将纳入奖励预算
2	70~80分	管理被动配合，有一定的改善		进行处罚，目标分值减实绩分值所得分数为处罚分数	1分对应处罚50元	
3	60~69分	管理被动配合，有个别改善			1分对应处罚100元	
4	60分以下	管理无意识，差			1分对应处罚150元	

② 质量精益管理部将依各经营单位的推进效果及考核实绩得分进行半年和年度排名，奖励基准分为75分，在此基础上对前三名给予奖励。

5. 其他

① 本办法自2019年7月1日正式生效，之前为过渡准备期。

② 本办法由质量精益管理部制定、更新和解释，每年更新一次。

③ 要求各经营单位参照本办法制定各自的管理考核办法，责任到人。

第七章
煤矿推行精益管理必须熟悉实施工具

本章简要介绍精益管理推进的工具,这些工具是企业管理者们在实践中总结出来的成果,这是人类文明的成果。有些工具是系统工具,如 5S 管理、价值流分析、全员设备管理,有些工具是较单纯的小工具,如鱼刺图、柏拉图、大野耐一圈。

一、发现问题的工具

1. 大野耐一圈

在二战后的四十年间,由丰田公司的高级经理大野耐一创建和实施了一种新型的制造系统,如今称之为丰田生产系统。大野耐一拿粉笔在地上画个圈让经理们站在其中,训练他们识别某个工作区域所存在的问题的方式已广为人知,这就是"大野耐一圈",如图 7-1 所示。如今,"站在圈内"的练习是培训员工识别浪费非常有效的方法,为团队主管的日常改进提供了结构化的方式,也为时间有限的高级主管提供了解现场的机会。当你花上一段时间站在现场的大野耐一圈内,你会发现实际状态和目标状态之间的差距,这时可采用帕累托原则确定缩小差距的开始区域(海尔的 6S 大脚印来源于此)。

图 7-1　大野耐一圈

【阅读材料 7-1】　大野耐一圈与现场改善

年轻的丰田员工 C 自认为改善工作做得非常好,于是就跑到大野先生那里汇报:"改善工作已经做好了。"大野先生听了之后没有说话,和他一起来到生产现场。转了一会儿,大野先生指着一台车床说:"去那里画一个圆圈。"C 觉得很奇怪,就在车床边上画了个小圈。"那么小的圈能站住人吗?重新画!"C 赶忙又重新画一个圈,然后大野先生只说句"站在圆圈里仔细观察生产现场"就转身离开了。

大野先生的命令向来没人敢反驳,虽然不理解其中的缘由,C 也只能乖乖地服从。到了中午,C 忍不住想去厕所,于是就从圆圈中走了出来。可是没想到运气太差,刚好被路过的大野先生发现。"为什么要走出去?""只是想去一下厕所。""吃完午饭后继续站在这里,出去的时候必须先和旁边的人打招呼。"说完大野先生又离去了。C 感到很无奈,只能老老实实地站到了傍晚。至于观察什么、为什么要观察,他也没有想太多,只是呆呆地站在那里瞪着眼睛看。

到了傍晚,大野先生走过来问:"发现什么问题了吗?""还没有……"C只能胆怯地如实回答。大野先生想了一下,又说:"今天可以下班了,明天继续站在这里观察。"

C非常想问要观察什么,可是一想到大野先生一定会说"自己去想",所以话到嘴边又咽了回去。

第二天早晨,C又重新站在圆圈中。这回他好像发现了一些问题,不过,至于到底是什么却又说不清楚。中午的时候,大野先生又走了过来。"发现问题了吗?""是的,不过好像说不清楚具体是什么问题。"C如实的回答。这回大野先生指着生产现场说:"看看工人们的工作方法。你说'已经完成了改善',可是你的改善却让他们的工作效率更低。既然已经发现了问题,那就赶紧想办法解决吧。"

听到这些话,C感到了问题的所在。于是他赶紧找现场的工人谈话,询问他们的意见,然后积极地解决。C自以为改善已经完成,可是却没有观察改善的结果。虽然大野先生一眼就看穿了这个问题,但是并没有直接指出来,而是让他站在圆圈中自己观察。用一天半的时间去观察现场,这种经历对C来说一定终生难忘,并对今后的工作产生了深远的影响。

2. 价值流分析

价值流的思想起源于丰田公司,开始运用时丰田公司以"物与信息流图"称呼,并在实践中采用边干边总结的方法流程来发展。价值流的具体操作方法最早见于 1998 年麦克·鲁斯和约翰·舒克撰写的"*Learning to See*"(《学习观察》),作者总结了价值流及其应用方法。仅对一个工厂进行价值流图分析可以消除这个过程中的浪费,但要完全消除浪费,就要对整个价值流进行分析。

价值流是使一个特定产品通过任何一项商务活动的三项关键性管理任务时所必需的一组特定活动。此三项关键性管理任务为:从接受订单到执行生产计划发货的信息流;从原材料到转化为产成品的物流;从概念到正式发布的产品设计流程。

从是否增值的角度分析,这些活动又可分为三种类型:

第一种是明确的创造价值的活动;

第二种是不创造价值但是在现阶段不可避免的活动,通常称为一型浪费;

第三种是不创造价值,可立即去除的活动,通常称为二型浪费。

如果按照是否增值的角度来考察企业的产品过程,不难发现,原来习以为常的方式存在着太多的浪费,这些浪费使企业在满足用户的要求方面总是力不从心。我们可以问问,作为生产煤炭产品的企业,在煤炭生产过程中有哪些过程是不增值的,这些不创造价值的活动是不是应该消除?

价值流图可以很好地识别当前的浪费现象,帮助员工了解企业内价值流的不同部分是如何结合起来创造产品和服务价值的,同时它也明确地说明了整个生产过程哪些地方需要改进、如何改进。价值流图作为一个有效的工具,可以通过作图的方法,帮助看到不仅是生产的单个工艺流程,如装配焊接等,而是帮助看到整个流动;可以帮助发现更多的浪费;可以提供谈论生产的共同语言;可以实现信息流和材料流的联系;价值流图是精益思想与现场技术的有机结合,是实施精益生产的蓝图。如图 7-2 所示。

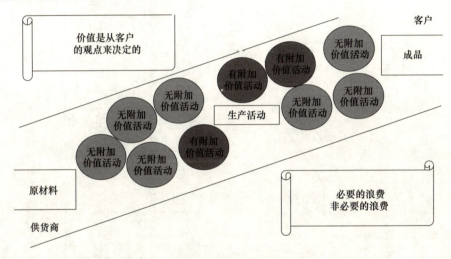

图 7-2　价值流图的作用

顾客需求到产品开发到配件采购再到生产制造一直到产品交付的全过程都可以使用价值流图进行分析和改善(见图 7-3)。从价值流图的定义可以看出,价值流图可包括整个产品生命周期,地域范围可能包含若干个企业,甚至国家和地区,所以做出产品的整个价值流图是极为复杂的工作,但分析价值流图的基本方法是相同的。

煤炭产品作为单个产品,也可以进行价值流分析,可以分为三步:了解当前煤炭产品工艺流程是怎么运作的;从采掘设计—巷道掘进—综采—煤炭运输—煤炭洗选,价值在这些过程中怎么创造出来的,设计一个精益价值流;制定未来状态的实施计划。煤炭企业内进行价值流分析,在实施未来状态的计划时通常需要企业许多部门的协作,甚至需要供方的配合(如何确保系统有效运行,必须有配件方协同,当然供方的重要性远比制造业要低,制造业产品生产需要原料投入),一起联合检验每一个创造价值的步骤,并且持续到产品的最后。

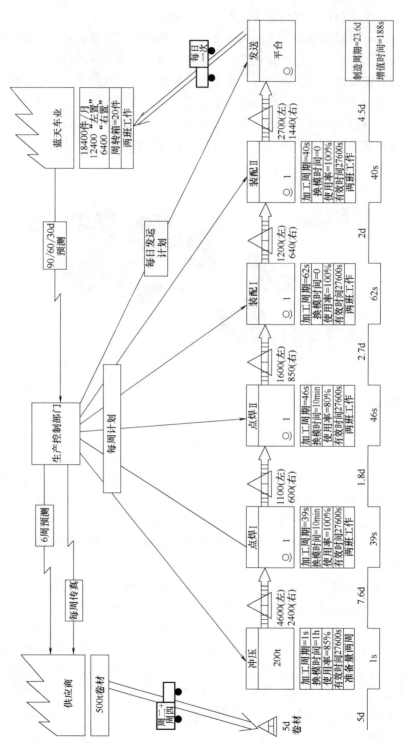

图 7-3 价值流图（VSM）示例

3. 5S 管理

5S 就是整理、整顿、清扫、清洁、素养。5S 的方针是以人为本，全员参与，自主管理，舒适温馨。推进 5S 目标包括：改善和提高企业形象；促进效率的提高；改善零件在库周转率；减少甚至消除故障，保障品质；保障企业安全生产；降低生产成本；改善员工精神面貌，增加组织活力；缩短作业周期，确保交货期。

① 整理：最精的要素。就是将企业内需要与不需要的东西（多余的工具、材料、半成品、成品、文具等）予以区分，如表 7-1。把不需要的东西搬离工作场所，集中并分类予以标识管理，使工作现场只保留需要的东西，让工作现场整齐、漂亮，使工作人员能在舒适的环境中工作。

◇ 表 7-1 整理的内容

序号	内容	作用	效果
1	腾出空间	增加作业、仓储面积	节约资金
2	清除杂物	使通道顺畅安全	提高安全
3	进行分类	减少寻找时间	提高效力
4	归类放置	防止误用、误发货	提高质量

② 整顿：最优的定位。就是将已区分好的，在工作现场需要的东西予以定量、定点并予以标识，存放在要用时能随时可以拿到的地方，可以减少因寻找物品而浪费的时间，如表 7-2、表 7-3。

◇ 表 7-2 整顿三要素

序号	内容	作用	效果
1	场所	区域划分明确	一目了然
2	方法	放置方法明确	便于取拿
3	标识	避免减少差错	提高效率

◇ 表 7-3 整顿三原则

序号	内容	原则	方法
1	定点	明确具体的放置位置	分隔区域
2	定容	明确容器大小、材质、颜色	颜色区分
3	定量	规定合适的重量、数量、高度	标示明确

③ 清扫：最佳的状态。就是工作场所没有垃圾、脏污，设备没有灰尘、油污，也就是将整理、整顿过要用的东西时常予以清扫，保持随时能用的状态，这

是第一个目的。第二个目的是在清扫的过程中去目视、触摸、嗅、听来发现不正常的根源并予以改善。如表 7-4。"清扫"是要把表面及里面（看到的和看不到的地方）的东西清扫干净。清扫执行的方法：建立责任区域—制定清扫标准—确立责任人。

◆ 表 7-4 清扫的目的及作用

序号	目的	作用
1	提升作业质量	提高设备性能
2	良好工作环境	减少设备故障
3	"无尘化"车间	提高产品质量
4	目标零故障	减少伤害事故

④ 清洁：最好的标准。就是将整理、整顿、清扫后的清洁状态予以维持，更重要的是要找出根源并予以排除，如表 7-5。例如：工作场所脏污的源头，造成设备油污的漏油点、设备的松动等。

◆ 表 7-5 清洁的作用和要点

序号	作用	要点
1	培养良好工作习惯	职责明确
2	形成企业文化	重视标准管理
3	维持和持续改善	形成考核成绩
4	提高工作效率	强化新人教育

⑤ 素养：最美的习惯。就是全员参与整理、整顿、清扫、清洁的工作，保持整齐、清洁的工作环境，为了做好这个工作而制定各项相关标准供大家遵守，大家都能养成遵守标准的习惯，如表 7-6。人品的提升包括：对父母尽孝，对家庭尽爱，对工作尽职，对上司尽责，对下级尽教。注意仪表，礼貌用语，态度诚恳。

◆ 表 7-6 素养推行要领和方法

序号	要领	方法
1	制定规章制度	利用早会、周会进行教育
2	识别员工标准	服装、厂牌、工作帽等识别
3	开展奖励制度	进行知识测验评选活动
4	推行礼貌活动	举办板报漫画活动

5S 管理在于学神，不在于学形。5S 管理的精髓是：人的规范化及地、物的明朗化。通过改变人的思考方式和行动，强化规范和流程运作，提高企业的管理水准。

4. 目视管理

目视管理是利用形象、直观、色彩适宜的各种视觉感知信息来组织设计、生产、修理现场的活动，达到提高设计、生产、修理效率的一种管理模式。简单地讲，就是"视觉器官"管理；它是以视觉信号为基本手段，以公开化为基本原则，尽可能将管理者的要求和意图让大家能看到，借以推动自我管理、自我控制。目视管理是一种公开化和以视觉显示为特征的管理方式。

目视管理的内容如下：

① 规章制度与工作标准的公开化。为了维护统一的组织和严格的纪律，保持生产所要求的连续性、比例性和节奏性，提高劳动生产率，实现安全生产和文明生产，凡是与现场工人密切相关的规章制度、标准、定额等，都需要公布于众。与岗位工人直接有关的，应分别展示在岗位上，如岗位责任制、操作程序图、工艺卡片等，并要始终保持完整、正确和洁净。

② 生产任务与完成情况的图表化。现场是协作劳动的场所，因此，凡是需要大家共同完成的任务都应公布于众。计划指标要定期层层分解，落实到车间、班组和个人，并列表张贴在墙上；实际完成情况也要相应地按期公布，并用图表表示，使大家看出各项计划指标完成中出现的问题和发展的趋势，以促使集体和个人都能按质、按量、按期完成各自的任务。

③ 与定置管理相结合，实现视觉显示信息的标准化。在定置管理中，为了消除物品混放和误置，必须有完善而准确的信息显示，包括标志线、标志牌和标志色。因此，目视管理与定置管理融为一体，按定置管理的要求，采用清晰的、标准化的信息显示符号，将各种区域、通道，各种辅助工具（如料架、工具箱、工位器具、生活柜等）均运用标准颜色，不能任意涂抹。

④ 生产作业控制手段的形象直观与使用方便化。为了有效地进行生产作业控制，使每个生产环节，每道工序严格按照数量标准进行生产，杜绝过量生产、过量储备，要采用与现场工作状况相适应的、简便实用的信息传导信号，以便在后道工序发生故障或由于其他原因停止生产，不需要前道工序供应在制品时，操作人员看到信号，能及时停止投入。例如，"看板"就是一种能起到这种作用的信息传导手段。各生产环节和工种之间的联络，也要设立方便实用的信息传导信号，以尽量减少工时损失，提高生产的连续性。生产作业控制除了数量控制外，还要有质量和成本控制，也要实行目视管理。例如，质量控制，在各质量管理点（控制），要有质量控制图，以便清楚地显示质量波动情况，及时发现异常，及时处理。车间要利用板报形式，将"不良品统计日报"公布于众，当天出现的废品要陈列在展示台上，由有关人员会诊分析，确定改进措施，防止再度发生。

⑤ 物品的码放和运送的数量标准。物品码放和运送实行标准化，可以充分

发挥目视管理的长处。例如，各种物品实行"五五码放"，各类工位器具，包括箱、盒、盘、小车等，均应按规定的标准数量盛装，这样，操作、搬运和检验人员点数时既方便又准确。

⑥ 现场人员着装的统一化与实行挂牌制度。现场人员的着装不仅起劳动保护的作用，也是正规化、标准化的内容之一。它可以体现职工队伍的优良素养，显示企业内部不同单位、工种和职务之间的区别，因而还具有一定的心理作用，使人产生归属感、荣誉感、责任心等。挂牌制度包括单位挂牌和个人佩戴标志。按照企业内部各种检查评比制度，将那些与实现企业战略任务和目标有重要关系的考评项目的结果，以形象、直观的方式给单位挂牌，能够激励先进单位更上一层楼，鞭策后进单位奋起直追。个人佩戴标志，如胸章、胸标、臂章等，其作用同着装类似。另外，还可同考评相结合，给人以压力和动力，催人进取、推动工作。

⑦ 色彩的标准化管理。色彩是现场管理中常用的一种视觉信号，目视管理要求科学、合理、巧妙地运用色彩，并实现统一的标准化管理，不允许随意涂抹。色彩的运用受多种因素制约：

第一，技术因素。不同色彩有不同的物理指标，如波长、反射系数等。强光照射的设备，多涂成蓝灰色，是因为其反射系数适度，不会过分刺激眼睛。危险信号多用红色，这既是传统习惯，也是因其穿透力强，信号鲜明的缘故。

第二，生理和心理因素。不同色彩会给人以不同的重量感、空间感、冷暖感、软硬感、清洁感等情感效应。例如，高温车间的涂色应以浅蓝、蓝绿、白色等冷色为基调，可给人以清爽舒心之感；低温车间则相反，适宜用红、橙、黄等暖色，使人感觉温暖。热处理设备多用属冷色的铅灰色，能起到降低"心理温度"的作用。家具厂整天看到的是属暖色的木质颜色，木料加工设备则宜涂浅绿色，可缓解操作者被暖色包围所涌起的烦躁之感。长时间受一种或几种杂乱的颜色刺激，会产生视觉疲劳，如纺织工人的休息室宜用暖色；冶炼工人的休息室宜用冷色。这样，有利于消除职业疲劳。

第三，社会因素。不同国家、地区和民族，都有不同的色彩偏好。例如，我国人民普遍喜欢绿色，因为它是生命、青春的象征；而日本人则认为绿色是不吉祥的。

目视管理适用范围十分广泛，构成工厂的全部要素都可以作为其管理的对象，如服务、产品、半成品、原材料、配件、零件、各种工装、工艺、夹具、设备等。

在现场，目视管理可以分为五大类：

① 物品管理；

② 设计、生产管理；

③ 设备管理；

④ 质量管理；

⑤ 安全管理。

细致分类可以有质量异常、交期异常、库存异常、设备异常、模具异常、生产延迟异常、作业时间延迟异常、标准作业不遵守异常、消耗品使用异常、投料错误异常、管理图正确性异常、搬运异常、库存多异常、人员配置异常等。一般将目视管理分为四级，具体如下。

① 无水准：合格品与不合格品混放、质量、数量不清、缺乏管理。

② 初级水准：整理结果将不合格品清除，把留下的合格品保存。

③ 中级水准：经过初步整理、整顿，将不合格品进行标志，使合格品处于数好点、量好管、一目了然的状态。

④ 高级水准：应用目视管理，分级标示出合格品管理的安全性、库存量、运走量、余量，一目了然。

5. 看板管理

看板管理就是将希望管理的项目通过各种管理看板展示出来，使管理状况众人皆知。管理看板通过各种形式（如标语、图表、电子屏等）把文件上、脑子里或现场等隐藏的信息揭示出来，以便任何人都可以及时掌握管理现状和必要的信息，从而能够快速制定并实施应对措施。

看板管理是发现问题、解决问题的非常有效且直观的手段，是一流现场管理的重要组成部分。

在生产管理中使用的看板形式很多。常见的有塑料夹内装着的卡片或类似的标志牌，运送零件小车、工位器具或存件箱上的标签，指示部件吊运场所的标签，流水生产线上标着各种颜色的小球或信号灯、电视图像等。按照看板的功能差异和应用对象不同，可分类如下。

（1）工序看板

在一个企业内各工序之间使用的看板统称为工序看板，如图7-4示例。工序看板又分为以下几种。

① 取货看板：操作者按看板上所列数目到前道工序领取零部件。没有取货看板，不能领取零部件。

② 送货看板：由后道工序填写零部件取货需要量，当前道工序送货时，将收发清单带回，作为下次送货的依据。

③ 加工看板：指示某工序加工制造规定数量的看板，一般根据机械加工、装配、运输、发货，外部订货的需要情况分别编制。

④ 信号看板：在固定的生产线上作为生产指令的看板，一般是信号灯或不

同颜色的小球等。

⑤ 材料看板：进行批量生产时用于材料准备工作的看板。

⑥ 特殊看板：当生产按订货顺序进行时，按每一项订货编制，交货后即收回。

⑦ 临时看板：生产中出现次品、临时任务或临时加班时用的看板，只用一次，用毕即收回。

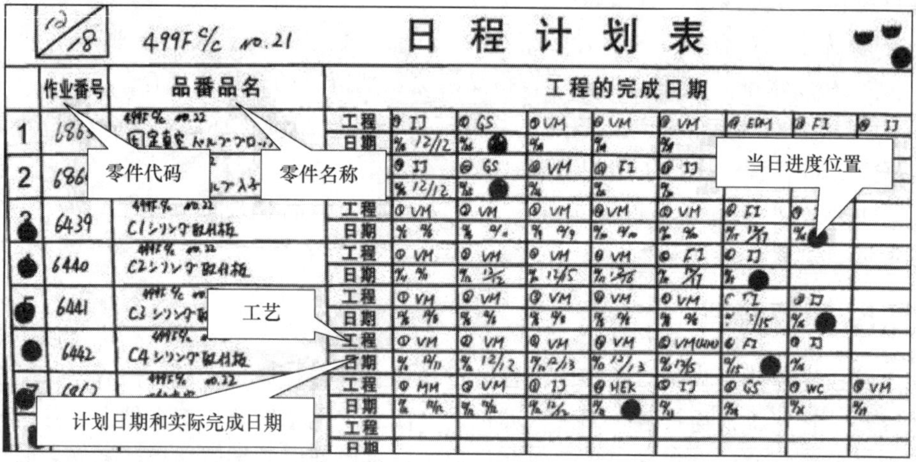

图 7-4　工序看板示意图

（2）生产管理看板

生产管理看板的类型、使用目的、使用技巧如图 7-5 所示。

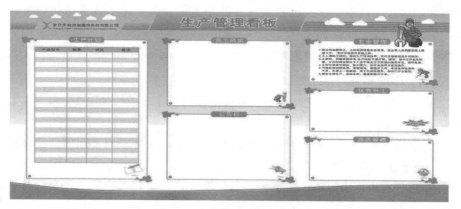

图 7-5　生产管理看板示意图

① 指示管理看板：现场管理者并非以口头指示，而是借管理看板使作业者明了当天的作业内容或优先顺序，如图 7-6 所示。

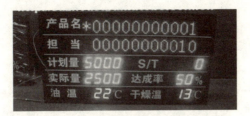

图 7-6　指示管理看板示意图

使用目的：分配员工所在设备的工作。

使用技巧：对于当日的作业名与顺序加以确认，并将其当作作业指示而加以标示（原则上不变），尽可能分配时间。

② 进度管理看板：借此把握有关计划的生产进度，了解加班或交期变更的必要性，如图 7-7 所示。

使用目的：把握并调整每一件及全体的延误状况，交期的决定。

使用技巧：集中管理制程；标示各制程的着手预定期，了解当日的状况。

③ 交期管理看板：为了进行事前的追踪，了解每次安排的交期，如图 7-8 所示。

图 7-7　进度管理看板示意图

图 7-8　交期管理看板示意图

使用目的：经由交期点的管理，制定防止误期的对策。

使用技巧：能了解入库预定期的预定日与实际日；制程进行途中，标示模具、原材料配件等交期预定日与实际日。

二、解决问题的工具

1. 鱼刺图

鱼刺图是一种发现问题"根本原因"的方法，也可称为"因果图"。鱼刺图已被广泛应用于管理领域，而不只是质量管理。鱼刺图是从管理的各个不同角度找出问题以探寻找到所有问题发生原因的一种分析工具，见图 7-9。

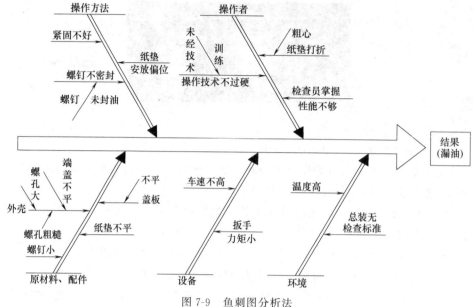

图 7-9 鱼刺图分析法

(1) 鱼刺图的类型

① 整理问题型鱼刺图：各要素与特性值之间不存在因果关系，而是结构构成关系。

② 原因型鱼刺图：特性值通常以"为什么"来写。

③ 对策型鱼刺图：特性值通常以"如何提高/改善"来写。

(2) 鱼刺图分析法的步骤

① 确定问题的特性。问题的特性就是"工作的结果"。首先，对团队成员讲解会议目的，然后，认清、阐明需要解决的问题，并就此达成一致意见。

② 特性和主骨。特性写在右端，用四方框圈起来。主骨用粗线画，加箭头标志。

③ 大骨和要因。大骨上分类书写 3~6 个要因，用四方框圈起来。

④ 中骨、小骨、孙骨。中骨为"事实"；小骨要围绕"为什么会那样"来写；孙骨要更进一步来追查"为什么会那样"来写。

⑤ 写入中骨、小骨、孙骨的"要点"。

⑥ 深究要因。考虑对特性影响的大小和对策的可能性，深究要因（不一定是最后的要因）。

2. 柏拉图

柏拉图是在分析问题后，在得出的大量问题中如何确定主要问题的一种重要的分析工具。柏拉图常被用在完成鱼骨图分析及资料搜集后,通过对问题发生现象的数据统计、归类、分析,使用次数分布技术,区分出"少数重点因素"和"大量微细因素",将少数影响结果的因素确定出来,以最少的代价解决掉最多的影响。

① 统计数据,并按问题的因素影响程度将数据按降序排列,如表7-7所示。

◇ 表7-7 故障类型统计表

故障类型	故障A	故障B	故障C	故障D	其他	合计
维修时间/h	20	12	10	5	3	50
维修时间占比	40%	24%	20%	10%	6%	100%
累计维修时间占比	40%	64%	84%	94%	100%	

② 计算因素造成的问题的累计占比数,如表7-7"累计维修时间占比",其中故障A的累计维修时间占比等于其维修时间占比;故障B的累计维修时间占比等于故障A维修时间占比加故障B的维修时间占比,以此类推,直到累计100%为止。

③ 按照表7-7做出如图7-10所示的图表。其中横坐标为问题的各个因素,纵坐标主轴为问题因素发生的数量,次坐标则为问题因素发生的累积百分率。

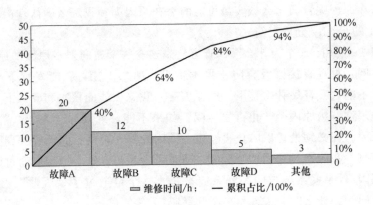

图7-10 故障类型统计柏拉图

④ 在图表中选出累计百分率达到80%左右的所有问题因素。其中占比80%的因素可以在80%左右偏差,不做严格的规定。确定的达到累计80%的几个因素则为影响问题发生的主要因素。

⑤ 根据确定的主要因素制定改善对策并加以跟踪。

3. 5-why 分析法

5-why 分析法又称"5 问法"或者"5 个为什么",也就是对一个问题点连续以 5 个"为什么"来自问,追究其真正原因。但使用时不限定只做"5 次为什么的探讨",主要是必须找到真正原因为止,有时可能只要 3 次,有时也许要 10 次。这个方法有 3 个主要部分:把握现状、原因调查、问题纠正与通过"差错防止"过程进行预防。

步骤 1:识别问题。你掌握一些信息,但一定没有掌握详细事实。问:我知道什么?

步骤 2:澄清问题。问:实际发生了什么?应该发生什么?

步骤 3:分解问题。将问题分解为小的、独立的元素。关于这个问题我还知道什么?还有其他子问题吗?

步骤 4:查找原因要点。问:我需要去哪里?我需要看什么?谁可能掌握有关问题的信息?

步骤 5:把握问题的倾向。问:谁?哪个?什么时间?多少频次?多大量?在问为什么之前,问这些问题是很重要的。

步骤 6:识别并确认异常现象的直接原因。如果原因是可见的,验证它;如果原因是不可见的,考虑潜在原因并核实最可能的原因,依据事实确认直接原因。问:这个问题为什么发生?我能看见问题的直接原因吗?如果不能,我怀疑什么是潜在原因呢?我怎么核实最可能的潜在原因呢?我怎么确认直接原因?参见图 7-11 的 5-why 分析案例。

步骤 7:使用"5 个为什么"调查方法来建立一个通向根本原因的原因/效果关系链。问:处理直接原因会防止再发生吗?如果不能,我能发现下一级原因吗?如果不能,我怀疑什么是下一级原因呢?我怎么才能核实和确认下一级的原因呢?处理这一级原因会防止再发生吗?如果不能,继续问"为什么",直到找到根本原因。在必须处理以防止再发生的原因处停止,问:我已经找到问题的根本原因了吗?我能通过处理这个原因来防止再发生吗?这个原因能通过以事实为依据的原因/效果关系链与问题联系起来吗?这个链通过了"因此"检验了吗?如果我再问"为什么"会进入另一个问题吗?

确认你已经使用"5 个为什么"调查方法来回答这些问题。问:为什么我们有了这个问题?为什么问题会到达顾客处?为什么我们的系统允许问题发生?

步骤 8:采取明确的措施来处理问题。问:临时措施会遏制问题直到永久解决措施能被实施吗?实施纠正措施来处理根本原因以防止再发生。问:纠正措施会防止问题发生吗?跟踪并核实结果。问:解决方案有效吗?我如何确认?为什么?

第七章
煤矿推行精益管理必须熟悉实施工具

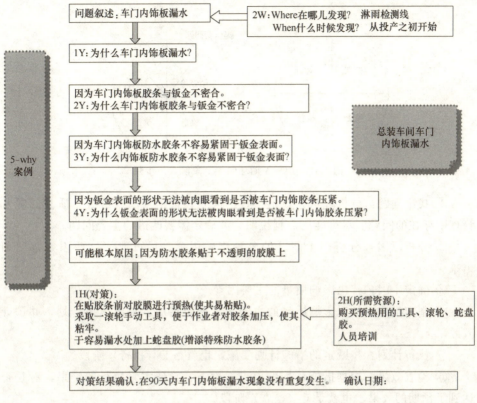

图 7-11　5-why 分析案例图

三、改善问题的工具

1. PDCA 循环（戴明环）

PDCA 循环是美国质量管理专家休哈特博士首先提出的，由戴明采纳、宣传，获得普及，所以又称戴明环。全面质量管理的思想基础和方法依据就是 PDCA 循环。PDCA 循环的含义是将质量管理分为四个阶段，即计划（plan）、执行（do）、检查（check）、处理（act）。在质量管理活动中，要求各项工作按照作出计划、计划实施、检查实施效果进行，然后将成功的纳入标准，不成功的留待下一循环去解决。这一工作方法是质量管理的基本方法，也是企业管理各项工作的一般规律，PDCA 循环是全面质量管理所应遵循的科学程序。全面质量管理活动的全部过程，就是质量计划的制定和组织实现的过程，这个过程就是按照 PDCA 循环，不停顿地周而复始地运转的。PDCA 循环的 4 个阶段八个步骤如图 7-12 所示。

225

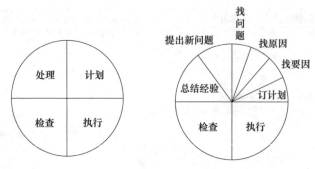

图 7-12 PDCA 循环的 4 个阶段 8 个步骤

① 找出问题：分析现状，找出存在的问题，包括产品（服务）质量问题及管理中存在的问题。尽可能用数据说明，并确定需要改进的主要问题。

② 分析原因：分析产生问题的各种影响因素，尽可能将这些因素都罗列出来。

③ 确定主因：找出影响质量的主要因素。

④ 制定措施：针对影响质量的主要因素制定措施，提出改进计划，并预计其效果。

⑤ 执行计划：按既定的措施计划实施，也就是 D（执行）阶段。

⑥ 检查效果：根据措施计划的要求，检查、验证实际执行的结果，看是否达到了预期的效果，也就是 C（检查）阶段。

⑦ 纳入标准：根据检查的结果进行总结，把成功的经验和失败的教训都纳入有关标准、规程、制度之中，巩固已经取得的成绩。

⑧ 遗留问题：根据检查的结果提出这一循环尚未解决的问题，分析因质量改进造成的新问题，把它们转到下一次 PDCA 循环的第一步去。

使用方法：

① 计划阶段：找出存在的问题，通过分析制定改进的目标，确定达到这些目标的具体措施和方法。

② 执行阶段：按照制订的计划要求去做，以实现质量改进的目标。

③ 检查阶段：对照计划要求，检查、验证执行的效果，及时发现改进过程中的经验及问题。

④ 处理阶段：把成功的经验加以肯定，制定成标准、程序、制度（失败的教训也可纳入相应的标准、程序、制度），巩固成绩，克服缺点。

2. 全员设备维护（TPM）

全员设备维护，是以提高设备综合效率为目标，以全系统的预防维护为过程，全体人员参与为基础的设备保养和维修管理体系。全员设备管理以改善企业生产能力为目标，达到生产设备综合效率的提升，通过全面采取预防措施，激活现场现物的功能，实现故障、事故、灾害、损失为零，它也是一个持续改善的过程，如图7-13所示。更深层次的TPM管理则是建立在改善的基础之上，通过对设备问题发生频率、影响度的改善，提高设备整体运行效率为基础进行的故障消除改善活动或设备改良活动。

设备名称、型号：开式压力机 所属管理单位：某股份有限公司 表号：ZJTL-2016002							点检状态标记符号： ●运行中 ○开机前		编制： 工业工程部	
							点检周期：S班 D天 W周 M月 Y年			
点检部位简图		点检部位	项目	图号	点检内容	方法	要求规格（标准值）	点检周期	点检状态	
								操作者	维护者	操作者	维护者
		电器、控制部分	操作面板、各个按钮	1	外观	目视	无破损、固定无松动	1S	1D	○	○
					动作	手试	压制、回程、急停按钮，反应灵敏可靠	1S	1D	●	●
			照明灯	2	外观	目视	固定牢靠、无异损	1S	1D	○	○
					亮度	目视	照明正常	1S	1D	○	○
		工作部分	润滑注油箱	3	油量	目视	油量高于最低刻度线，否则添加润滑油	1S	1W	○	○
					加油	手动	加入符合要求的润滑油，并摇动摇杆给机床注润滑油	1S	1D	●	●

图7-13 清扫、点检与保养指导书

全员设备维护的实施步骤：
① 开展培训和动员，营造氛围，让参与人员明白设备维护的重要性；
② 建立设备的保养点检指导书、设备点检作业指导书，对责任人进行培训；
③ 建立点检制度并落实点检活动；
④ 建立设备的故障履历并开展设备的复原工作；
⑤ 对设备故障按照重要度、影响度不同分计划进行改善。

3. 突破改善周

现场快速改善突破（又称改善周）是利用精益改善技术，对选定的目标或任务实施快速的、可行的方案制定并达成改善目标。通过改善活动创建一种成功的模式，再由点到面推广应用。一次快速改善活动一般由10~16个团队成员组成，由顾问师培训和全程辅导，在周期内完成，故而又称改善周。改善活动可以应用于日常生活中的每一天；不管是在工作中，还是在家里；也不管是在生产领域，还是行政管理领域。实施步骤与计划如图7-14所示。

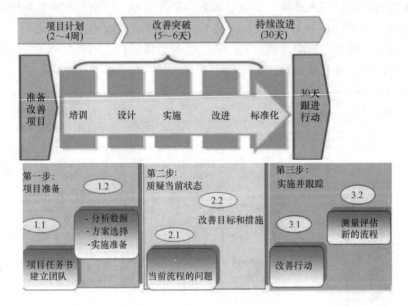

图7-14 实施步骤与计划

4. 改善提案法

改善提案是发动员工，针对现场、现物、现实的问题提出解决方案的活动。改善提案活动是5S活动的一种高级形式，也可以独立于5S成为一个单独的改善活动。改善提案活动强调的观念是：每一件工作，都能有很大的改进空间，改善是无止境的，要通过"改进、维持、进一步改进"的循环，把事情做得越来越好。

改善提案的内容包括：物品的放置方法、消除长期污染源、改进清扫工具、改善危险源与安全隐患等。通过开展改善提案活动，可以提升员工发现问题、分析问题和解决问题的能力。

另外，现场人员在参与改善提案活动的过程中会产生成就感、自信心，增强归属感及被尊重感，这种良好的感觉反过来会提升、提高其改善、创新的积极性，更充分地激发员工个人的创造力。

改善提案的议题主要是进行现场改善，随着提案内容的实施，工作现场的改善会逐渐趋于完善；随着提案越来越多，企业现场改善的程度就会越来越大。

改善提案法操作要点如下：

（1）提案的提出流程

提案人：不限对象，但一般以班组长及其以下的一线员工为主。

提案方向：以员工日常改善为主，强调对"自己工作的改善"。

提案表：由提案人填写。

提案箱：设在人员往来较频繁的地方。提案箱也可以是专设的电子邮箱。

改善商谈：改善商谈即方案评审，如果经评审不予受理，则在提案表上写明评价意见后退回提案人。提案受理后可以一次复写几份，副本可送审查人员和督导人员使用；也给提案人一份，以证明提案已被受理。

（2）做好改善提案活动的注意事项

① 不要依赖提案箱。许多公司都设置了提案箱，但却没有人提案，提案箱逐渐变成了一种摆设，提案箱模式无助于改善提案活动的开展。因此，要想让提案活动成功地推行，必须有强制性的标准，要规定每个部门甚至每个员工，每个月的提案需要达到的数量。为了实现这个目标，企业有关领导和部门主管就要主动催促、引导员工参与提案活动，积极调动员工参与提案活动的积极性。

② 要鼓励员工从问题着手，而不是直接思考提案。对许多人来讲，直接要求他们提出提案有些不现实，但是如果让大家指出现场存在的问题，那么大多数员工就都能侃侃而谈。所以，我们要鼓励员工首先提出问题，然后再引导他们针对这些问题，想出解决对策，逐渐完善提案。

③ 要以改善为主，而不是以提案为主。改善提案一般有两种：一种是建议性提案；另一种是改善性提案。

建议性提案类似于我们日常所说的合理化建议，员工提出建议，公司或其他部分实施，比如：提议如何改善食堂伙食、如何改善审批流程等。

改善性提案是员工先进行现场改善，然后再将这种改善总结成提案，比如：自己改进工具箱中工具的放置方法、自己修整有安全隐患的地面突出物等。改善性提案强调员工个人的动手改善，这类改善是企业大力提倡的。

④ 提案格式要标准化。改善提案报告的格式企业要统一，至少要包含一些基本性内容：问题描述、对策建议、实施效果等。如果没有标准格式，员工会写得非常简单，这不利用员工清晰表达自己的思路与做法，也不利于企业进行知识积累。这种标准格式，可以引导员工进行结构化思考、结构化描述，让改善提案活动更深入、更规范。

⑤ 要重视小改善。有些企业在开展改善提案活动之初，还能够收集到一些改善提案，但随着时间的推移，提案越来越少，原因之一就是改善提案过分专注于提案所带来的效益，而忽视了日常中小的改善，忘记了改善提案的第一目的是培养全员参与、提升员工素质，而经济效益只是改善提案活动的第二目的。要将改善提案活动活性化，鼓励大家不局限范围重视小课题，只要是能够比现况提高一步即可。哪怕是能节约一分钱，缩短一秒钟的作业时间都可以作为提案表现出来，以达到现场改善的目的。比如，有些外资企业将除掉设备上的一块锈斑、修

整玻璃窗上的胶条、拧紧设备上松动的螺丝等这些细小的改善活动都可以当成改善提案的活动内容。将工作现场的每一个细节都作为提案的部分内容提出，将现场完善到最好。

⑥ 引入奖励和推动机制。改善提案无法持续开展的又一原因是缺乏有效的考核与奖惩机制。从理论上讲，改善提案活动是员工自动自发参与的一种活动，其开展的前提是建立一套有效的奖惩机制，改善提案活动的奖励机制分为两个方面：一个是对提案人的奖励，另一个是对部门的考核奖惩。很多优秀的企业为了提高员工改善提案的意愿，采取了许多活性化办法，比如：部门提案件数竞赛、个人提案件数龙虎榜、优秀提案展示报告会、提案改善园地的制作等。某外资企业的老总曾经说过："衡量一个企业是一般还是优秀，只需看企业墙上张贴的是制度还是改善案例就知道了"。优秀企业到处张贴的是员工的改善实例，培养员工有强烈的改善意识，并确确实实地改善着企业内的不良与浪费。

5. 自主改善法

（1）自主改善要素

自主改善是指员工自己通过手段与方法的变更，使工作或结果变得更好，从而获得制度化的嘉奖，并使改善后的工作标准化的过程。

自主改善三要素：

① 主动：对我自己或我们自己的工作进行的改善。

② 改善：已经实施完毕的、使工作变得更好的改变。

③ 认可：获得上级认可并嘉奖，使改善后的工作标准化。

自主改善的三现主义：现地、现场、现实。自主改善的操作流程如图7-15所示。

（2）自主改善的特点

① 奖励制度化。企业除了建立项目团队之外必须要有一套完善的奖励制度。奖励制度化就是要对发现问题的员工进行物质上或精神上的奖励，提高员工不断改善的积极性。

② 鼓励自主改善。我们鼓励改善提案，但是只有改善可以实施并且付诸实施才是真正有价值的提案。项目团队要鼓励员工去发现问题并解决问题。员工通过不断地实施改善可以逐渐提高员工的问题意识和工作能力。

③ 广泛接纳提案。项目团队不应该对提案内容做太多限制，应该鼓励员工针对企业的各个环节提出问题。对提案涉及事项的大小、重要程度也不应该做过多的约束，否则影响员工的积极性，使某些本来可以发现的问题被遗漏。我们需

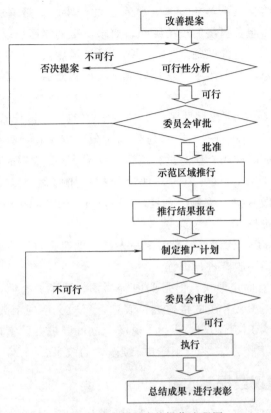

图 7-15 自主改善操作流程图

要做的是将提案的格式标准化。既使员工的提案方便处理，又可以帮助员工填写提案的具体内容。

四、组织保障的工具

1. 一点课（OPL）

OPL 即一点课、一点课程或单点课程，是一种在现场进行培训的教育方式。单点课程 OPL 的培训时间一般为 10min 左右的规定。所以，它还有一个名称，叫作 10min 教育。OPL 鼓励员工自编教材并作为辅导员进行培训，强调员工自编教导材料、自组织教导，锻炼员工的培训能力、表达能力，让员工参与到培训中来而不是管理者唱独角戏，所以一点课程也被称为"我来讲一课"。

OPL 的实施步骤及内容：

① 教导课题发掘。教导课题发掘可从两个方面进行，一方面来自员工自己

的发现，员工自主将自己的妙手偶得，将自己的经验、智慧编成 OPL；另一方面是基层管理者、小组长提出的攻关课题，要求员工动脑筋加以解决，而且最终解决并总结形成培训教材的课题。也有一些是员工虽然做了某些具有指导和推广意义的工作或者变革，其上级主管发现后通过引导和提示，乃至帮助这个员工总结提炼成培训教材。

② 教材撰写。OPL 的教材撰写需要体现 5W2H，即讲什么（what）——内容；谁来讲、谁来学（who）——讲师与受训对象；应用在何处（where）——应用的场合、设备；何时应用，何时进行培训（when）——应用时机以及培训时间记录；为什么这样（why）——原理，理论根据；如何做（how）——方法、手段、工具的应用；做多少，做到什么程度（how much，how many）——作业标准，作业规范，评价标准。

③ 培训方式。OPL 的课程一般由撰写人或其他熟悉这个专题的员工作为培训讲师，集中在现场不脱产进行训练。

OPL 的格式没有固定形式，但强调内容简洁、明了、易懂，避免大量使用文字描述，最好使用图文并茂的格式进行表达，每段文字的字数按照少于 15 字为基本原则。OPL 使用不仅仅限于生产现场，也可以被办公室广泛采用，通过 OPL 的使用，改善工作方法，达到工作持续改善的效果。

2. 合理化建议或提案改善

提案改善，丰田公司又称"提案"或"改善提案"，是指为了提高产品品质、降低成本、提高工作效率，发挥员工的智慧潜力，发扬主人翁精神，通过征集所有员工的想法，对企业的经营作出改善的活动。提案改善提倡的是全员自主性参与且持续开展的一种活动，提案改善需要有创造性的思维方式，突破固定观念、打破常规做法，在活动过程中提倡人与人要相互尊重的原则。提案不限制内容，但提案格式则为标准化的样式。

提案改善表的格式见表 7-8。

◇ 表 7-8 提案改善表

改善项目				完成日期	
提案人		所在部门		所在班组	
改善类别（在对应类别的方框内打"√"）					
改善效率 （　）	改善质量 （　）	改善成本 （　）	改善疲劳状况 （　）	改善安全与环境 （　）	改善工作态度 （　）

续表

改善前问题点或现状	改善措施
改善前图示	改善后图示
(注:如有条件进行改善前图示的请填写)	(注:如有条件进行改善后图示的请填写)

改善效果描述	试用和讨论中,有利于车间目标管理的 PDCA,可操作性有待进一步论证。		
借鉴方法(请勾选)	①借鉴他人做法( )	创新方法(请勾选)	改善方式方法为创新的( )
	②在以往基础上改善( )	参与人员	
有形效益分析	(如能进行有效效益金额换算的请说明)	推广适用范围(请勾选)	①较小( ) ②本班组、机台或工段( ) ③车间范围( ) ④全厂各科室( ) ⑤全厂或公司范围( )

评价	评价项目	表现性(30分)	创新性(25分)	推广性(25分)	效益分析(20分)	总分	级别	推行员确认	主管确认
	部门初评								

提案改善的需具备的思想和着手点包括:

① 必须具备问题意识;

② 必须具备改善的意识;

③ 从品质、效率、成本、安全等方面着手;

④ 经常出现的问题地方就是改善的着手点。

一个好的提案的评价标准:

① 必须是有价值的,即直接有益于公司的;

② 必须含有可依循的具体实施内容,并非仅单纯意念;

③ 必须能解决当前问题、提高工作效率或降低生产成本;

④ 必须确实能改进公司作业方法、技术、管理制度等。

3. 作业标准化

作业标准化是指对具体工作或事务的操作过程通过分析调查之后，将现行操作方法的每一个具体操作程序和每一动作进行分解，然后以科学的方法、实践经验和规章制度为依据，以操作的安全性、保障质量、保障效益为目标，对作业方法、作业过程进行改善，从而形成一套优化作业程序。作业标准化是一项固定的操作办法得以持续运行的保障。在操作过程中常见的标准化文件有 SOP（标准作业程序）、作业指导书、作业要领书等形式。

创新改善与标准化在企业提升管理时常交互使用，创新作为达到新管理水平的从动轮，而标准化则是防止管理水平下滑的主动轮。没有标准化方法的应用，企业不可能维持在较高的管理水平上。

【阅读材料 7-2】 某企业 10kV 真空断路器检修标准化作业指导书

1 准备阶段

1.1 技术准备

进行现场调查，编制或准备检修卡（报告）及相关的技术资料。

1.2 班前会

1.2.1 人员分工

技术交底清楚，工作分工明确、落实作业人员责任。

1.2.2 作业前学习讨论

熟悉被检设备技术资料，明确作业程序、技术要求及质量标准、安全措施。

1.2.3 危险点分析及控制措施

进行作业危险点分析及采取安全控制措施，周密准确。

1.3 工器具、备品备件及材料准备

开工前一次性准备完毕，指定具体人员负责。

1.4 办理动火审批手续

工作前办理审批手续。

1.5 填写、签发工作票

各级人员审核工作票并保证工作票的正确。

2 作业阶段

2.1 办理工作许可手续

工作许可人会同工作负责人到现场交代工作票及安全措施后办理工作许可手续，负责人负责检查安全措施。

2.2 宣读工作票

向工作班成员交代工作票内容及危险点，并现场提问工作班人员，经作业班人员确认后在工作票上签名。

2.3 核对设备名称及作业范围

准备作业。

2.4 作业步骤

2.4.1 清扫、外观及导电部分检查

① 检查断路器表面及各零部件无变形损坏。

② 对各转动部分涂抹润滑油并紧固各部位螺钉。

③ 检查断路器上、下接线端子，软连接和设备线夹接触紧密，无烧痕，绝缘子及灭弧室表面清洁、无裂纹。

2.4.2 真空度测试

对真空断路器灭弧室的真空度进行试验：真空度一般要求在 10^{-6} Pa 以上。

2.4.3 操作机构的检修

① 检查各部件零件无变形损坏。

② 合闸机构铆接部位应牢固，灵活棘轮无打牙掉齿。合闸弹簧应符合要求（弹簧机构）。

③ 轴承转动灵活，机构可动部分动作灵活，各部螺栓紧固开口销应开口。

④ 储能电机运行可靠，电动机无损坏现象（弹簧机构）。

⑤ 机构二次端子应无松动，无烧痕，各转动部分涂抹润滑脂。

⑥ 合闸铁芯顶杆应不活动，止钉无松动、退出；合闸铁芯运动过程中无严重磨损现象。

2.4.4 机构调试

① 机构合闸位置时半轴与扇形板间的扣接量为 1.8~2.0mm（弹簧机构）。

② 合闸位置时手分按钮连杆螺母与脱扣板的间隙，在满足手分按钮行程的前提下尽量大，且>0.5 mm（弹簧机构）。

③ 脱扣后半轴转动到极限位置时与扇形板的间隙>0.5mm（弹簧机构）。

④ 机构分闸及储能位置时扇型板与半轴间隙 σ_1>0，扇型板与限位止钉间隙 σ_2 约 1mm（弹簧机构）。

⑤ 输出轴处于分闸极限位置时合闸连锁板还能向下推动的距离为 1~1.5mm（弹簧机构）。

⑥ 储能维持定位件与滚轮间扣接部位，应在定位件圆柱面中部靠上一点（弹簧机构）。

⑦ 当挂簧拐臂转到储能位置时，行程开关应可靠动作且留有 1~2mm 剩余行程（弹簧机构）。

⑧ 失压脱扣器动铁心打开后，其连杆长度，应保证锁扣脱开（弹簧机构）。

⑨ 合闸电磁铁吸合到底时定位件抬起，应能可靠解除储能维持，但又不碰

到轴（弹簧机构）。

⑩ 输出轴工作转角 68°～71°（弹簧机构）。

⑪ 对弹簧机构的应手动使断路器分、合闸。检查"储能""合闸""分闸"指示应正确，然后再进行远方操作试验（弹簧机构）。

⑫ 辅助开关、储能回路行程开关动作准确，接触可靠（弹簧机构）。

⑬ 铁芯合闸终止时，滚轮轴与支架间的间隙为 1～1.5mm（永磁机构）。

⑭ 分闸动铁芯顶杆碰到连板后应能继续上升 8～10m（永磁机构）。

⑮ 合闸过冲间隙 1～1.5mm；合闸铁芯空程 5～10mm；分闸铁芯行程 31mm；分闸铁芯空程 25mm（永磁机构）。

⑯ 分闸连板中间轴中心线低于"死点"的距离 0.5～1.0mm（永磁机构）。

⑰ 用 1000V 兆欧表测量分合闸线圈绝缘电阻不小于 1MΩ。

⑱ 机构处于合闸状态时水平连杆拐臂与垂线间夹角为 60°（永磁机构）。

2.4.5 机械特性测试

① 触头行程及超行程符合产品要求（详见厂家说明书要求）。

② 分合闸速度符合产品技术要求。

③ 触头合闸弹跳时间≤2ms。

④ 触头分合闸不同期符合产品技术要求。

2.4.6 分合闸时间测试

分合闸时间符合产品技术要求。

2.4.7 分合闸动作电压测试

① 分闸：65%～110%额定电压可靠动作，小于 30%额定电压可靠不动作。

② 合闸：80%～110%额定电压可靠动作。

2.4.8 绝缘电阻及回路电阻测试

① 绝缘电阻：不小于 1000MΩ。

② 导电回路电阻符合产品技术要求。

2.4.9 传动试验

传动部分无卡涩，动作信号正确。

2.5 作业结束

① 工作现场清理及工作班成员撤离现场。

② 办理检修卡签字手续。

③ 申请验收，待验收合格后，办理工作票终结手续。

2.6 危险点分析及控制措施

（1）防止触电伤害

① 断路器两侧装设位置要适当，断路器分相安装硬母线时，不能失去接地线保护。

② 在断路器两侧隔离开关开口处加装绝缘罩或绝缘隔板，检查接地线是否牢固、可靠，并加强监护。

③ 将其他运行中的设备网门锁死并在相邻间隔挂"止步，高压危险"标示牌，在检修间隔挂"在此工作"牌。

④ 进入断路器间隔处的检修人员不能触动隔离开关连杆。

⑤ 测速仪上的电源接头，必须做绝缘处理。

⑥ 使用电动设备，其外壳要可靠接地；施工电源线绝缘良好，按规定串接漏电保护装置。

⑦ 高压试验时全体检修人员撤离现场，做好安全措施，并设专人监护。

⑧ 搬动梯子等大物件时，需两人放倒搬运，与带电部位保持足够的安全距离。

（2）防止机械伤害

① 工作前把所有储能部件释放掉。

② 进行机械参数调整时，严禁将手、脚踩在断路器的传动部分和框架上。

（3）碰伤头部和面部

① 工作中必须戴好安全帽。

② 工作负责人（监护人）随时提醒作业人员可能碰到的部位。

（4）高空坠落及落物伤人

① 高处作业系好安全带。

② 作业中使用坚固完整梯子，并有人扶持。

③ 使用检修平台必须安装牢固，支撑点坚固，防止倾斜。

④ 传递材料、工具不能抛掷。

（5）误登带电设备

① 工作前向作业人员交代清楚邻近带电设备并加强监护。

② 装设全封闭遮栏，不许钻越遮栏，不许攀登运行设备构架。

3　结束阶段

① 召开班后会，总结安全质量与经验教训，详见班组日志。

② 技术资料归档。

编写作业标准化文件需要注意把握以下几个特点：

① 对于操作难以掌握的，对效率、品质、安全影响较大的工作内容或操作需要编写标准化文件。

② 采用图文并茂的形式表达，每段文字力求按照 15 字原则进行。

③ 内容形式力求简洁，就事论事，不添加与本操作无关的内容。

④ 描述操作顺序明确。操作中先做什么后做什么，则在文件中也需按照这样的顺序进行，不能颠倒。

⑤ 描述准确，尽量量化。每个操作方法要达到什么状态，必须明确，能通过文字表述能让操作者知道如何操作而不是猜测如何操作。

⑥ 文件需有随着操作变化而变化的修订制度支持。标准在需要时必须修订，文件中的操作方法要保持与实际中的操作的一致性。

4. 方针管理

方针管理是一种针对企业整体管理的方法，它通过在可操作的基础上将企业高层管理层的目标与日常煤炭生产管理相结合的方式，综合考虑了企业目标管理因素和经营管理因素。方针管理来源于目标管理法和全面质量管理法。方针管理概念的核心是方针，即企业的战略目标，以及关于实现战略目标的宣言与描述如何对实现企业经营目标进行监控。参见图7-16。

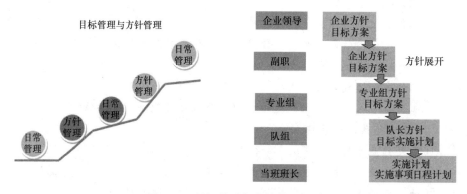

图7-16 目标管理与方针管理图

方针展开：当企业的年度方针（指针、目标）决定后，就将展开至各部门；各部门如生产、物供、企管、运输、机电、安全、通风等的科室长，除依据企业方针外还要研究现场情况以及将本部门问题点一览表，将上一个周期没有做好的，或在日常重点管理项目上经常发生问题的，经常未能达成的问题点等列出。

方针展开方法：

① 根据上级方针，本单位问题点一览表，参考上级的重点细分以决定本单位的方针。

② 问题点一览表的决定，需根据下一级的问题点一览表作为参考，再依本单位的问题点制定本单位的问题点一览表，作为决定本部门方针的参考。

③ 方针决定后再展开至下一级。

④ 照此方式由企业方针一层层地展开至末端的QCC活动（QCC是品管圈，这是借用制造业的术语，在煤矿主要是工作质量），QCC活动题目即可参照上级的方针重点细分，开会检讨自主决定。

参 考 文 献

[1] 【美】詹姆斯 P. 沃麦克，等．精益思想．北京：机械工业出版社，2021．10．
[2] 【美】詹姆斯 P. 沃麦克，等．现场观察．北京：机械工业出版社，2013．05．
[3] 【美】杰弗瑞·莱克．丰田模式——精益制造的14项管理原则．北京：机械工业出版社，2021．10．
[4] 【美】詹姆斯 P. 沃麦克．改变世界的机器：精益生产之道．北京：机械工业出版社，2021．08．
[5] 【日】大野耐一．丰田生产方式．北京：中国铁道出版社，2016．06．
[6] 【日】大野耐一．大野耐一的现场管理．北京：机械工业出版社，2021．10．
[7] 【日】今井正明．改善．北京：机械工业出版社．2020．08．
[8] 【日】岸良裕司．图解TOC问题解决法（修订本）．北京：电子工业出版社，2018．05．
[9] 【美】乔恩·米勒．精益改善文化：协同组织能力、获取突破性成果和长期收益的要诀．北京：机械工业出版社，2020．01．
[10] 【法】费雷迪·伯乐，等．金矿：精益管理 挖掘利润（珍藏版）．北京：机械工业出版社，2006．06．
[11] 【法】迈克·伯乐．金矿Ⅱ：精益管理者的成长．北京：机械工业出版社，2015．09．
[12] 【法】迈克·伯乐．金矿Ⅲ：精益领导者的软实力．北京：机械工业出版社，2015．06．
[13] 【日】关田铁洪．精益落地之道——关田法．北京：机械工业出版社，2020．01．
[14] 【日】关田铁洪．5S落地之道——关田法．北京：机械工业出版社，2021．08．
[15] 【英】约翰·比切诺．精益工具箱．4版．北京：机械工业出版社，2016．04．
[16] 【美】德鲁克．卓有成效的管理者．北京：机械工业出版社，2009．09．
[17] 牛占文，等．精益管理推进体系及实施评价方法研究．天津：天津大学出版社，2016．06．
[18] 牛占文，等．精益管理的理论方法体系及实践研究．北京：科学业出版社，2019．08．
[19] 李科，等．AI时代重新定义精益管理 企业如何实现爆发式增长．北京：人民邮电出版社，2016．11．
[20] 【日】藤井春雄．现场改善秒懂秘籍：IE七大工具．北京：东方出版社，2019．07．
[21] 【美】帕特里克·格劳普，等．精益培训方式——TWI现场管理培训手册．广州：广东省出版集团，2009．11．
[22] 【美】杰弗瑞·莱克．精益人才梯队：各级精益领导者培养指南．北京：机械工业出版社，2020．05．
[23] 新益为．精益经营与目标管理实战．北京：人民邮电出版社，2022．01．
[24] 梁勤峰．丰田精益管理：现场管理与改善．北京：人民邮电出版社，2014．11．
[25] 【日】本间峰一，等．精益制造002：生产计划．北京：东方出版社，2021．05．
[26] 【日】加藤治彦．精益制造004：生产管理．北京：东方出版社，2021．05．
[27] 【日】JIPM-S．精益制造011：TPM推进法．北京：东方出版社，2013．01．
[28] 【日】堀口敬．精益制造013：成本管理．北京：东方出版社，2013．02．
[29] 【日】加藤治彦．精益制造029：现场管理．北京：东方出版社，2015．10．
[30] 【日】三木博幸．精益制造037：成本减半．北京：东方出版社，2016．10．
[31] 【日】柿内幸夫．精益制造041：工厂改善的101个要点．北京：东方出版社，2017．05．
[32] 【日】后藤俊夫．精益制造047：经营的原点．北京：东方出版社，2017．11．
[33] 【日】柿内幸夫．精益制造052：微改善．北京：东方出版社，2018．03．
[34] 【日】铃村尚久．精益制造055：丰田生产方式的逆袭．北京：东方出版社，2018．06．

[35] 【日】竹内钲造. 精益制造 061：丰田生产方式导入与实践诀窍. 北京：东方出版社，2019. 11.
[36] 宋志平. 三精管理. 北京：机械工业出版社，2022. 04.
[37] 唐泰平，等. 价值流管理——计划描绘及保持精益化革新的八个步骤. 大连：东北财经大学出版社，2005. 05.
[38] 董军. 精益日常持续改进. 北京：中译出版社，2020. 10.
[39] 赵勇，等. 精益生产实践之旅. 北京：机械工业出版社，2017. 04.
[40] 杨明森，等. 精益运营体系及其构建. 武汉：武汉大学出版社，2021. 09.
[41] 文川，等. 精益企业之 TPM 管理实战. 北京：人民邮电出版社，2017. 05.
[42] 吴迪. 精益生产. 北京：清华大学出版社，2016. 05.
[43] 【日】浅田卓. 丰田 1 页 A3 纸的整理与沟通技巧. 北京：北京时代华文书局，2017. 03.
[44] 杨申仲. 精益生产实践. 2 版. 北京：机械工业出版社，2021. 10.
[45] 齐忠玉. 精益化误区. 北京：中国电力出版社，2011. 01.
[46] 齐忠玉. 精益化精神. 北京：中国电力出版社，2011. 01.
[47] 【美】德博拉·奈廷格尔. 超越精益. 杭州：浙江教育出版社，2018. 07.
[48] 刘承元. 精益思维：超越对手的力量. 哈尔滨：哈尔滨工业大学出版社，2021. 01.
[49] 刘承元. 中国工厂全面精益改善推进手册. 北京：企业管理出版社，2021. 06.
[50] 刘承元. 精益思维——中国精益如何落地. 北京：企业管理出版社，2017. 09.
[51] 刘健. 精益变革：中小企业逆境求生之路. 北京：机械工业出版社，2020. 10.
[52] 孙琦. GE 管理模式. 北京：中国人民大学出版社，2005. 01.
[53] 肖智军，等. JIT 与精益改善. 北京：中华工商联合出版社，2016. 07.
[54] 丛斌. 知行合一：实现价值驱动的敏捷和精益开发. 北京：人民邮电出版社，2021. 04.
[55] 王清满，等. 图解精益生产之看板拉动管理实战. 北京：人民邮电出版社，2016. 03.
[56] 张钢选. 管理学基础文献选读. 杭州：浙江大学出版社，2008. 03.
[57] 俞世洋，等. 人本精益. 北京：机械工业出版社，2017. 10.
[58] 刘化龙，等. 精益管理之道. 北京：清华大学出版社，2017. 01.
[59] 胡馨予. 丰田可视化管理方式. 北京：东方出版社，2017. 11.
[60] 【美】帕斯卡·丹尼斯. 简化精益生产. 2 版. 北京：机械工业出版社，2017. 06.
[61] 郭洪飞. 班组精益管理实践. 北京：机械工业出版社，2020. 03.
[62] 石清城. 精益制造 COO 带你降本提效. 北京：机械工业出版社，2015. 04.
[63] 易生俊，等. 中层管理者实用精益管理学. 北京：中国人民大学出版社，2016. 01.
[64] 孙少雄，等. 6S 精益管理——工具执行版. 北京：中国经济出版社，2020. 01.
[65] 百度文库、道客巴巴等网络资源.